福祉国家と政府間関係

金澤史男

日本経済評論社

目次

第一部　日本の福祉国家財政

第一部　日本の福祉国家財政

第一章　福祉国家財政と現金給付・現物給付

一　福祉国家と給付形態

(1)　はじめに

現金給付か現物給付か、という問題は、介護保険制度を創設するに当たって世上でも活発な議論がされた。一般に現金給付・現物給付というのは、社会保障給付の分類に使用される概念である。そこで本稿では、まず、現状理解の前提として、現代福祉国家財政にとって、現金給付と現物給付は、どのような機能を担っているのか、また今後どのような領域において重要性を増していく可能性があるのか、国際比較の視点から検討する。

それを踏まえ、わが国で二〇〇〇年四月に導入された介護保険制度に即して、現金給付か現物給付かの問題を検討していく。その際、税（公費）方式か保険方式か、保険者は国か市町村かという基本問題とも関連させながら、現行介護保険制度の特徴と問題点を考察していきたい。

(2) 福祉国家財政と社会保障給付

中央政府、地方政府、社会保障基金からなる公的部門（パブリック・セクター）の地位は、依然として巨大である。表1-1にあるように、主要先進国の数値を国内総生産に占める「一般政府支出」の比率で見ると、アメリカ三〇％台、イギリス、ドイツ四〇％台、フランス五〇％台、スウェーデン六〇％台となっている。かなりの格差があるものの、国民経済に大きな比重を占めており、ひとまとまりとしてとらえれば、国家がガリバー的なリヴァイアサンとして君臨していることは間違いない。

こうした巨大な公的部門は、歴史具体的に見れば、第一次世界大戦と大恐慌、第二次世界大戦を経て、国民国家の前提として軍事・外交・他国援助などによって対外的自立を確保しつつ、対内的には、一方で資本蓄積をサポートする諸機構を発達させ、他方で階級・階層・地域間の賃金・生活水準格差からくる対立を宥和するための諸制度を整備してきた結果としてもたらされたものであった。とりわけ最後者に関しては、普通選挙制度に基づく大衆民主主義状況の形成と定着のもとで生存権規定による社会保障制度の発達をもたらし、社会保障関係費、社会費、民生費などの経費を顕著に増大させることになった。いわゆる福祉国家財政と呼ばれる財政支出構成が、現代の公的部門を特徴づけることになるのである。

巨大な公的部門をもたらす主要な要因となった社会保障関係費は、生活保護を中心とする公的扶助や失業保険さらに老齢年金、医療保険などの制度的支出で構成されることになる。国民経済計算の視点からいえば、これらの支出は、財・サービスの購入や公的資本形成ではなく、さしあたり公的部門から家計部門への貨幣給付の形態をとる。こうした形態の経費が増大する点に注目したのがピグーであり、そのような貨幣給付を移転的経費と呼んだ。一般に移転的経費には、公債費や企業への補助金などが含まれると考えられるが、その長期的趨勢を規定しているのは、社会保障給付費である。

実際、表1-1を見れば、社会保障関連の移転的経費である「社会保障移転」が「一般政府支出」の中で非常

表1-1　主要国の国民経済に占める財政の地位

（単位：％）

		対国内総生産比											
		政府最終消費支出	うち人件費	一般政府総固定資本形成	社会保障移転	うち医療費	うち年金,失業給付等	その他	うち利払費	うち土地購入〈純〉	うち補助金	合計（一般政府総支出）	75年からの変化
日本	1975	10.0	8.4	5.3	7.8	3.2	4.4	3.6	1.2	0.7	1.4	26.7	
	1998	10.2	7.6	6.0	14.7	4.9	9.7	6.4	3.8	1.0	0.7	37.4	10.7
アメリカ	1975	18.6	—	2.1	11.1	—	—	1.3	2.4	0.1	0.3	33.1	
	1997	15.2	—	1.9	12.6	—	—	3.4	4.2	0.0	0.4	33.1	0.0
イギリス	1975	22.0	—	4.7	9.9	—	—	8.6	3.9	—	3.5	45.3	
	1994	21.6	—	1.8	15.4	—	—	5.3	3.3	0.0	1.1	44.1	▲ 1.2
ドイツ	1975	20.5	11.4	3.6	17.6	—	—	6.6	1.3	0.2	2.0	48.3	
	1997	19.4	—	2.0	18.4	—	—	8.1	3.7	▲0.1	1.8	47.8	▲ 0.5
フランス	1975	16.6	—	3.7	17.4	—	—	5.7	1.2	0.2	1.9	43.4	
	1997	19.3	—	2.8	23.5	—	—	6.4	3.8	0.1	2.1	52.1	8.7
スウェーデン	1975	23.8	16.4	4.3	14.2	—	—	5.5	2.2	0.0	3.1	47.8	
	1996	26.2	—	2.8	22.5	—	—	12.0	7.2	▲0.7	4.7	63.6	15.8

出典：竹内洋（編）『図説　日本の財政』（平成12年度版）367頁.

注：1）日本は年度，諸外国は暦年ベースである.

2）一般政府とは，国・地方及び社会保障基金といった政府あるいは政府の代行的性格の強いものの総体（独立の運営主体となっている公的企業を除く）.

3）一般政府総支出は，経常支出と純資本支出の合計である.

4）日本の98年度の国鉄長期債務及び国有林野累積債務の一般会計承継に係る分を含めた一般政府総支出の対GDP比は42.7％となる.

に大きな比率を占めていることがわかる。日本は、一九七五年時点では、対国内総生産比で七・八％であり、先進諸国の中では際立って小さかったが、一九九八年には一四・七％となり、アメリカを抜きイギリスと肩を並べるに至っている。ちなみに一九七五年から一九九〇年代後半にかけて一般政府支出の比重が漸減したイギリス、ドイツであっても社会保障移転の比率はいずれも上昇しており、その程度は特にイギリスで大きい。一九七五年に一四・二％であったスウェーデンは、一九九六年に二二・五％まで上昇している。

いずれにせよ、租税、社会保険料のかたちで公的部門に吸い上げられた国民負担は、その多くの部分が、社会保障制度に則って家計部門に再配分されているのであり、その比率はますます増加しているのである。

(3) 社会保障給付の形態

主要先進国における社会保障給付の内容をおおまかに見ると、図1-1のようになる。内訳は、「医療」「年金」「その他」となっている。このうち、「年金」は、老齢年金、遺族年金、障害年金からなり、退職、家計支持者の死亡、障害などによる家計収入の喪失を貨幣給付により補塡するものである。したがって、典型的な現金給付をなす。

これに対して、「医療」は一般に医療保険のかたちをとり、被保険者およびその扶養家族は病気や出産の際に保険給付を受けることができる。この場合、医療の給付は定められた医療機関で医療行為そのものを提供されるのであり、それに要した診療費用は保険制度が事後的にその医療機関に支払って決済する。医療に要した費用を診療後に被保険者に現金で給付する形態は例外的であり、「医療」は基本的に現物給付である。

一方、「その他」は、多様な内容で構成されている。数値はやや古いが、社会保障研究所の研究によれば、主要国の社会保障給付のうち「その他」の内訳は、表1-2のようになっている。一言でいえば、「年金以外の現金給付と医療を除く現物給付」[1]が、ここに含まれているのである。

国別の数値を見ていくと、まず日本とアメリカは、構成する費目は類似していても、それぞれの規模が小さく、全体として対国民所得比で二%前後の水準に留まっている。イギリス、西ドイツ、フランスは、それぞれ九%台、七%台、一二%台（図1-1の一九九三年度では、イギリス九・一%、ドイツ一〇・三%、フランス一〇・二%）で日米とスウェーデンの中位にある。ただし、内容は、それぞれ異なり、イギリスは公的扶助中心、ドイツは雇用関連給付中心、フランスは家族給付中心という特徴が見られる。

これに対し、スウェーデンの場合は、「その他」の比率の大きさが際立っている。ILO統計と城戸推計（表1-2参照）とでは、家族給付と社会福祉等（老人・障害者・病人に対する医療以外の現物給付）にやや大きな相違があるが、ここでは実態をより反映していると思われる城戸推計に従うこととする[2]。それによれば各項目の

図 1-1　社会保障給付費（対国内総生産比・対国民所得比）の国際比較（1993 年度）

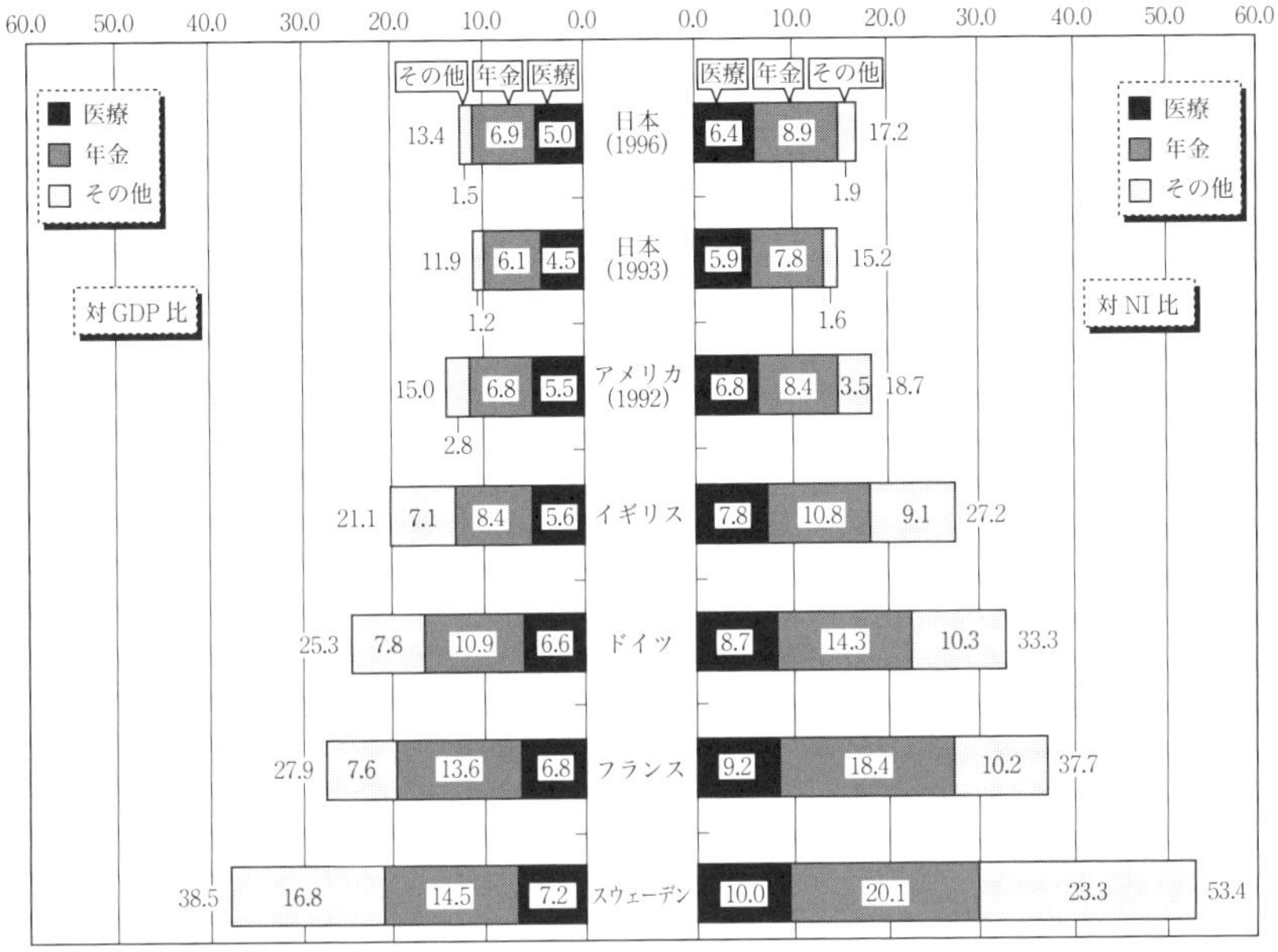

出典：『厚生白書』（平成 11 年度版）69 頁.

対国民所得比は、傷病手当四・〇%、雇用関係給付（失業・労災等）三・一%、家族給付二・三%などがすでに相対的に高水準をなしているが、何といっても社会福祉等が六・三%という高水準であることが注目される。ＩＬＯ統計でも「老人・障害者・病人に対する医療以外の現物給付」は二一・六%となっており、これに対応する項目を他国と比較しても、規模は大きい。たとえば、日本の「社会福祉又は対人福祉サービス」は、この時点で〇・六二%にすぎない。

スウェーデンの「社会福祉等」の内容をその構成比で示すと、障害者福祉一〇・五%、老人福祉（老人ホーム、在宅福祉サービス）三〇・三%、児童福祉（保育所、給食、ホームヘルプ）五一・九%、戦争犠牲者〇・一%などとなっている。要するに、高齢者や障害者への対人福祉サービス、保育サービスなどの現物給付がその中心をなしているのである。

社会保障給付費の内容（1986年）

西ドイツ （百万マルク）	（参考） フランス （百万フラン）	スウェーデン （百万クローネ）	
109,783 (7.3)	(ESNのデータ使用) 475,360 (12.6)	111,084 (16.1)	107,359 (15.6)
		A	B
1．雇用関連給付 ・失業 ・労働 47,137 (3.12) 2．家族給付 22,531 (1.49) 3．傷病手当 12,800 (0.85) 4．社会扶助 12,319 (0.82) 5．年金制度下の医療以外の現物給付 12,177 (0.81) 6．戦争犠牲者 1,914 (0.13) 7．その他(政治的理由の難民に対する給付等) 995 (0.07)	1．家族給付 212,495.2 (5.64) 2．雇用関連給付 168,260.8 (4.47) 〈内訳〉・雇用・失業 120,236.8 (3.19) ・労災 34,766.7 (0.92) ・職業訓練 13,257.3 (0.35) 3．住宅給付 63,406.8 (1.68) 4．政治的事件 27,754.0 (0.74) 5．その他 3,443.2 (0.09)	1．家族給付 43,282.6 (6.72) 2．雇用関連給付 21,048.4 (3.06) 〈内訳〉・失業 7,313.6 (1.06) ・労災 2,476.0 (0.36) ・その他 11,258.8 (1.63) 3．傷病手当 20,207.5 (2.93) 4．老人・障害者・病人に対する医療以外の現物給付 18,063.3 (2.62) 5．親手当 7,214.6 (1.05) 6．公的扶助 1,267.6 (0.18)	1．家族給付 15,608 (2.27) 2．失業等 18,572 (2.70) 3．労災 2,476 (0.36) 4．傷病手当 27,605 (4.01) (うち親手当) (7,215) 5．社会福祉等 43,098 (6.26)
1,509,420	3,765,275	688,924	

年金の財源を中心に」社会保障研究所『諸外国の社会保障制度の財政構造に関する研究』1991年5

表 1-2　ILO 資料に見る年金医療以外の

1986 FY	日本 (億円)	アメリカ (百万ドル)	イギリス (百万ポンド)
「その他の給付額 (国民所得比　%)	45,534.71 (1.73)	87,949 (2.6)	26,314 (9.3)
「その他」の中に占める目的別給付 (金額の大きい順)	1．社会福祉又は対人福祉サービス 16,254.61 (0.62) 2．雇用関連給付 14,388.09 (0.55) 3．生活保護又は公的扶助 6,327.97 (0.24) 4．分娩・出産手当等 6,268.97 (0.24) 5．家族給付 1,604.71 (0.06) 6．戦争犠牲者援護 680.36 (0.03)	1．雇用関連給付 ・Railroad unemployment and temporary disability insurance ・Unemployment insurance ・State temporary disability insurance ・Workers' compensation 33,869 (1.02) 2．Pubilic Assistances 32,002 (0.96) 3．Welfare services 21,526 (0.65) 4．Veterans' programs 522 (0.02)	1．Public Assistance 17,719 (6.24) 2．Family Allowances 4,838 (1.70) 3．雇用関連給付 ・労災保険 ・失業保険 ・RF(剰員整理基金) 2,550 (0.90) 4．National Insurance 傷病手当　928 (0.33) 出産手当　174 (0.06) 5．その他(特定病院への補助金) 105 (0.04)
国民所得 1986 FY (要素費用表示)	2,638,586	3,333,894 (暦年より会計年への調整済)	283,971 (暦年より会計年度への調整済)

n.a.＝該当なし
出典：社会保障研究所『諸外国の社会保障制度の財政構造に関する研究』1991 年 6 月，57 頁.
注：スウェーデンの B 欄は，城戸章子「スウェーデンにおける社会保障給付費の構造――社会福祉費と
月による推計.

以上の各国別特徴は、ひとしく福祉国家財政といっても、それぞれに個性があることを示している。公的部門の比重が小さく市場、家族、NPOなどへの依存度が高い日本、アメリカ、公的保険制度を中心に社会保障制度を発達させてきたフランス、ドイツの大陸ヨーロッパ型、公的扶助制度中心であったイギリス型、制度の整備が進み公的扶助が極小化する反面、対人福祉サービスを発達させているスウェーデン型などにタイプ化できる(3)。

これらの特徴は、簡単には解消しえないものと考えられるが、日本の将来を展望する視点から長期的に見れば、一定の歴史的傾向を指摘することができる。まず、「医療」については各国ともそれほど大きな格差はない。医療給付の抑制は各国の共通課題となっており、今後とも大きく伸びることは考えられない。また、「年金」についても、ドイツ、フランスでは保険料率はほぼ限界に達していること、高齢化の進展が緩やかであることなどから国民所得比の各国別格差が拡大していくとは考えにくい。

各国の規模の格差は、「その他」の多寡によって鮮明になっている。そのうち、各種の制度整備に伴って公的扶助が縮小する傾向が、イギリスを除く諸外国で現れており、日本もその道を歩んでいる。とすれば、今後増大する可能性のある方向としては、第一に児童手当や教育手当などの家族給付を充実させる方向、第二に失業保険などの雇用関連給付を充実させる方向、第三に障害者や高齢者への対人福祉サービスや保育サービスなどの現物給付を充実させる方向という、三つの道が想定しうる。

(4) 公共財と福祉サービス——現金給付・現物給付に関する議論の前提

社会保障給付について、現金給付と現物給付の問題を考えるに当たっては、やや回り道になるが、財政学における公共財の議論を簡単に検討しておくことが便宜であろう。まず、社会保障給付の方法としては、どちらが有効か、教育補助や住宅補助などを事例として議論されるのが一般的である。現金給付の場合は、所得効果を生じ厚生水準が増加するが、使途限定の現金給付ないし現物給付の場合は代替効果を生じて必ずしも厚生水準が増大しないといわれる。もっとも、こうした議論は、他の財との関係で厚生水準の極大化を問題とするアプローチであり、抽象化されたモデルの中での世界を扱っていることになる。

また、福祉サービスを公共財の定義から一元的に説明しようとする議論がある。周知のように、消費の非競合性と非排除性を基準として公共財と民間財の区別を行い、完全な非競合性と非排除性を有する財を純粋公共財とし、逆の場合を民間財とする。現実の財・サービスは、両者の中間形態をとるものが少なくなく、福祉サービスも準公共財であって、こうした基準の程度に序列づけられるというものである。すなわち、最低生活を保障する公的扶助、公衆衛生、基礎的年金などは、純粋公共財に近く、医療や保育は基本的に民間財であるが、社会的リスクを集団的に排除するという範囲においては、準公共財的性格をもつ。これを超える個人的選好としての医療、保育などは純粋に民間財ということになる。

こうした整理は、財源のあり方の説明とセットになっている。すなわち、純粋公共財的な財・サービスは税方式で行い、準公共財は保険方式に加え税方式がそれを補完し、民間財的なものは受益者負担ないし市場による購入が適当であるとするわけである。

およそこのような理解は、租税の投入を正当化する度合いを説明するものとして参考になる[4]。しかし、公共性の程度が、消費の非競合性と非排除性を基準にして導き出されるとするのは無理がある。たとえば、公的扶助や基礎年金について、社会成員のすべてを排除せず、他の消費と競合しない共同消費型のサービスと特徴づけられているが、果たしてそうか。潜在的にすべての成員に機会が与えられていることと、実際に供給される財・サービスの性質とは別の問題であり、こうした社会保障給付では給付対象者が厳密に特定されることが、むしろ特徴となっている。消費の非競合性と非排除性を基準として説明できるのは、公衆衛生、あるいは児童公園・児童館・社会福祉会館など開放型の生活関連インフラストラクチャーなどに限定されよう。

財・サービスの消費の非競合性と非排除性という基準のみに依拠し、かつ対人福祉サービスの実際を冷静に見ると、逆に次のような議論が出てくる。(5) 対人福祉サービスは、民間サービス提供者も存在するから非競合性もそう強くはない。個々人ごとにサービスが提供されるのであるから非排除性はなく、むしろ完全な排除性が存在する。だから、対人福祉サービスは民間財である、これを基本に制度設計していかねばならないというわけである。

しかし、すでに明白なように、財・サービスの消費の非競合性と非排除性という基準によって公共財を一元的に説明しようとするところに無理があり、それがある種の混乱をもたらしているといえる。また、公共財（社会財）の議論を体系的に展開しその後の財政学に大きな影響を与えたマスグレイヴまでさかのぼってみると、問題の所在が見えてくる。(6) マスグレイヴは、確かに消費の非競合性と非排除性という基準を提起し、公共財と民間財を定義した。しかし、これも本来よく知られていることなのであるが、「財の中には『価値ある』とみなされる財もあれば、『望ましくない』とみなされる財もある」とし、前者を価値財、後者を非価値財と呼ぶ。そして、「価値財を供給する政策、または、非価値財の供給を阻止する政策は、さきに述べた社会財の理論への接近方法では説明できない」と明言する。それを説明するためには、エリート集団によるものであれ、共同社会利益と呼びうるものであれ、その財・サービス供給を増加（減少）させることが望ましいとする意思の存在を前提とせざるを得ないと述べている。対人福祉サービスや所得再分配などの公共政策については、財・サービスの「技術的特性」からではなく、社会のあり方としてどのような価値規範に基づいて、どのような財・サービスが必要かを改めて考えねばならないのである。

その上でマスグレイヴは、低家賃住宅への補助など低所得者へのサービスを事例に引き、一般的な所得再分配を目的とするのであれば、現金給付でもかまわないが、居住水準の向上に使用されることが財政支出を容認する共同欲求の条件であるならば、現物給付の方がふさわしい、としている。

マスグレイヴの議論は、租税の多くを負担する側に立って、「保護的ないし救済的精神」からする低所得者への福祉政策について、その実践を担保するものとして現物給付を位置づけている。これを参考にしつつ、以下では、財・サービスを受ける側の権利を保障する視点から、現物給付の意義を再構成してみたい。

二　スウェーデン・モデルと現物給付

(1)　スウェーデン・モデルの提唱

価値財としての社会保障給付は、どのような価値規範に基づいて国家社会の共同欲求となってきたのか。すでに冒頭で、その歴史の具体的な経緯は簡単に述べておいた。一言でいえば、大衆民主主義状況を媒介として国民が生存権を主張し、統治の側からする宥和政策と表裏の関係となって制度化が進展し、福祉国家の形成へと向かったのである。

一方、最近、神野が財政社会学を発展させる立場に立って、現今の社会保障制度の動向を踏まえながら、新たな価値規範を提示している(7)。すなわち、家族、地域コミュニティ、職場共済組織などの共同体を含む社会システムは、市場化の進展の中でその機能を弱体化させていく。その機能を代位するものとして、生産点における老齢年金、医療保険などの制度が国家の介入のもとで全国的組織として発達し、生活点では、地方自治体が従来の共同体の機能を代位していく。その際の共同・連帯の原則は、生産点を基盤に発達してきた制度の場合、退職、疾病・家計支持者の死亡などの社会的リスクを分かち合う、リスクシェアリングの考え方となる。一方、生活点においては、元来コミュニティが労働を拠出し共同で支えてきた保育や老人・障害者の介助・介護について、労働を拠出できない地域住民がそのかわりにその時間に得た賃金の一定割合を拠出して必要なサービスを確保するワークフェア原則に基づく制度とされる。

前者の場合、社会的リスクに伴う個人的な経済的損失を補填するには、一般に現金給付が適しているとされる。

これに対し、後者については、保育や老人・障害者の介助・介護が現実に実施されないと意味がないので、コミュニティが責任をもって現物給付することが想定される。やや単純化すれば、保険原理に基づき、社会的リスクによって失われた所得を現金給付で保障する「社会保障基金政府」、ワークフェア原理に基づき比例所得税を主財源とし、対人福祉サービスを現物給付する「地方政府」、前二者ではカバーしきれない低所得者層のナショナル・ミニマムを保障する「中央政府」という「三つの政府」で十全なセイフティ・ネットを準備すべきであると主張されるのである。

神野らの主張は、北欧特にスウェーデンをモデルとするものであるが、その体系性からして検討に値するオールタナティヴといえる。もっとも、これまで示した資料でも両者が量的に隔絶していることは明らかであり、そこから想像しうる質的な面での日本的システムとの相違は小さくはない。たとえば、福祉国家の三類型を提示したエスピン・アンデルセンに対し、福祉国家比較のジェンダー化を試みたアラン・シーロフは、家族政策の社会化志向（家族政策の総支出、保育サービスや出産・育児休暇の充実度など）、雇用のジェンダー平等度（女性の就業機会、賃金のジェンダー格差、管理的職業従事者の女性比率など）を指標化し、x・y軸にプロットすると、日本はスイス、スペインなどと左下に位置し（つまり家族政策の社会化志向が弱く、雇用のジェンダー格差が大きい）、スウェーデンなど北欧諸国は逆に右上に位置する。(8) ジェンダー視点から見て対極に位置する日本的システムをスウェーデン・モデルの方向に引っ張っていくのは、そうたやすいことではない。

それでもなお、スウェーデン・モデルは目標として魅力がある。そのことを認めた上で、若干の留意点を次に指摘しておこう。

(2) 権利としての社会保障給付——充実すべき三つの領域

スウェーデン・モデルへの接近を図ろうとする場合、重要と思われるのは、社会保障給付を価値規範に支えられた公共財・価値財として再定義することである。スウェーデン・モデルの提唱者にあっては、生産点における社会的リスクのシェア、生活点におけるワークフェア原理が対置され、それ自体魅力的な構想となっている。しかしながら、それだけではなく基本的人権の視点からの意義を強調することが必要と思われる。社会保障給付であるから経済学的分析にとっては当然の前提ともいえるが、近年、社会保障研究者の多くが、社会保障給付を民間財と規定して受益者負担を強調したり、効率がすべてに優先するかのような論調が政府の政策文書で流布されていることを念頭におけば、[9] この点は、むしろ十分に留意しておくべきだと考えられる。

ここで強調しておきたいのは、次の三つの領域にかかわる社会保障給付を支える理念についてである。第一は、児童手当や教育手当などの家族給付の充実に係る領域である。一般に西欧では、家族給付（手当）水準が高く、それと比較して日本の低さが目立っている。この場合、西欧の水準の高さを支えているのは、次の二つの考え方であろう。[10] 一つは、子ども自身の健康で文化的に生活し個性豊かに育っていく権利を重視することである。ドイツでは、一九九〇年代初頭にドイツ連邦憲法裁判所が所得税の基礎控除額では最低生活費の非課税になっていないという違憲判決が出され、政府は一九九二年から九五年にかけて児童手当および児童（扶養）控除を抜本的に拡充する措置をとった。このように子どもの生活保障に対し、具体的にどの水準まで国が責任をもつか議論する気風に制度が支えられている。二つは、子育てを社会的に共同で担っていこうとする考え方である。フランスでは、ライフサイクルに応じて多様な子育て費用をカバーしようとする意図から家族手当制度が拡充されてきた。その際、特徴的なのはその財源が租税収入ではなく、もっぱら公的保険制度によって調達されてきたことである。フランス国民は、扶養家族や家族形態がどのようになるのか、そのためのコストをどの程度負担しなければならないのかなどを、一種の社会的リスクとしてとらえ、保険方式を基本とする社会全体の相互扶助システムで対応しようとしてきたのである。

日本では、従来終身雇用制、年功序列型賃金制を前提として、子育て費用も勘案した一定の生活給的な賃金体系が民間企業でも形成されてきた。しかし、こうした日本的雇用・賃金システムは転機にあって、雇用の流動化政策のもとで「日本型能力主義」から「職階制成果主義」の賃金システムに変容しつつあるといわれる[11]。こうした改変の方向が歴史的趨勢とするならば、ライフサイクルに対応した子育て費用を賃金内で確保していくことは、ますます不可能となっていく。したがって、そうした変化のもとでも子どもの生存権を保障していくためには、子育ての社会化がどうしても必要となる。この点が等閑に付されるならば、社会は何らかのしっぺ返しを被るであろう。

第二は、失業保険などの雇用関連給付の充実にかかわる領域である。国民が「労働権」を有し、国家が完全雇用の実現に全力を尽くすべきことは、現代福祉国家の基本原理といってよい。たとえば、スウェーデンでは、二重三重のセイフティネットをなす失業手当のほか、職業紹介サービスに加え、職業訓練、障害者への特別プログラムなどの現物給付が充実している点が特徴的である。

日本の場合、高度成長期には経済成長そのものが完全雇用状態を作り出していった。しかし、オイルショック後、高度成長が終えんし構造不況業種の出現や不況局面がたびたび現れる中で、失業を顕在化させない日本的雇用調整システムは、しだいに限界に達し、今や企業リストラのかけ声のもとで、あたかも人員削減が善であるかのごとき風潮が広がっている。むろん、日本にも雇用保険法があり、失業者を未然に防ごうとする雇用調整助成金制度があり、一九九八年には教育訓練給付制度が発足した。しかし、その質量は、心許ない限りであり、大量失業時代を迎えて抜本的な充実が必要である。

第三は、障害者や老人への対人福祉サービスや保育サービスなどの充実にかかわる領域である。これらについては、障害者、何らかのハンディキャップを負った者を含めすべての人が人間らしく生き、退職後も心身状態のいかんにかかわりなく人間らしく生活する権利を保障することが当然基本となる。バリアフリーやノーマライゼーションの思想は、「権利」として「効率」に優先すべき「正義」である。

対人福祉サービスの充実を支える理念として、日本で今日強調されるべきは、「男女共同参画型社会」の構築の方向であろう。「男女共同参画型社会」という用語も多義的であるから、その内容をはっきりさせねばならないが、上述のアラン・シーロフの研究を援用すれば、次のようになろう。すなわち、何よりも雇用のジェンダー平等度を高めること、いい換えれば雇用・賃金に関する男女格差を解消することであり、また家族政策の社会化を進め、女性の子育て負担の軽減を図ることである。この両者に関係する重要な現物給付として保育サービスがある。保育サービスは、単に女性の就業を支えるだけでなく、出産・育児休暇の充実などと相まって出産・育児による「雇用の断絶」を防ぎ、雇用のジェンダー格差を解消する条件を整備するのである。

社会保障給付の充実を展望する場合、こうした価値規範の再確認が不可欠である。

(3) 現物給付の重要性

以上の三つの領域での社会保障給付の充実の方向を、現金給付と現物給付という視点で整理すると以下のようになる。

第一に、児童手当を中心とする家族給付は、基本的に現金給付である。その際、子どもの生存権を保障する観点から一般的には、租税資金から調達されることになる。これに対して、子どもを何人扶養しなければならないか、それに対応した賃金が確保できるかという問題も、社会的リスクと考え、保険組織を通して給付しているフランスの事例がある。この場合は、退職、疾病、家計支持者の死亡などの社会的リスクを分かち合うという、リスクシェアリングの考え方に基づき、生産点を基盤に発達してきた制度として位置づけることが可能である。いずれにせよ、この現金給付の規模は、子育て費用の社会化の程度を示す指標となる。

第二に、雇用関連給付は、現金給付と現物給付の両者で構成される。失業という社会的リスクに備える制度である以上、失業によって遺失した賃金が現金給付によって補塡されねばならない。しかし、それだけでなく、転職や再就職を目指した場合、再教育や職業訓練の機会が十分に保障されることが重要である。この点では、現物給付の形態が適切である。

第三に、障害者や高齢者の対人福祉サービスおよび保育サービスなどは、現物給付が基本となる。そうしたサービスを権利ととらえる立場からすれば、必要とする人に必要とする態様で必要なだけ提供することが、原則とされるべきだからである。

スウェーデンの場合で見れば、表1-3のような形態で高齢者介護が行われている。そして、重要なのは、それをコスト面からだけでなく「生活の質」という側面からチェックを怠っていないことである。その一例は表1-4に示されている。[12]

さらに、現物給付の重要性という点を、現金給付と対比させつつ敷衍《ふえん》してみよう。現物給付の意義は、重要と考えられる財・サービスに直接公的資金を割り当てることができることである。この点は、マスグレイヴに依拠しながらすでに指摘した点である、

これに対し、社会的リスクによって労働の機会を遺失した場合、あるいは何らかの理由で最低水準の生活費を稼働所得で得られない場合などは、それを補塡する現金給付が適している。労働力の再生産に必要な一般的生活必要品が市場を通じて容易に入手できることが前提となっているからである。家族給付の場合も、扶養児童の分、一般的な生活必要品が増加すると考えればよい。

問題は、用途を指定した現金給付の評価である。たとえば、一九九八年に発足した教育訓練給付の場合、被保険者として一定の要件を満たした労働者が、教育訓練を修了すると、当該施設に支払った教育訓練経費（入学料と受講料最大一年分）の八〇％（上限二〇万円）が労働者の申請に基づき（受講修了後一か月以内に申請）、公共職業安定所から支給される。仮に公共機関が教育訓練プログラムをいくつか用意して受講を義務づけた場合と比べれば、民間業者や学校法人など多様なプログラムが提供される可能性があり、また、その中から選択する自

表 1-3　高齢者の住居形態

	居室の広さ	入居基準	料　　金	特徴と課題
サービスハウス (ケア付き住宅) servicehus 4 万 1,700 人分	1 LDK～2 LDK が一般的 40～80 m^2	軽度の介護が必要 基本的な生活は 1 人でできる	1 か月　3,000～4,000 クローナ 食費・介護料別	・「施設」でなく，「在宅」と位置づけられる ・ヘルパー詰め所やレストランやデイセンターを併設していることが多い ・1970～80 年代に増設されたが，介護ニーズの高い後期高齢者にはアットホームさが欠ける
老人ホーム alderdomshem 3 万 7,200 人分	ほぼ個室 20 m^2 前後	介護度が高い 一人暮らしに不安	1 か月　5,000～6,000 クローナ 食費・介護料込み	・食事は食堂で一緒にとる ・救貧的なイメージが強く，1970 年代から建設されなくなった ・住居水準が他に比べて劣る
モダン老人ホーム modernalder-domshem	すべて個室 40 m^2 前後 室内にトイレ・シャワー・ミニキッチンがある	介護度が高い 一人暮らしに不安		・食事は食堂で一緒にとる ・住居水準の高さとアットホームさで後期高齢者に人気
ナーシングホーム sjukhem 3 万 6,000 人分	2～3 人部屋もある	初期医療，看護が必要	1 日 65 クローナ程度	・2～3 人部屋が多く，国からの補助金により個室化が進められている ・「病院」のイメージが強い ・他居住との利用料金の差が大きく，問題になっている
グループホーム gruppboende	すべて個室 40 m^2 前後 室内にトイレ・シャワーがある	軽度・中度の痴呆症である		・専門スタッフによる 24 時間体制のケア ・入居者は 6～8 人で小規模 ・生活リハビリを重視 ・痴呆性老人ケアの切り札として人気

出典：㈳生活福祉研究機構（編）『スウェーデンにおける高齢者ケアの改革と実践』（中央法規出版，1996 年）86 頁．

表1-4　痴呆性老人の「生活の質」と「ケアコスト」の比較

	グループホーム Gruppboende	老人ホーム Alderdomshem	ナーシングホーム Lokalasjukhem	自　宅
介護コスト	785	475	1,025	691 (1,066)
差額コスト	135	▲353	472	131 (506)
安心感	4.0	4.0	4.0	1.0
選択の自由	4.0	1.0	1.0	5.0
スタッフの多さ	4.0	4.0	4.0	2.0
継続性	4.0	3.0	3.0	1.0
ケア	3.8	3.0	2.2	2.8
生活の質	3.96	3.00	2.84	2.36

出典：㈳生活福祉研究機構（編）『スウェーデンにおける高齢者ケアの改革と実践』（中央法規出版，1996年）137頁．

注：1)　コストの単位はクローナ，1日当たりのコストで新築費用も日割で加算．質については5点満点で計算．痴呆性老人の生活の質はグループホームが一番高い．コストの面では，老人ホームが最も安い，在宅の痴呆性老人については生活の質が低く，かつ，必ずしも安上がりではない．

2)　原表はSoSrapport 1991-41，山井和則「90年代のスウェーデンの痴呆性老人ケア」川崎市地方自治研究センター『くるとぅーる』4，1993年．

由もあって、優れた制度ともいえそうである。

しかし、民間業者つまり市場を通じて供給されるプログラムは、この場合、二五万円の価格で利潤を生じる内容に限定されてくる。しかも、需要の密度との関係から採算のとれる規模の都市に事業展開の範囲が限定されてくることになろう。要するに採算面から内容的、地域的に制限が設定されてくるのである。この範囲内であれば、選択の自由が保障されたかたちとなるが、そこに提供されていない教育プログラムは、必要とする人があっても最初から対象から外されてしまっているのである。

むろん、あらゆる要求に対しコストを無視して応えることは実際上困難であるが、問題は、実質的な限定があるにもかかわらず、形式的な自由が強調されて、その時点で市場原理に乗らない福祉サービスへの需要が切り捨てられやすいことである。対人福祉サービスが一般的生活必要品に準じて通常の市場で購入可能な財・サービスであれば、用途指定の現金給付もありうる。しかし、市場で供給可能な対人福祉サービスの範囲は、限定的であることを前提とした方が、個々人のサービスを受ける権利を保障していく観点に沿った制度設計への道が開かれるのではないだろうか。

(4) 社会保障給付と中央・地方

ところで、福祉国家財政の形成において、移転的経費としての社会保障給付は、国と地方の財政関係に対しても重要な作用を及ぼす。生活保護を中心とする公的扶助や失業保険などは、最低生活水準を保障する観点から全国的な基準が設定される。医療保険や老齢年金などは、職域ごとの制度からしだいに一般化、普遍化されてくるが、事の性格上、たとえ分立はしていても全国的組織として発達してくるし、生存権の考え方が強まれば、ナショナル・ミニマム確保の観点からどの国でも租税が投入されてくる。租税方式をとるにせよ保険方式をとるにせよ、一般には中央政府の所管事項として制度の発達をみるのであり、その結果、社会保障制度の充実は、必然的に中央政府の相対的な役割を増大させていくのである。

周知のように、ピーコックとワイズマンは、財政の現代化の過程において、第一次大戦と第二次大戦を画期として、中央政府の比重の増大、地方政府の相対的縮小をイギリスの事例に即して検出し「集中過程」と名づけたが、これは上記のような社会保障制度の発達のあり方を一つの要因とするものであった。実際、公的扶助を軸として制度の発達をみたイギリスにしても、保険制度を軸にしてきたドイツ、フランスにしても、この「集中過程」を検出することができる。

これに対し、スウェーデンは、全国的な保険組織を整備しつつ、地方政府が生活保護に加えて、対人福祉サービスの総合的な供給主体として役割を増大させてきた。高齢者医療福祉サービスについて見ると、市（コミューン）は、住宅手当支給のほか、送迎サービスの実施、サービス付き住宅（老人ホーム、ケア付き住宅、一般住宅の中のケア付アパート）の運営・管理、ホームヘルプ事業の実施（ケア付き住宅・一般住宅の中のケア付アパート対象、ホームヘルパー派遣、デイケアサービスなど）を行う。県は、在宅看護、長期療養ケア、短期医療、精神科医療を担当していたが、前二者は一九九二年に実施されたエーデル改革で市の所管となった。

こうした事業に典型的に見られるように、北欧諸国は、現物給付による対人福祉サービスを地方政府が担当し、全政府支出に占める地方支出の比率を高めてきた。それだけでなく、一定の税率操作権を有する地方所得税を主要な財源としている点でも、福祉サービスの内容・水準について地方の自己決定権を確保している点でも、分権型システムとして特徴づけられる。

スウェーデン・モデルを前提とするならば、地方を供給主体とする対人サービスの現物給付が増大していくことが予測される。地方分権推進法制定以来、分権型社会への転換を目指してきた日本においても、この方向が有力な目標となろう。とはいってもアラン・シーロフの福祉国家分類にあるように、スウェーデンと日本のシステムは、対極に位置する。アラン・シーロフの分類基準は、家族政策の社会化と雇用度ジェンダー平等度であったが、集権・分権の基準で見ても、やはり両極に位置する側面が強い。ただし、財政の外形的特徴で見ると共通点がある。それは、全政府支出に占める地方政府支出の比率の高さであり、地方税収入比率の相対的高さである。このことは日本においても、実際の行政執行の多くが地方で行われており、そのための人材やノウハウなどの経営資源が地方政府に蓄積されていること、そして根拠にすべき地方税源が国際的に見れば相対的に多く確保されていることを示している。この経営資源を集権システムのパーツとしてではなく分権システムの動力として活用すること——この点にスウェーデン・モデルへの道を照らす一条の光がある。

三　介護保険制度の概要

(1) 介護保険発足の背景と経緯

介護保険制度発足の背景は、第一に、急速な高齢化の進展、それに伴う要介護高齢者の増大である[13]。六五歳以上の高齢者人口比率は、一九九八年の一六・二%から二〇二五年には二七・四%と世界一の高齢化社会となることが予測されている。その中で寝たきり・痴呆性・虚弱などから介護を必要とする高齢者は、一九九三年の約二〇〇万人から二〇一〇年に約三九〇万人、二〇二五年には五二〇万人に達すると見込まれている。

第二に、従来こうした高齢者の介護を担当してきた家族について、核家族化が進み、介護される者のケアを確保する問題だけでなく、介護する側の生活破壊の問題が深刻化してきたことである。これが「介護の社会化」の必要性が有力な世論となる重要な要因となった。

第三に、国の財政危機のもとで従来の社会保障制度の問題点が強調され、社会保障制度の「構造改革」の一環として位置づけられたことである。介護費用の膨張が予測される一方、財政制約のもとで租税収入の確保は見込めず、老人福祉措置制度や老人医療費の公的負担を削減していかねばならない。そのためには、①老人福祉と医療を統合して効率化を図る、②「社会的入院」を減らすなど個人の自立を支援していく方策を具体化する、③公的保障を基礎的部分に限定し、それを超える部分には民間業者によるサービスを導入し、競争を通じた良質のサービス提供を図るという方針が形成されることになった。

このように、「介護の社会化」を求める国民の「共同欲求」と、これを機会に市場活用・効率重視型の「構造改革」を実現しようとする政府サイドの両ベクトルが絡み合いながら、制度設計されていった点に、二〇〇〇年四月に発足した介護保険制度の特徴がある。

一九九四年四月厚生省は、省内に高齢者介護対策本部を設置、さらに七月には学識経験者からなる高齢者介護・自立支援システム研究会を置いた。一九九四年九月には社会保障制度審議会のもとに設置された社会保障将来像委員会が発表した報告書の中で、社会保険方式による介護保険創設構想が盛り込まれた。この初発における一連の素早い動きの背景には、一九九四年四月にドイツで介護保険法案が成立したという事情があった（一九九五年一月施行）。

一九九四年一〇月には、老人保健福祉審議会が新たに設置され、同制度の本格的な検討が開始された。一九九五年七月四日発表された社会保障制度審議会の勧告では、公費負担を導入した介護保険制度を提言し、同月二六日これを受けたかたちとなった老人保健福祉審議会の報告では、同様の制度創設を提言したが、具体案は提示できず、一九九六年一月の「第二次報告」でも、四月の「最終報告」でもその状況は続いた。この膠着状態の議論の中には介護保険制度の基本問題が横たわっているといってよい。この点は、後に検討する。

一九九六年五月厚生省は、老人保健福祉審議会に厚生省案を提出するが、これは与党との折衝を経たものと考えられ、その意味で実現性の高いものとなった。この時点で保険者は市町村、家族介護に対する現金給付は行わない、介護保険給付の対象者と保険料負担者を四〇歳以上とするなどの骨格が固まった。

もっとも、保険者とされた市町村からは、強い不安の声があり、厚生省は、市町村へ事務的・財政的支援強化を盛り込んだ「介護保険制度案大綱」を策定し、同年六月に老人保健福祉審議会と社会保障制度審議会に諮問し、両者は大筋でこれを認める意向を示した。その後総選挙をはさんで、同年一〇月与党三党（自民党、社会党、さきがけ）の合意がなされ、これに基づいて「介護保険関連三法案」（介護保険法案、介護保険法施行法案、医療法の一部を改正する法律案）が第一三九回臨時国会に提出されたが継続審議となった。さらに第一四〇回通常国会で審議の上同年一二月に法案が可決され、「介護保険関連三法案」は、同一二月一七日公布された。法案成立後、自民党による実施延期の動きがあったものの、厚生省と地方自治体での準備作業は継続し、一九九九年一〇月全国の市町村で要介護認定の申請受付が開始された。

一九九九年一〇月に新たな三党（自民党、自由党、公明党）連立政権の発足後、与党の要請を受けて介護保険法の円滑な実施のための特別措置が、一一月政府によってとりまとめられた。その内容は、高齢者保険料負担の軽減措置、医療保険者対策、低所得者の利用者負担の軽減、家族介護支援対策、介護予防・生活支援対策、介護基盤整備の推進などである。このうちの家族介護支援対策には、家族介護慰労金の支給が含まれている。そして、二〇〇〇年四月から介護サービスの実施となった。

(2) 介護保険制度の骨子

介護保険制度の詳細については類書を参照されたい。ここでは、その骨子のみをごく簡単に確認しておく。まず、第一に、高齢者介護を社会的に支える仕組みとして税方式ではなく社会保険方式が選択された。ただし、のちに見るように公費の導入が前提となっている。

第二に、保険者は市町村とされ、国と都道府県は、介護保険事業の健全かつ円滑な運営のために体制の整備、指導・援助を行うものとされた。

第三に、被保険者は四〇歳以上の者であり、六五歳以上の第一号被保険者は、常に介護を必要とする状態（要介護状態）、日常生活に支援が必要な状態（要支援状態）になった場合にサービスを受けられる。これに対し、四〇歳から六五歳未満の第二号被保険者は、サービスが受けられるのは、初老期の痴呆、脳血管疾患など老化が原因とされる病気（一五の特定疾病として指定）により要介護状態や要支援状態になった場合に限られる。

第四に、保険給付の対象となるサービスは、介護給付（要介護者に対する給付）の場合、次の九種類である。すなわち、居宅関係として、①居宅介護サービス費、②特例居宅介護サービス費、③居宅介護福祉用具購入費、④居宅介護住宅改修費、⑤居宅介護サービス計画費、⑥特例居宅介護サービス計画費である。施設関係として、⑦施設介護サービス費、⑧特例施設介護サービス費があり、さらに⑨高額介護サービス費がある。予防給付（要支援者に対する給付）は、施設関係を除き、ほぼ介護給付に準じた給付内容となっている。

第五に、保険給付の手続は、要介護（支援）認定を含む次のような手順で行われる。まず介護が必要な高齢者

表 1-5　介護保険の財源構成

●費用負担割合（全国ベース）

<table>
<tr><td colspan="5">利　用　者　負　担</td></tr>
<tr><td rowspan="4">公
費</td><td rowspan="2">国　費(25%)</td><td>定　　率 (20%)</td><td rowspan="4">保
険
料</td><td rowspan="2">1 号保険料
(約 6 分の 1)</td></tr>
<tr><td>調整交付金 (5%)</td></tr>
<tr><td colspan="2">都　道　府　県　(12.5%)</td><td rowspan="2">2 号保険料
(約 3 分の 1)</td></tr>
<tr><td colspan="2">市　　町　　村　(12.5%)</td></tr>
</table>

●平成 12 年度の介護保険財源構成（保険料特別対策，上乗せ給付及び市町村特別給付等は考慮しない場合）

総費用　42,960 億円
利用者負担額　5,020 億円
給付品　37,950 億円

33%	第 2 号被保険者の保険料(33%) 各医療保険者が医療保険料の上乗せにより徴収し，社会保険診療報酬支払基金から交付		→ 12,520 億円
50%	公費		
	国	20 %	→ 7,590 億円
	都道府県	12.5%	→ 4,740 億円
	市町村	12.5%	→ 4,740 億円
(うち 5%)	国の調整交付金(5%)※		→ 1,900 億円
17%	第 1 号被保険者の保険料(標準 17%)※ 年金からの特別徴収 ┊ 普通徴収		→ 6,450 億円

給付費合計　37,950 億円

出典：『介保保険の手引』(平成 12 年版)（ぎょうせい，2000 年）29 頁.

が要介護認定の申請を行う。市町村は被保険者の心身状況に関する調査を行い、その結果とかかりつけ医の意見をもとに市町村に設置された介護認定審査会において審査判定が行われる。要支援および五段階の要介護と判定された者は、上記の保険給付の対象者となる。要介護認定を受けた者は、居宅の場合、居宅介護支援事業者（ケアプラン作成機関）を選択し、居宅介護サービス計画の作成を依頼する一方、居宅介護サービス事業者を自ら選択し直接申し込む。居宅介護サービス事業者は、居宅介護支援事業者と連絡調整した上で在宅サービスを提供する。施設利用の場合は、居宅介護サービス計画の作成を居宅介護支

図1-2　介護保険制度事務処理の概要

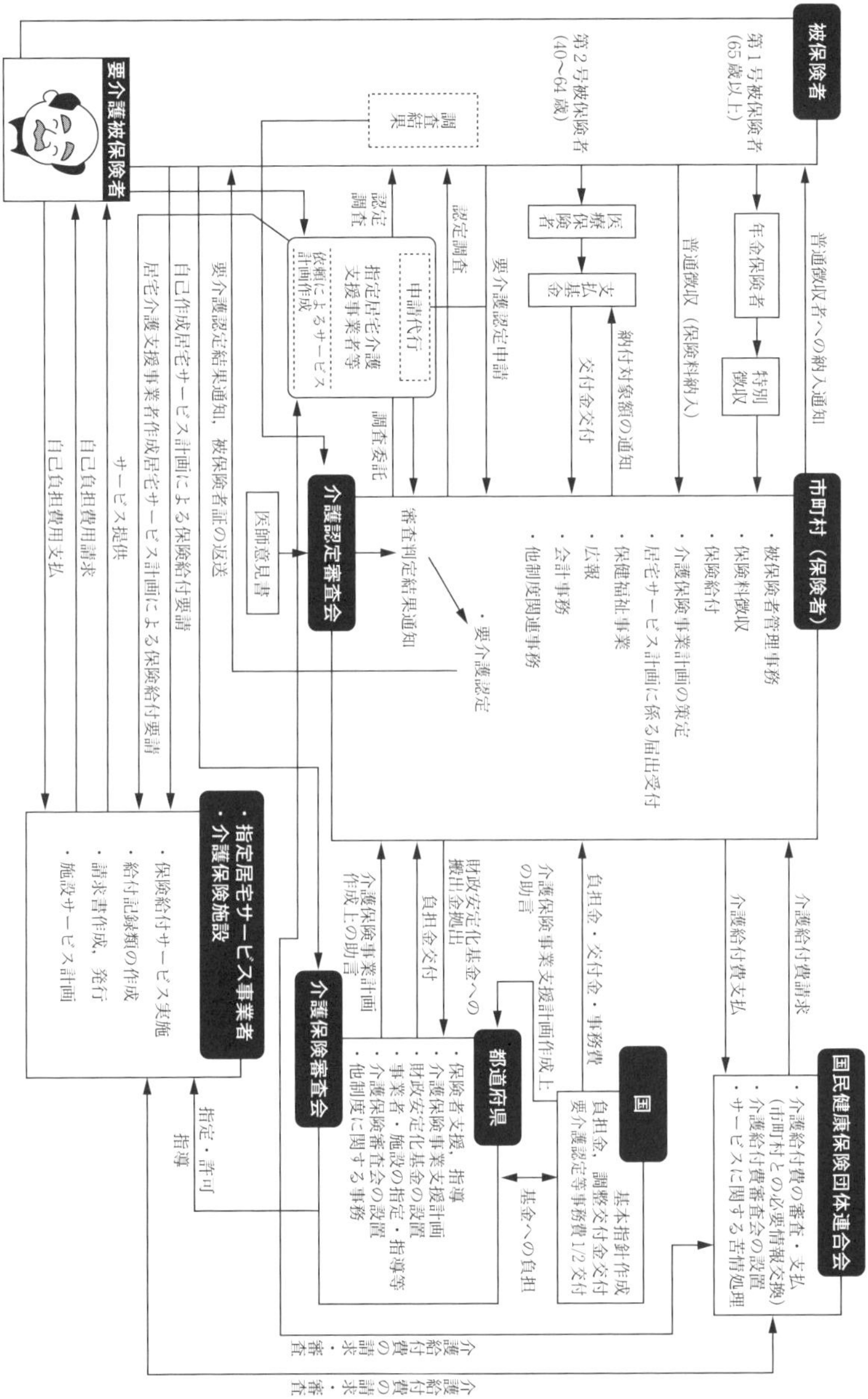

出典：月刊介護保険編集部（編）『介護保険ハンドブック平成12年版』（法研，2000年）62頁．

援事業者に依頼した後、介護保険施設に直接申し込む、居宅介護支援事業者は、介護保険施設を紹介するなどし、入所による給付へ至る。なお、ここで登場する居宅サービス事業者などの介護サービス提供者は、全国的基準を厚生大臣が設定し、その基準に合致する事業者または施設を都道府県が指定することになっている。

第六に、財源構成は、表1-5のようになる。まず、制度全体としては、公費（租税）を半分、保険料を半分とし、公費については、国五〇％、都道府県二五％、市町村二五％とする。国費の五分の一は、後期高齢者の加入割合の相違や高齢者の負担能力の差等によって生じる財政力格差の調整に充てる調整交付金とする。

第七に、保険料の設定方法である。まず、全国平均で見て第一号被保険者と第二号被保険者の負担額が同じになるように、第一号被保険者が総費用の一七％、第二号被保険者が三三％負担とすることとし、この比率は二〇〇〇～二〇〇二年度まで適用される。その上で、市町村ごとに保険料が設定されることになった。第二号被保険者の場合は、それぞれ加入する医療保険制度の算定基準に基づいて保険料が設定、徴収され社会保険診療報酬支払基金に納付し全国的にプールする。これを各市町村に介護給付費交付金として低率で交付する。第二号被保険者の保険料は、当該市町村の介護費用総額から公費及び介護給付費交付金などを差し引いて必要徴収額を算定する。これに基づいて「基準額」を設定し、それを中位とする所得階層別の五段階（「基準額」に対して〇・五、〇・七五、一、一・二五、一・五）の累進的料率を各市町村ごとに設定する。世上で保険料格差として注目されているのは、この保険料率のことである。

以上の内容を、事務処理の視点から図示すると前頁図1-2のようになる。

四　介護保険制度の基本問題再論

(1) 税(公費)方式か社会保険方式か

介護保険構想が急浮上した際、当初から保険方式の採用が前提となっていた。一九九四年高齢者介護・自立支援システム研究会の「新たな高齢者介護システムの構築を目指して」と題された報告では、「社会保険方式では、サービスの利用は利用者とサービス提供機関の間の契約に基盤が置かれるため、高齢者の選択という観点からみてよりふさわしいシステム」とする。また、「措置制度と比べると、保険料負担の見返りとしてサービス受給が位置づけられているため、利用者の権利的性格が強く、利用にあたっての心理的な抵抗が少ない」としている。また、厚生白書では、「給付と負担の関係がわかりやすい社会保険の仕組みとすることにより、増加する費用を社会全体の連帯によって、安定的に賄うことができるようにする」と説明されている。措置制度から介護保険制度への転換を概念図で示すと図1-3のようになる。

ここでは、受益と負担の関係が明確であり、保険料負担の見返りとして、またサービス事業者と契約関係でサービス給付を受けるため権利性、選択性に優れているとされるわけである。しかし、受益と負担のわかりやすさの問題でいえば、一律一・七%の保険料率で年齢に関係なく給付対象となるドイツに比べて恐ろしく複雑である。負担と受益の関係が印象づけられるのは、保険制度だからではなく、六五歳以上の保険料が高く設定され、しかも一割の利用者負担がとられるという点からである。

そもそも保険制度(特に強制加入の場合)とは、社会的リスクを社会の構成員で共同で分かち合うものであり、制度の本質上、受益と負担の明確化という発想自体ほとんど無意味である。ありうるとすれば、それは受益者負担的考えを加味していく度合いに依存する。その意味では、リスクシェアリングの理念から保険制度で構想するか、公共財としての性格を強調して毎年プールされた租税収入の再配分として構想するか、相対的な差しかない。

保険制度であれば権利性、選択性が高まる、という指摘はどうだろうか。そうした性向を指摘できる局面はあり得ようが、措置制度の改革や第三の道では不可能であるとする説得性には欠ける。自動車事故の損害保険のよ

図 1-3　措置制度と介護保険制度の概念図

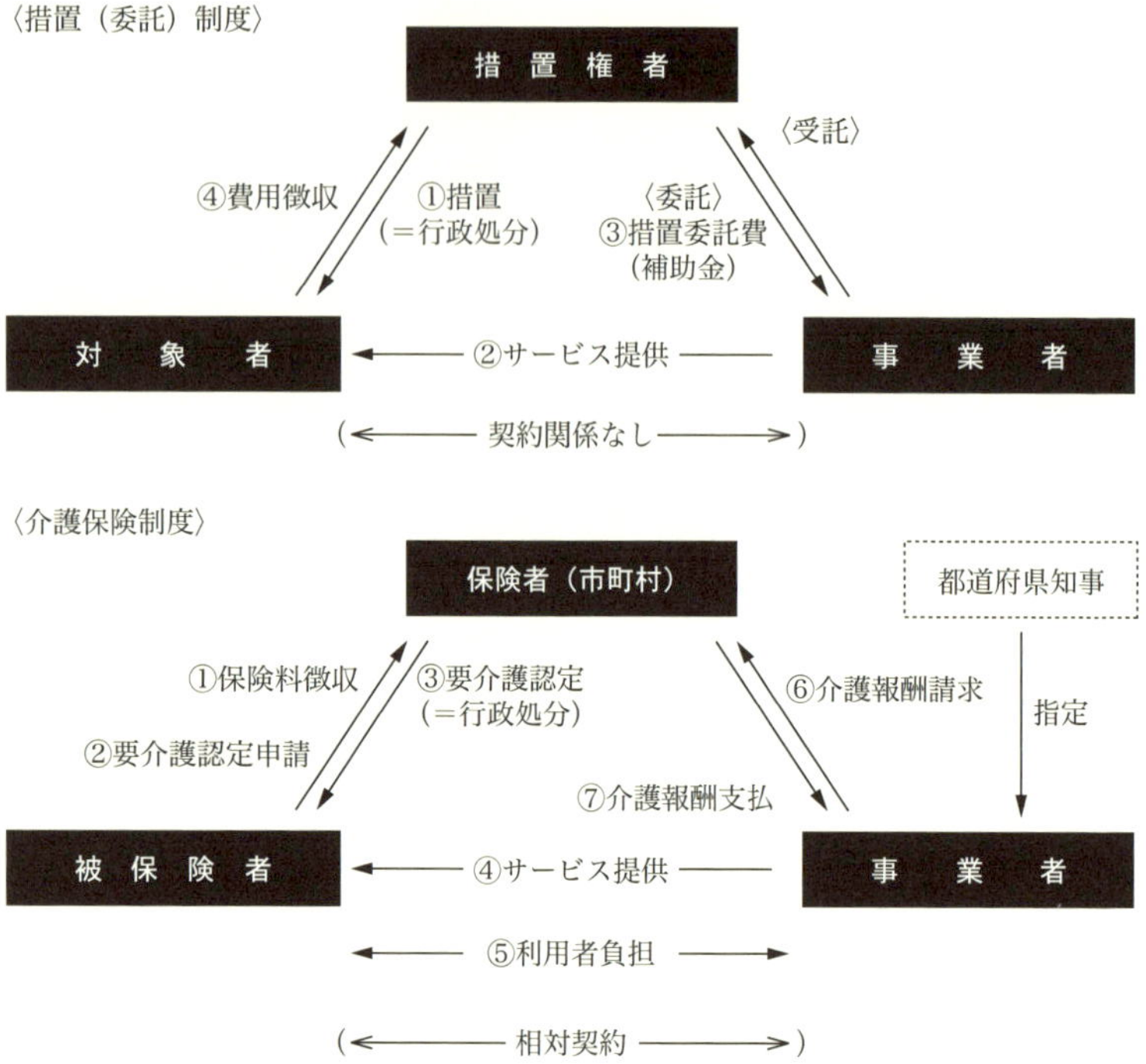

出典：月刊介護保険編集部（編）『介護保険ハンドブック平成 12 年版』（法研，2000 年）13 頁．

うに、現金給付であるがゆえに全国的に民間保険会社が競争しているような場合であれば、契約者との関係は対等といってもよい。しかし、対人福祉サービスを受ける権利は、個々人の状況に適合した手当が保障されて意味をもつのであって、保険だから権利性が高まるとはいえない。

この点は、スウェーデン・モデルが反証をなす。スウェーデンの場合、税方式がとられているが、その財源の基本は地方所得税である。地方所得税は比例税率であり、勤労者住民から見れば、社会保険料負担と同様の負担構造となる。この財源をもとに市が中心となって、対人福祉サービスを提供する。そのサービス水準を充実させようと住民が考えれば、地方所得税の税率を上げればよい。実際、次頁図1-4に見られるよう

図 1-4　スウェーデン地方税収入，国所得税収入の推移

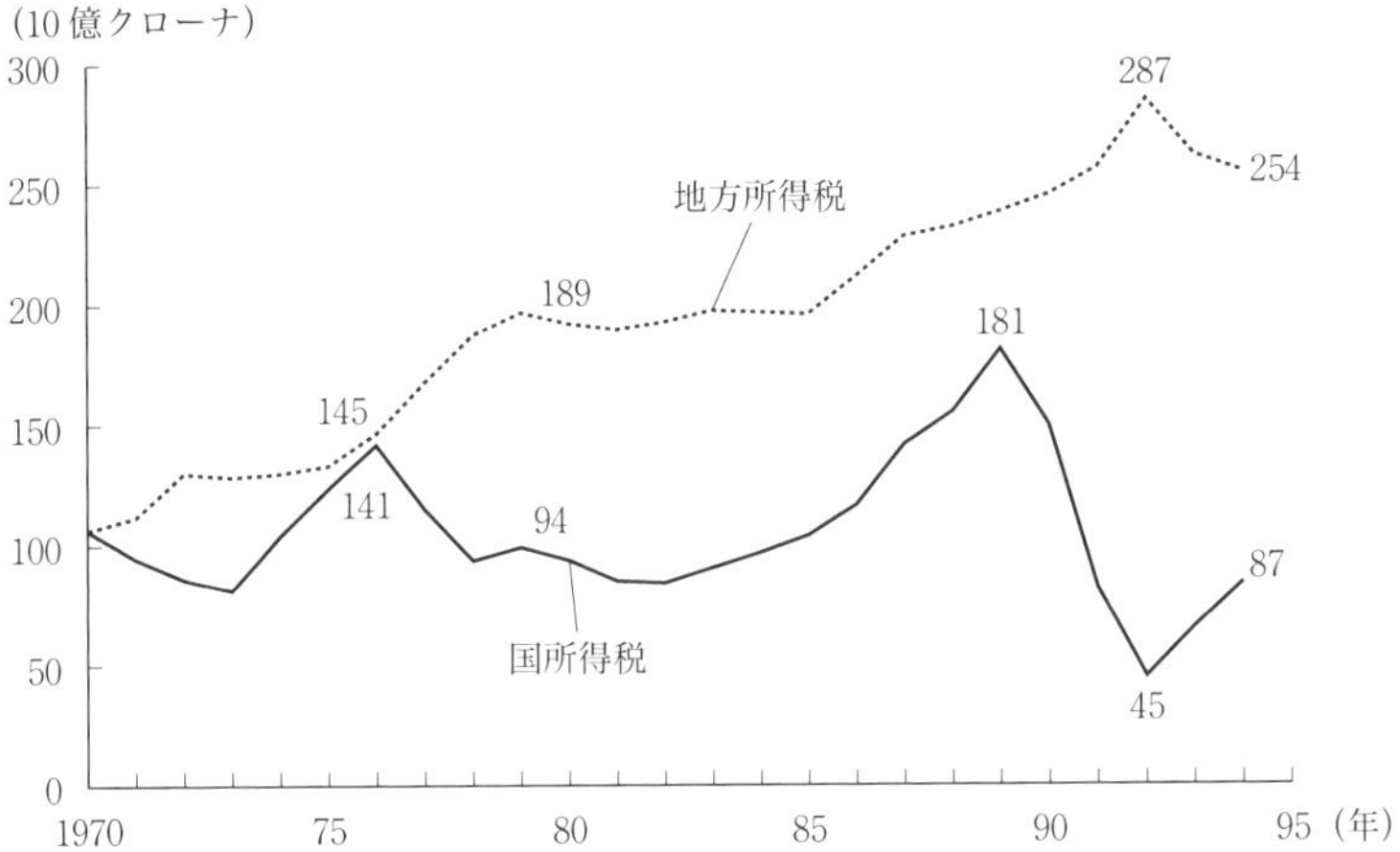

出典：岡沢憲芙・多田葉子『エイジング・ソサエティ』(早稲田大学出版会，1998 年) 74 頁.

に、近年、国所得税に対して地方所得税収は顕著に増加している。地域住民コミュニティの一員として財源を負担し、自らサービス内容を決定していけば、その結果として受けるサービスは、誰に遠慮することのない権利以外の何者でもない。

なお、税（公費）方式か社会保険方式かという問題には、負担構造のあり方を選択するという側面がある。福祉国家の形成を前提とすれば、税（公費）方式は所得再配分的効果が強く、社会保険方式ではそれが弱いという理解が日本では強いように思われる。しかし、もともと租税の負担構造に依存しており、また社会保険方式の場合も部分的に租税が投入される場合が多いこともあって、両者の差は相対的である。財源として所得税を想定すれば累進的負担であるが、消費税を想定すれば逆進的になる。社会保険料は所得比例が基本であり、所得比例的負担となって、所得税と消費税の中間に位置することになる。さらに、社会保険料には、事業主負担が伴うから企業の直接税負担の増加と同じ効果をもつ。財界、新進党、自由党がなぜ消費税の目的税化などによる税方式を主張してきたかは、この点から理解できる。

(2) 現金給付か現物給付か

現金給付か現物給付かについては、当初の厚生省案は「現物給付」を基本としていたため、各種の審議会では、家族介護に対する現金給付を補足的に認めるかどうかが論点となった。その点について、賛否両論の内容がどのようなものか、一九九六年一月老人保健福祉審議会の「第二次報告」で確認しておこう。

積極論は、次のように整理されている。

① 高齢者や家族選択の重視、外部サービスを利用しているケースとの公平性等の観点に立って、一定の現金支給を検討すべきである。制度として現物サービスしかないというのは制限的すぎる。

② 現状は、家族による介護を望む高齢者も多く、また、家族が介護しているケースが大半であり、介護に伴う家計の支出が増大している実態もある。そうした現実は無視できない。

③ 新制度のもとで国民に負担を求める以上、現物サービスを受けられないケースについては、保険料負担に対する見返りとして現金支給を行うべきである。保険料を徴収する立場から見ても、現金支給の必要性がある。

一方、消極論は、次のように整理される。

① 現金の支給は必ずしも適切な介護に結びつくものではない。家族介護が固定化され、特に女性が家族介護に拘束されるおそれがある。

② 現金支給を受けられることから、かえって高齢者の自立を阻害するおそれがある。また、介護を家族だけに委ねると、身体的精神的負担が過重になり、介護の質も確保できないおそれがある。

③ 今国民が最も求めていることはサービスの充実である。現金支給の制度化によって、現物サービスの拡大が十分に図られなくなるおそれがある。また、現金支給は新たな支給であり、費用増大につながるものである。財政的な面から見ても、慎重に検討すべきである。

その他、次のように意見が紹介されている。

① 家族介護に対する現金支給といっても、その位置づけや性格について、たとえば、㈠本人や家族に対する慰労激励、㈡現物サービスとの公平性の確保、㈢介護に伴う収入源の補塡、㈣家族介護に対する労働としての評価など、いろいろな考え方があり得る。

② また、現物サービスが不足している状況を踏まえた過渡的な措置として、たとえば家族介護者への研修の義務づけなど一定の要件を付すことにより、限定的な手当として位置づけるという方法も考えられる。

③ 誰に対して支給するかということも論点となるが、保険制度としてのあり方を見ると、被保険者である高齢者本人に支給することが基本となる。

その後、現物給付を基本とする線で具体化が進められていったが、前述の介護保険法の円滑な実施のための特別対策の一環として家族介護支援対策が策定された。そこでは、重度（要介護度四・五）の低所得（住民税非課税世帯）高齢者の介護を行っている家族への慰労として、一年間介護保険のサービスを受けなかった場合に、介護している家族に対して市町村が金品を贈呈した場合に、これに要する経費を助成する制度が盛り込まれた。これが、家族介護慰労金といわれるもので、家族当たり年額一〇万円までで二〇〇一年度から実施されることになっている。これは、さしあたり施設の整備が十分に整っていない過渡的状況のもとで「本人や家族に対する慰労激励」を行うという政治的配慮としての性格の強いものである。

現金給付論が根強く残っている背景には、ドイツの介護保険制度が現金給付と現物給付の選択制をとっているという事情がある。[14] ドイツと日本の介護給付の内容を比較すると表1-6のようになる。要介護の認定範囲は日本の方が広く、給付水準も高い。ドイツの場合は、現金給付の水準が現物給付の約半分といわれている。それでも現金給付を選択する比率が高い。たとえば一九九七年四〜六月の受給者の給付別割合は、現金給付五六％、現物給付（在宅）七％、現金給付と現物給付（在宅）の組合せ、入所施設給付二五％などとなっている。もともと

表 1-6　日本とドイツの介護保険給付比較

	日本			ドイツ			
	介護度	要介護時間(注 1)	平均給付額	介護度	要介護時間	現物給付	現金給付
在宅	要支援	(注 2)	6 万円				
	要介護 1	30 分～50 分未満	17 万円				
	要介護 2	50 分～70 分未満	20 万円				
	要介護 3	70 分～90 分未満	26 万円	( )身体介護時間，M＝マルク			
	要介護 4	90 分～110 分未満	31 万円	要介護 1	90 分以上 (45 分以上)	750 M 6 万円	400 M 3.2 万円
	要介護 5	100 分以上	35 万円	要介護 2	180 分以上 (120 分以上)	1800 M 14.4 万円	800 M 6.4 万円
				要介護 3	300 分以上 (240 分以上)	2800 M 22.4 万円	
				特に過酷		3750 M 30 万円	
施設	特別養護老人ホーム		31.5 万矢	施　設	要介護 1	2000 M 16 万円	
	老人保健施設		33.9 万円		要介護 2	2500 M 20 万円	
	療養型病床群		46.1 万円		要介護 3	2800 M 26.4 万円	

出典：「介護の社会化を進める 1 万人市民委員会」ホームページ.
注：1）　要介護時間とは，訪問調査の結果得られた必要介護時間（施設における必要介護時間）である.
2）　要支援とは，要介護時間 25～30 分未満または家事援助と機能訓練の必要時間が 10 分以上となっている.

ドイツの場合、現物給付によって要介護者の生存権を直接保障するのではなく、本人、家族の自助努力を前提として介護に必要な費用の一部を所得補助しようという制度と特徴づけられる[15]。

しかし、施行後数年で早くもさまざまな問題を露呈しているようである。ドイツの場合、従来、高齢者の対人福祉サービスには社会扶助で対応してきたが、財政難に陥り、その立直しが保険制度導入の重要な要因になっている。その結果、給付内容は所得補助的に位置づけられており、要介護認定も制限的になりがちである。申請者の四人に一人が却下されているといわれ、したがって異議申立件数も多い。また、施設サービスでは、一九九九年七月ベルリンの介護施設の惨状が地元紙に報道されて衝撃を与えた。

家族介護に期待するといっても、高齢化の進展や要介護者の増大、介護の過重負担や一定の質の確保の必要性はドイツとて同じである。現金給付を選択しても民間サービス業者に依頼するケースも増え、業者側も現金給付の選択者に積極的に働きかけて需要を開拓しようとする。家族で支えきれなくなった現金給付選択者は、民間業者に対して弱い立場に立たされ、現金給付額を大きく上回るケアの契約を余儀なくされる。そうした事態のもとで現物給付を選択する者が次第に増加してきている。当初黒字基調で出発した財政収支も二〇〇〇年一月には、赤字転落が報じられるに至っている。

ドイツ介護保険の動向は、重要な点で日本の制度への示唆となる。第一に、財政節約という目的が前面に出た場合、要介護の恣意性と相まって新たな不公平を生み出すことにつながる。それは、異議申立の噴出に見られるように、社会に無用のコンフリクトを惹起する。また、必要額の推定は簡単ではなく、その上方への変動に備えて柔軟に財源調達しうるよう、公費負担の比率の操作を含めた制度を用意することが必要である。

第二に、家族の役割に期待する現金給付の制度は、十分に機能しないことが立証されつつあることである。サービス業者への依存が大都市部で進んでいる事態がそれを示している。家族主義的伝統の強いドイツでさえそうであるから、この点は教訓としなければならない。

第三は、民間業者からサービスを購入するという契約を結ぶという、単にその事実から、保険受給者の権利がより保障されたり、より自由に保障内容が選択できたりするというものではないことである。むしろ、一定の現金を使って自らサービスを購入しようとする保険受給者は、きわめて弱い立場に置かれ、現金給付額をはるかに超えるサービスの購入を強いられる可能性が強いのである。

(3) 保険者は国か市町村か

保険者をどこにするかをめぐる論点について、やはり一九九六年一月老人保健福祉審議会の「第二次報告」で確認しておこう。

まず、市町村を保険者とする考え方に対して、次のような意見が紹介されている。

① 責任ある適切な制度運営を確保するためには、給付主体と財政主体を一致させる必要がある。地方分権の流れや介護サービスの性格、これまでの経緯から見て、市町村を保険者とすべきである。

② 問題点の指摘は次のとおり。(ア)保険料やサービス水準の市町村間格差や小規模市町村の問題に適切に対応するため、広域化を推進する必要がある。(イ)市町村国保の運営が厳しい中で、市町村が介護保険についても円滑に運営することは困難である。(ウ)市町村を保険者とする場合、市町村間の財政調整を行うことが必要である。

一方、国を保険者とする考え方に対しては、次のような意見が紹介されている。

① 市町村国保の運営が厳しい状況下で、さらに介護保険を運営することは困難であるので、国を保険者とすべきである。なお、この場合も住民に最も身近な主体である市町村を給付主体とすることが考えられる。

② 問題点の指摘は次のとおり。(ア)国を保険者とすることは、介護サービスの地域性や老人保健福祉行政の大きな流れに即していない。(イ)地域間でニーズやサービス水準に差があるにもかかわらず、保険料が全国で一

律となることは適切ではない。(ウ)給付主体と財政主体が分離すると、適切な制度運営に支障が生じるおそれがある。

介護サービスの地域性から市町村が適当なことは明らかであるが、保険方式が前提となっているため、市町村で財政的に支えきれるか危惧されるというジレンマに陥っていることがわかる。結局、国、都道府県の財政的援助や調整交付金などを装備して市町村の財政的不安を緩和し、市町村が保険者とされた。

この仕組みは、地方分権推進委員会が問題としてきた従来の日本的システムの典型ともいえる。介護保険法には、政令や厚生大臣、厚生省令で定めるとした規定が二五〇か所以上もある。要介護認定の基準や介護報酬などが自治体にとっては他律的に決められてくるのであるから、中央政府が政策を決定し、市町村が執行していくというパターンそのものである。しかも給付主体とされるため、保険料徴収や財政負担の面では最終的な責任を負わされ、また調整後にも残る保険料の格差もサービス水準とコストの両面から合理化される。制度の骨格からだけ見れば、集権的分散システムや縦割型事務配分が再生産されているといってよい。

ドイツの介護保険の場合は、国が保険者であり、全国一律の保険料負担をとっており、原則としてはすっきりしている。しかし、すでに見たように、対人福祉サービスという現物給付が求められているにもかかわらず、従来からの社会保険による現金給付であったため、その問題点が噴出している。一方、スウェーデン・モデルは、この点の難を逃れているが、日本のように地域格差が大きい中では、ある程度全国的組織を構想することが現実的と考えられる。

(4) 結びにかえて

日本の介護保険制度は、市町村が保険者となり、国がナショナル・ミニマム基準を作成し、財政的補助と財政調整を行うという政府間財政関係の側面においても、ドイツの保険方式とスウェーデンの税(公費)方式の折衷

図 1-5　事業展開上の問題点―前回調査との比較（複数回答）

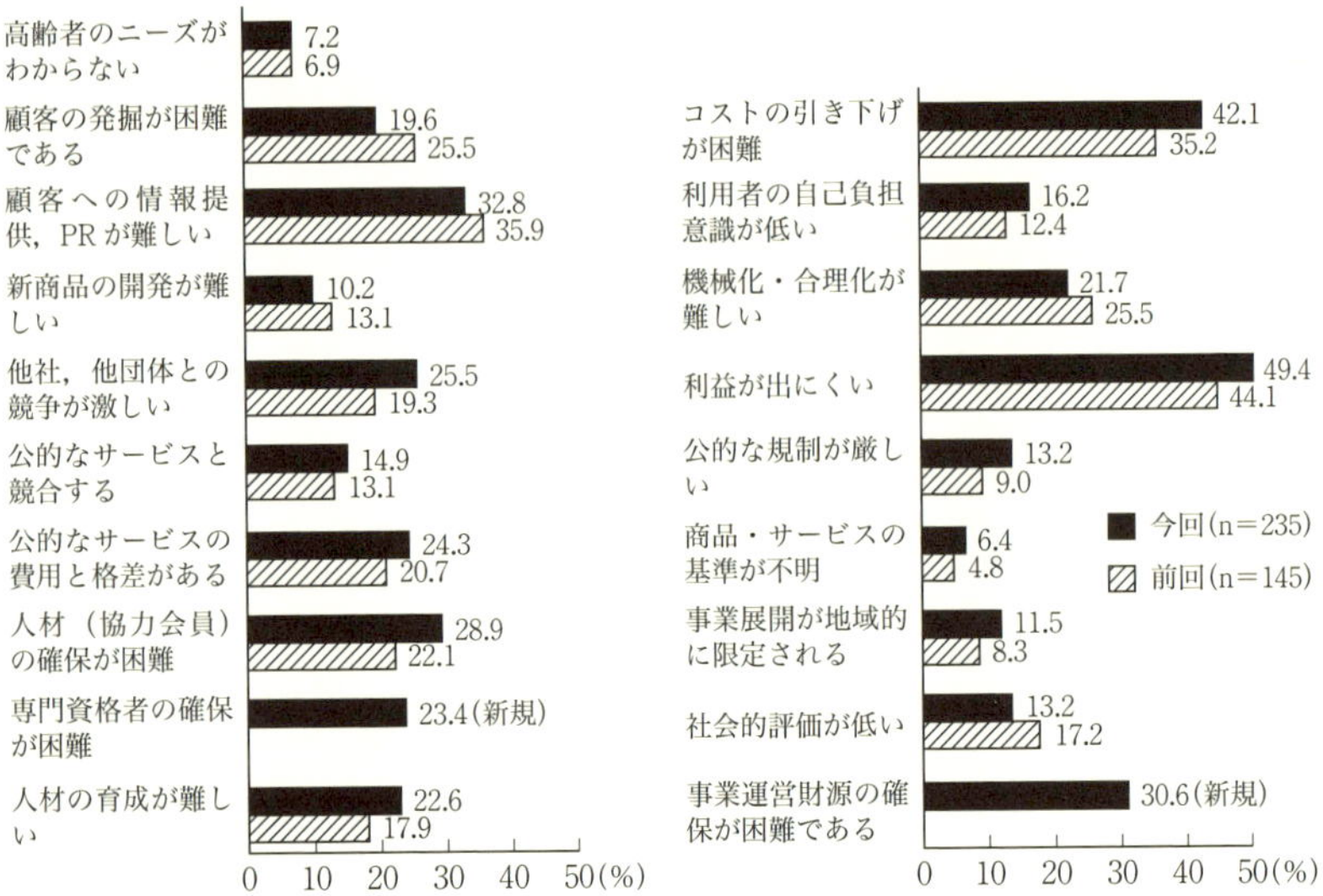

出典：食品流通情報センター『介護サービス統計資料年報 2000』492 頁.
注：東京都「高齢者のための在宅ケアサービス介護費用等」(1997 年 11～12 月調査) による.

的な財源配分を採用したという点でもきわめて日本的なシステムとなった。分権社会を展望する立場からは、次の点が重要と考えられる。すなわち、介護保険法にある膨大な基準を財政的事情その他から国が一方的に決め、それを前提として地方が横だし・上乗せなどのサービスに追われるというような事態を避けることである。地域福祉の実態を踏まえて、十分な基準と適正な報酬、必要な公費負担について、市町村自身が実態を踏まえ全国的な協議の上で決定していくことが求められる。

もうひとつ最後に確認しておかねばならないのは、現行の介護保険制度が、現物給付を基本としているとはいっても、純粋な現物給付とはいえないことである。措置制度の改変の上に立ち、要介護度の認定を実施し、その範囲の中で、サービス業者と直接契約を結ぶという形式は、さまざまな点が危惧される。それは、これまで指摘してきたように、必要な介護水準が行政的財政的事情で制限される危険、選択に値するサービス業者の質・量が保障されない地域が生じる危険、サービス業

表 1-7　65 歳以上の高齢者人口数等の見込み

(1)　65 歳以上高齢者の人口数　(単位：千人)

平成 12 年度	平成 13 年度	平成 14 年度	平成 15 年度	平成 16 年度
21,672	22,305	22,931	23,539	24,114

(2)　居宅における要支援・要介護高齢者数

※市町村が調査した「障害老人の日常生活自立度（寝たきり度）判定基準」及び「痴呆性老人の日常生活自立度判定基準」に基づくデータから換算した粗い推計数値.　(単位：千人)

	平成 12 年度	平成 13 年度	平成 14 年度	平成 15 年度	平成 16 年度
要支援	483	503	524	544	562
要介護 1	724	751	781	812	842
要介護 2	327	340	354	369	383
要介護 3	212	217	217	218	218
要介護 4	146	149	148	147	145
要介護 5	107	110	109	109	109
計	1,999	2,070	2,134	2,198	2,259

(3)　3 施設（特別養護老人ホーム，老人保健施設，療養型病床群）入所・入院者数

※ 2 号被保険者による利用も含む.　(単位：千人)

平成 12 年度	平成 13 年度	平成 14 年度	平成 15 年度	平成 16 年度
703	740	774	806	837

備考：○要支援・要介護高齢者の 65 歳以上人口に対する割合　(単位：%)

	平成 12 年度	平成 13 年度	平成 14 年度	平成 15 年度	平成 16 年度
居宅における要支援・要純護高齢者割合 (A)	9.2	9.3	9.3	9.3	9.4
3 施設入所・入院高齢者割合(B)	3.2	3.3	3.4	3.4	3.5
要支援・要介護高齢者割合(A＋B)	12.4	12.6	12.7	12.7	12.9

出典：食品流通情報センター『介護サービス　統計資料年報 2000』241 頁.

注：厚生省「介護サービス量等の見込みについて」(1999 年 11 月) による.

者との契約で保険給付者が不利な立場に立たされる危険などである。

事実、最近になって民間サービス業者の撤退が相次いでいる。(16) 前掲図1-5にあるように、「利益が出にくい」というのが一番のネックと予想されていたが、実際そうなっているのである。世界に類を見ない早いテンポでの高齢化の進展が見込まれていても、表1-7にあるように、五、六年のタイムスパンで言えば、爆発的に需要が増えるわけではない。もともと利益が出にくく、需要の飛躍的増大も期待できない分野という性格に加えて、不況が長期化するもとでは、長期的視点で市場を開拓していくことはますます難しくなっている。日常生活必需品と同様のサービス市場は、容易に形成されないのである。もし、市場の創出をあくまで追求するとすれば、公費や保険料を上げて介護報酬を引き上げるか、民間サービス業者への補助を行うしかない。こうなれば、公的部門依存の業界を新たに作り出すだけに終わりかねない。

これらの危険のかなりの部分は、介護保険導入の動因の一つが「社会保障構造改革」の実験場となっていることに由来しているように思われる。そこでは、少子高齢化の進展による負担増の抑制が目標とされ、自立を目指す個人の自己責任と負担が強調され、その受け皿として民間業者や非営利組織等の多様なサービス供給主体の活用が基本方針となっている。介護の社会化や連帯は語られているが、民間業者への市場開拓という方向がどうしても強調されがちで、必要にして十分な介護の質・量をどのように確保するか、そのことを通じて生存権を保障するという姿勢が弱くなる。こうした契約的現物給付ともいうべき制度の問題点の発現を未然に防ぐことこそ、分権時代の自治体の役割といえよう。(17)

注

(1) 勝又幸子「社会保障給付費『その他』の中の雇用関係給付と家族関連給付を除いた残りの支出」社会保障研究所『諸外国の社会保障制度の財政構造に関する研究〈先進五か国の横断的比較〉』(社会保障研究所、一九九一年)参照。

(2) ＩＬＯ統計では、公的扶助の約三分の二と社会福祉等の六割近くが家族給付に参入されている可能性が高い。したがって、他国についても在宅ケアなどの現物給付が家族給付に含まれている可能性がある。

(3) 近年における福祉国家論ないし社会福祉の国際比較・類型論については、埋橋孝文『現代福祉国家の国際比較』(日本評論社、一九九七年)、大沢真理「開発政策の比較ジェンダー分析のモデル」国立婦人教育会館(編)『開発と女性に関する文化横断的調査研究報告書』(国立婦人教育会館、一九九九年)、阿部志郎・井岡勉編『社会福祉の国際比較』(有斐閣、二〇〇〇年)などを参照。

(4) たとえば、能勢哲也『現代財政学』(有斐閣、一九八六年)「第八章　移転的支出」など。

(5) たとえば、大野吉輝『高齢者の負担能力と利用者負担――公私の役割分担の視点から」『季刊社会保障研究』三二巻三号、一九九六年冬季号、など。

(6) R.A. Musgrave & P.B. Musgrave "Public Finance in Theory and Practice" 3rd ed, 1980(木下和夫監修・大阪大学財政研究会訳『マスグレイブ財政学Ｉ』第四章(有斐閣、一九八三年)。

(7) 神野直彦『システム改革の政治経済学』(岩波書店、一九九八年)、神野直彦・金子勝(編)『「福祉政府」への提言』(岩波書店、一九九九年)などを参照。

(8) 前掲・大沢論文による。

(9) たとえば、経済審議会の答申した「経済社会のあるべき姿と経済新生の政策方針」(一九九九年七月、「一九九九年から二一世紀初頭までの一〇年間程度における経済運営の指針」として閣議決定)がある。そこでは、「経済選択の基準としての価値観」すなわち「効率」「平等」「安全」「自由」が提示される。冒頭に掲げられているのが「効率」であり、「基本的正義」とされる。次に「平等」は、「機会の平等」と「結果の平等」に区別され、二〇世紀には後者が追求されたが失敗に終わり、今後は「機会の平等と事後の調整」が目標になるべきだとされる。一方、「自由」については、これまで「効率」「平等」「安全」と抵触した場合に後三者が優先されてきたが、今後は対等の位置づけを得るべきとされる。要するに、「結果の平等」はほとんど放棄され、「機会の平等」や形式的な選択の「自由」が強調される。そして、それらを通じて展開される競争の結果としての「効率」が「基本」だというのである。経済は「効率」を追求する本性がある。しかし、マイノリティを含む基本的人権の保障や地球環境の保全を図る持続可能な発展などは「効率」を当然制約してくる。人権保障や環境保全という価値規範があって、これをできる限り「効率」的に具体化しようというのであればよいが、いきなり「効率」を「基本的正義」と宣言することは、それ自体強烈なイデオロギーといえる。

(10) 都村敦子「家族政策の国際比較研究」『平成一一年度厚生科学研究(子ども家庭総合事業)報告書』二〇〇〇年、参照。フ

ランスについては、藤井良治・塩野谷祐一（編）『フランス　先進諸国の社会保障6』（東京大学出版会、一九九九年）などを参照。

(11) 木下武男「日本型職務給について考える」『賃金と社会保障』一九九八年一〇月下旬号。

(12) スウェーデンにおける社会保障の制度と実態について、詳述の余裕はない。さしあたり、図表を引用させていただいた諸業績および、丸尾直美・塩野谷祐一（編）『スウェーデン　先進諸国の社会保障』（東京大学出版会、二〇〇〇年）、阿部・井岡（編）・前掲書、奥村芳孝『新スウェーデンの高齢者福祉最前線』（筒井書房、二〇〇〇年）などを見よ。

(13) 以下、介護保険の背景、経緯、審議会報告、制度の概要などについては、伊藤周平『介護保険　その実像と問題点』（青木書店、一九九七年）、川村匡由『新介護保険総点検』（ミネルヴァ書房、二〇〇〇年）、月刊介護保険編集部（編）『介護保険ハンドブック平成一二年版』（法研、二〇〇〇年）、『厚生白書』、厚生省ホームページ、『ニューポリシー』などによる。

(14) ドイツの介護保険制度については、町田俊彦「ドイツにおける財政赤字と財政再建」、古川卓萬（編著）『世界の財政再建』（敬文堂、一九九八年）、岡崎仁史『ドイツ介護保険と地域福祉の実際』（中央法規、二〇〇〇年）、古瀬徹・塩野谷祐一『ドイツ　先進諸国の社会保障4』（東京大学出版会、一九九九年）、池田省三「ドイツ介護保険の現在―日独の制度比較―」(http://kaigo.or.jp/deutsch.html)、新聞記事などを参照。

(15) 池田・前掲論文。

(16) たとえば神奈川県では、介護保険発足三か月で廃・休業が二四事業三七件に上っており、その理由として「利用者が予想以上に少なく、先行きの見通しが立たない」ことが指摘されている（『神奈川新聞』二〇〇〇年七月八日）。大都市部を含む地域でこのような状況であり、人口密度の低い地域では、事態はさらに深刻であろう。

(17) 具体的には、オンブズマン制度など第三者評価機関の設置、住民への情報公開システムの創設、第三セクターや直営方式の活用など「分権型規制」を提唱している、横山純一「介護保険法の全面改訂を―地方分権をめざした税方式へ―」（神野・金子編・前掲書）などを参照。ただし、横山の所得税・法人税による介護目的税の提唱については、法人税の増税の困難性からすると、事業主負担をはずす目的税化にはにわかに賛成できない。

第二章　税財政システムからみた少子化対策

はじめに

本章の課題は、いわゆる少子化対策における税制、財政制度の役割について、国際比較の視点を踏まえながら検討することである[1]。まず、家族政策に関わる税財政制度について、主要国の所得税の課税単位と軽減措置を中心にその特徴と最近の動向を概観し、次に、男女共同参画型社会に適合的な税財政システムを構想する視点から、日本の所得税をめぐる従来の議論を検討しつつ制度改革の展望を探る。最後に、参考とすべき事例としてスウェーデンとフランスの税財政システムの特徴に簡単に触れておきたい。

その際、いわゆる少子化対策は、男女共同参画型社会を構築する政策の一環として取り組まれねばならず、また、何らかの形で子育てを社会化していくような連帯社会を支えるシステムとして構想されるべきであり、政策としての効果は、これらの努力の結果として生じるとの立場から議論が進められる。本稿では、個々の政策の定量的な効果を問題とするのではなく、「少子化対策」という視点で社会システムのあり方を見直した場合に、どのような改革の方向が重要であるかを定性的に導き出すことを課題とする。

一　少子化対策の必要性と政策の有効性

周知の通り、少子化対策を積極的に推進すべきか否かについては、依然議論がある。この点で参考になるのは、一九九七年一〇月に人口問題審議会が発表した「少子化に関する基本的考え方」である。そこでは、少子化の要因に関し、「家庭や企業活動における固定的な男女の役割分業の下で、経済成長と発展を強く志向し、その恩恵を享受してきた我が国社会全体の状況が深く関連しており、また、個人が子どもを生み育てることを負担と考え、更には未来の社会に対する様々な不安を感じていることを反映している」と指摘している。現代日本社会における負の側面が、その要因の根底に横たわっているとの認識であり、基本的に受け容れることができる。

他方、『厚生白書』平成一〇年版も指摘するように、理想子ども数と予定子ども数（ないし実際の子ども数）を比べると後者が前者を下回るという有意の差が認められる。理想と国民が考える子ども数を持てない、あるいは持たない理由は様々であろうが、その重要な要因として上記の負の側面が存在しているとすれば、そうした社会問題を解決していくことに積極的な意義を見出すことが可能であろう。

では、現代社会の負の側面とは何か。この点で踏まえるべきなのは、少子化対策の効果に関する阿藤誠氏の国際比較研究(2)である。そこでは、主要国の政策対応とその効果が検討され、①児童手当の水準と出生率との相関関係は弱く、逆に公的保育サービスの供給量と出生率との相関関係は強いこと、したがって、②税制や児童手当などの育児の直接的費用を軽減するよりも出産・育児による機会費用を低下させる方が出生率向上に効果があると言えそうだと指摘する。

さらに阿藤論文は、先進諸国の出生率を高位グループ（北欧諸国、アングロ・サクソン諸国、フランス）と、低位グループ（ドイツとその周辺諸国、南欧諸国、日本）とに分け、前者は、①女性の労働力率が高く、②男性の家事・育児への参加率が高く、③同棲、婚外子率が高く、④女性の避妊法の普及率が高いとし、これらの指標は「性別役割分業型社会」から「男女共同参画型社会」への転換（ジェンダー革命）に、ある程度成功したことを示すものとする。その際、北欧諸国は、国家による家族政策の強化を通じて実現してきたタイプであり、アングロ・サクソン諸国特にアメリカの場合は、市場やインフォーマル・セクターを通じて実現してきたタイプとされる。したがって、「金銭的な子育て支援策は出生率に対してせいぜい一時的な効果しか持たないのであって、日本社会にあってもジェンダー革命に成功して初めて、出生率を人口置換水準まで引き上げる可能性が生じる」と結論づけている。

出生率の動向、それに関わる政策、制度の系統的な国際比較研究の成果[3]に裏付けられた主要国の類型化と日本の政策のあり方に関する鋭い問題提起であり、当該問題に関する研究の当該時点における到達点をなしていると考えられる。少子化対策としての税財政システムは、男女共同参画型社会の一環として構想されねばならないとする本稿の立論も、阿藤氏を中心とする一連の研究成果に依拠するものである。

しかしながら、税財政システムに即して議論をさらに深めていく上で、留意すべき点もあるように思われる。第一は、アングロ・サクソン諸国の評価に関わる。市場やインフォーマル・セクターが「仕事と子育ての両立ニーズ」に適応しているといっても、予定調和的にそうなっているのではなく、子育て労働に関する様々なインセンティブ制度やNPO、ボランティア、メセナなどの活動を支援する政策によって支えられている点を見逃してはならない。また、システム全体を見渡すならば、たとえば転職市場の発達にしても、個人の熟練を社会的に評価し、企業サイドへの一方的な従属を抑止するライセンス制度が有効に機能することが条件となる。また、男女差別を企業社会のなかで制度的に許さない、イコール・オポテュニティ（equal opportunity）の原則をどこまで徹底させうるかも、企業活動をどこまでコントロールできるかという政策の課題と言える。

要するに、市場メカニズムは、多様な制度と絡み合っており、そこに埋め込まれた制度に規定されて様々な方向に作用する。市場志向を強めれば、自動的に男女共同参画型社会への転換が促されるというものでは決してない。たとえ、北欧諸国に比して相対的に、より市場に依拠するシステムを選択したとしても、市場を枠づけ、方向づける制度・ルールを意識的に体系化しなければ、市場は男女共同参画型社会に適合的なものにならないのである。

第二は、上記の点とも関わって、児童手当や税制に代表される「金銭的子育て支援策」が少子化対策の効果をもたらす政策として意味のないものと受け取られかねない点も再考の余地がある。そもそも西欧における児童手当の役割は、一定の年齢から頭打ちになる勤労者の賃金体系と、増大し続ける子育て費用とのギャップを埋めるために発達したものである。したがって、日本の大企業における年功序列型賃金がモデルとなっている限りは、政策効果に有意な差は出てきにくいのである。逆に言えば、年功序列型賃金体系が崩れつつあるのに児童手当の抜本的拡充が図られなければ、日本のみに少子化圧力が新たに加わることになろう。これまでの多くのアンケート調査では、理想の子供を持てない理由として教育費や住宅費の高さが挙げられている。日本の場合、この両者は異常と言ってよい高水準であり、特に低所得層への影響は軽視できないと考えられる。要するに、「金銭的子育て支援策」との相関関係については、児童手当の場合、賃金体系との関係が、とりわけ所得階層別視点から検討されねばならない。また、住宅費、教育費の水準、その軽減措置との相関関係が検証を試みるに値すると考えられる。

したがって、子育て支援策としては、ライフサイクルを通じて機会費用の削減を図る政策と、直接的費用の軽減を図る政策とを、車の両輪のように整備していかねばならない。公的部門と民間部門が交錯する混合経済においては、税制の基本的仕組み、租税特別措置、所得保障、現物給付さらには公的保険・年金制度などが、体系的システムとなって初めて十全に機能し始めると見るべきであろう。以上を踏まえて本論に入る。

二　主要国における所得税の課税単位

所得税の課税単位は、表2-1のように主要国で多様な形態がとられている。この点については、すでに詳細な検討がされているので、[4]ここでは制度の要点を確認するに留める。まず、スウェーデン以下多くの国が個人単位である。アメリカ、ドイツは夫婦世帯で合算分割課税されるが、その際二分二乗方式がとられる。フランスはN分N乗方式が採用されている。イギリスは長らく合算非分割課税であったが、一九七二年から妻の勤労所得について個人課税の選択が可能となり、一九九〇年から個人課税単位制度に移行した。

OECD諸国の総体的な動向を見ると、一九七〇年代にはデンマーク、スウェーデン、オランダ、オーストリア、イタリア、フィンランドなどが個人課税方式に移行し、最近ではこれにイギリスが加わったことになる。明らかに世帯合算方式から個人課税方式へ移行する傾向が読み取れる。その具体的な理由は国ごとに異なるが、たとえばイギリスの場合は、政府の機会均等委員会が改革の有力な提唱者であり、また「個人所得税の改革」というグリーンペーパー（一九八六年）も、夫婦は課税上完全に平等でなければならないという立場から個人単位課税への移行を提言している。なお、イギリスの場合、資産所得も非合算である点は徹底している。しかし、他面、夫への特別の控除が廃止され、夫婦それぞれに基礎控除を認めることとしたが、改正による夫婦世帯の控除額の減少を防ぐため、改正前後の差額に相当する婚姻控除が創設されるという妥協的措置がとられている点には注意が必要である。[5]

日本では、あとでふれるように、戦後改革期に戸主中心の体系を民主化する一環として個人単位への移行が図られたのは、周知のことであろう。以上のように、家計支持者たる男性を中心とした家族単位方式から個々の構成員を尊重する個人単位方式への移行が進んでいる。その底流には、女性の社会的進出、高学歴化などを背景と

表 2-1　主要国の課税単位と税負担軽減措置

		①基礎控除	②婚姻への軽減	③子供扶養への軽減	④片親への軽減	備　考
個人単位課税国	カナダ	税額控除	税額控除	税額控除	税額控除	
	イギリス	所得控除	所得控除	手当が基本	所得控除	1989年まで合算課税
	オランダ	所得控除	所得控除	手当が基本	所得控除	1972年まで合算課税
	イタリア	税額控除	税額控除	税額控除	税額控除	1975年まで合算課税
	スウェーデン	ゼロ税率	税額控除	手当が基本	税額控除	その後，①所得控除に変更，②廃止
	デンマーク	税額控除	税額控除	手当のみ		1969年まで合算課税
	オーストラリア	ゼロ税率	税額控除	手当が基本	税額控除	
	日本	所得控除	所得控除	所得控除	所得控除	
世帯単位課税国	アメリカ	所得控除	複数税率表 2分2乗課税 所得控除	所得控除	複数税率表	
	フランス	ゼロ税率	N分N乗課税	N分N乗課税		④は，N分N乗課税（除数を1.5とカウント）
	ドイツ	ゼロ税率	2分2乗課税	所得控除	所得控除	③児童手当との併用

出所：備考以外は，片山信子「所得税制と世帯形態」（国会図書館『調査と情報』第151号，1991年3月）．

して、男女平等を税制の上でも実現しようとする抗しがたい流れがあると言えよう。

二分二乗方式は、アメリカの場合、夫婦の財産の取り扱いが州間でまちまちであったために生じた所得税の税率適用方法の不統一を、負担の軽い二分二乗方式に統一したという一九三〇年代における歴史的経緯の産物である。その後、高額所得者を優遇しすぎる、夫婦世帯を優遇しすぎるという批判に応えて、夫婦合算申告者、夫婦個別申告者、独身者、独身世帯主の四種の異なる税率表を適用することとし、負担のバランスを取ろうとした結果、採用された制度である。その際、夫婦を合算して二分二乗方式をとるか、個別に申告するかは選択制となっている。

子どもの数を直接反映した制度となっているのはフランスである[6]。すなわち、家族を課税単位とし、夫婦及び子どもの数に応じて除数を定め、不均等分割（N分N乗）を行う。除数は基本的に大人一人を一とし、子供は二子までについて一人〇・五を加算し、三子以降は一人一を加算する。片親の場合は一人一・五とカウントされる。累進税率の下では除数が大きくなればなるほど税額は節約できる。その節約できる税額には上限が定められているが、①子供を除数に加えていること、②三子以上の除数が大きく設定されていること、③片親の除数が大きく設定されていることなどから見て、制度自体に出生率の上昇促進機能がビルトインされていることは否定できない。

三　主要国における所得控除、税額控除などの負担軽減制度

家族に関わる所得税の軽減措置がどうなっているか探るために、所得控除、税額控除などの負担軽減制度を一覧すると表2-1のようになる。ここでまず注目されるのは、以下の点である。すなわち第一は、子供扶養への軽減措置では、①N分N乗方式と児童手当を整備するフランス、②児童手当を基本とするグループ（イギリス、オランダ、スウェーデン、デンマーク、オーストラリア）、③税額控除によるグループ（カナダ、イタリア）、④所得控除によるグループ（アメリカ、ドイツおよび日本）に分類できる。したがって、政策効果の比較検討は、児童手当か保育サービスかではなく、まずこの四者を比較しなければならない。児童手当と控除の比較に当たっては、後者がたんにそのまま採用された場合、課税最低限以下の低所得層に軽減効果が及ばないという点に留意すべきである。イギリスでは、そうした視点から、一九七五年に扶養控除が廃止され、児童手当制度に切り替えられている。第二に、婚姻への軽減措置では、世帯単位課税の場合、二分二乗あるいはN分N乗で配慮され、個人単位課税では、所得控除あるいは税額控除で軽減の対象となっていることである。ここでは、二分二乗、N分N乗方式と、個人単位課税の所得控除、税額控除が代替的手段となっていることに留意すべきである。

この分野で、一九九〇年代に注目すべき動きがあったのは、アメリカとドイツである。アメリカでは、一九九三年に誕生したクリントン政権が中間層をターゲットとした減税プログラムを提案していたところ、その主要部

分が一九九七年納税者負担軽減法として成立した。そこでは、①扶養児童税額控除制度の創設（一九九八年子供一人当たり年間四〇〇ドル、九九年以降五〇〇ドル）、②ホープスカラーシップ制度の創設（高卒以降の最初の二年間の大学、大学院の授業料について学生一人年間一五〇〇ドルまで税額控除を認める、一〇〇〇ドルまで一〇〇%、以降五〇%）、③生涯教育支援制度の創設（大学、大学院の授業料について納税者一人当たり二〇〇二年まで五〇〇〇ドルの二〇%、二〇〇三年以降一万ドルの二〇%の税額控除を認める）などが具体化された。また、一九九九年度の予算教書では、勤労者の養育費に係わる税額控除の拡充、事業者が提供する保育サービスに係わる税額控除の創設などが提案されている。

一方、ドイツでは、所得税について、一九九二年に連邦憲法裁判所が当時の基礎控除額（ゼロ税率適用最高限度額）では、生活に最低限必要な生活費の非課税が実現されていないという違憲判決を出した。これに対処すべく政府は、一九九二年に児童控除を大幅に拡充するとともに第一子への児童手当の増額、低所得のために児童控除の恩恵を受けない家庭を対象とした児童手当加算額の引き上げを行った。一九九五年には児童手当額がさらに引き上げられる一方、児童手当が児童の最低限の生活水準保障に不足する場合は、児童控除の選択適用を認めることとした。なお、この改正で児童手当は原則として所得税の源泉徴収額から税額控除される仕組みとなった。

四　日本の制度と改革の方向

課税単位について、日本の場合は、一八八七（明治二〇）年の所得税法以来、戸主制度と連動した世帯合算課税方式がとられてきた。しかし、シャウプ勧告は、こうした制度が「伝統的な日本家族制度に従うもの」とし、「同居親族の所得合算は、これを廃止して各納税者が独立の申告書を提出し、他の所得と合算することなく各人の所得額に対する税額を別々に納めさせるよう勧告する」として個人単位課税方式が導入された。一九四〇～五〇年代には、一九四八年にアメリカ、一九五八年に西ドイツで二分二乗方式が採用されたため、日本でも同制度への関心が高まり、一九七二年の税制改正の当初案に盛り込まれたほどであった。しかし、既婚者優遇ではないか、中高所得層ほど税負担軽減率が高く高額所得者優遇ではないか、といった批判も根強く、具体化には至っていない。

所得税の人的控除については、独身者、片稼ぎ世帯、共稼ぎ世帯、など異なる形態の世帯間における公平の問題として議論されてきた。特に配偶者控除（及び配偶者特別控除）の存在が、片稼ぎ世帯（専業主婦）優遇の制度として問題視されてきた。さらに、配偶者控除制度は、配偶者控除の適用限度内に既婚女性の就業を抑止するものであり、女性の能力発揮、社会進出を阻害するとの観点からも有力な批判の対象となってきた。

少子化対策が、男女共同参画型社会をめざす方向でしか有効でないとすれば、この点も当然改革されねばならない。原理的には個人単位課税としても、まず基礎控除を拡充し、男女それぞれに平等に適用する。ただし、所得に大小があって、どちらかに消化しきれない控除が残った場合、配偶者に移転可能という制度とすれば、配偶者控除を廃止し、かつ両者の控除を活かす制度とすることが可能である。実際、デンマーク、オランダなどでは、かつて導入された経緯があり、技術的にもそれほど難しい問題ではないと思われる。

もっとも、配偶者控除の適用限度前後における可処分所得の逆転現象は、配偶者特別控除制度の創設によって実践的には解消されている。それでもなお、女性の就業抑制効果が問題とされる傾向があるのは、すでに指摘されているように[(7)]、次のような制度が存在するからである。第一に、社会保険制度において被扶養者認定基準を超える所得があると被用者保険の被扶養者と認められず、独自に保険料を負担しなければならない。第二に、多くの主要企業において、配偶者控除の適用限度額を超える所得があると配偶者手当の支給がうち切られるという賃金制度が取られていることである。要するに、税額と可処分所得との関係では、問題が解消していても、扶養控除の対象となるか否かの基準が、年金や民間企業の賃金制度とリンクすることによって、既婚女性の就業を抑止する効果を生じさせることになっているのである。

したがって、所得税の配偶者控除だけを論難していても、的外れであって問題は解決しない。むしろ、家計補充的女性労働の伸縮性を促進するだけに終わる可能性も否定できないのである。社会保険については、結婚期間中の年金権を夫婦で二分する「シェアリング」方式が有力な代替案となろう(8)。また、片稼ぎ世帯をモデルとして企業への帰属意識を培養してきた日本企業の賃金体系を問題としなければならないし、さらに主要国の中で際立つ男性賃金に対する女性賃金の低さ、昇進・待遇面での差別などイコール・オポテュニティに反する構造を改めていくことが必要である。

次に留意すべき点は、婚姻への軽減措置の意味である。元来、どの国でも婚姻への軽減措置に配慮してきた背景には、家族の子育て機能に着目し、それを社会的に評価してきた事情がある。ところが、社会の成熟とともに離婚や婚外子が激増し、子育てを担う家族像が著しく多様化している。主要国ではこの現実を直視し、いかなる形態であれ、子育てに携わっている世帯を支援する税制を整備する方向に進んでいる。フランスのN分N乗方式もそうした意味を持つし、扶養控除を基本的に児童手当に切り替えたイギリスでも、未婚者、配偶者を失った者、同棲者が子供を持っている場合は、婚姻控除と同水準まで扶養控除を認めるとされている。アメリカにも未婚で子供を養育する低額所得者のための税額控除制度がある。少子化対策としての政策効果を念頭に置いた税制を構想する場合に、そうした対応に踏み切るかどうかが、有効性の点で一つの分かれ目となるように思われる。

さらに注目すべき点は、育児・教育の費用の問題に対処すべく、多くの国で税制が多角的に動員されていることである。アメリカでは、政府が貧困水準を公式に計算・発表しており、課税最低限がこれを下回らないことが近年強く意識され、人的控除が物価にスライドする制度がとられている。また、ドイツでは、すでに見たように、子供の最低限度の経費が全国民に保障されているかどうかを最高裁判所が判断し、これに政府が迅速に対応する風土が形成されている。その際、所得控除を児童手当が補完するという形で、低所得者層への行き届いた配慮がされている。低所得者層への児童手当の活用という点では、イギリスも同様である。

他方、出産・育児に関わる機会費用を減少させ、また直接的費用を削減することを目的とした税制も多岐にわたっている。アメリカのクリントン政権による一連の教育減税や働く納税者のために児童の世話に要する費用に関する税額控除などがその一例である。フランスでは、政権によって軽減措置が頻繁に改廃される傾向があるが、一九九〇年代には家庭内で家事、介護等を行う者を雇用した場合の家庭内労働者報酬税額控除制度や扶養児童の就学費用に係わる税額控除制度が導入された経緯がある。

いずれにせよ、多くの主要国では、育児・教育費用の軽減、その最低限の費用の保障が税制を通じて政策目標となっている。そこで想起されるのは、世帯間の課税に関する公平の基準とされる「オルドマン＝テンプルの三原則」である。(9) いま、その当否はおくにしても、そこでは、世帯の形態別に「規模の経済」による消費支出の節約分が、担税力として勘案されることになる。要するに、「規模の経済」を含めて、担税力は、生活のコストに応じて測定されるのが所得税の特徴なのである。今、出産、子育て、子供の教育が社会の維持、発展に不可欠であるとするならば、そのコストが担税力の測定に深く関わってしかるべきであろう。特に日本では、国際的に見て住宅をはじめとしてそれらのコストが著しく高く、実際、前出『厚生白書』で確認されているように、出産を控える主要な要因となっている。出産、育児、教育、住宅などのライフサイクルを通じたナショナル・ミニマムがどの水準にあるのか、改めて算定し、その水準に所得税制がうまく対応しているのか、再吟味する必要があろう。

相対的に、より市場に依拠する社会を構想したとしても、男女共同参画型社会の実現を促進し、また出産・育児・教育の機会費用ないし直接的費用を軽減するためには、税財政制度が体系的に対応する必要性があることを、これまでの検討は示唆している。特に何でも市場で処理しているかに見られるアメリカにあっても、それはある種の誤解であって、実は、様々な制度・ルールを設定して政策目標を実現しようとしていることを確認できるのである。

五　連帯社会のシステム化――スウェーデンとフランスの制度

一方、相対的に国家の関与の程度が高い社会システムを実現していると思われるスウェーデンとフランスの制度の特徴にふれておきたい。スウェーデンでは、所得保障としての児童手当制度、健康保険制度の一部をなす親保険制度、基礎的自治体（コミューン）が提供する保育サービスなどの社会・教育サービスの充実などが整備され、全体として男女共同参画型社会を支え、子育てを社会的に支援するシステムが構築されている。所得税の課税方式や児童控除とは別のかたちで、制度整備が進んでいると言える。

スウェーデンの制度が注目されるもう一つの理由は、地方所得税の存在である。スウェーデンの個人所得税の課税は、まず地方所得税から行われる。人的所得控除と社会保険料の合計を超えた部分から、地方所得税の基礎控除を差し引いたものが課税標準となり、比例税率が適用されるが、地方には税率変更の権限がある。他方、累進税率による部分が国の所得税収となる。

児童手当、親保険は一種の所得保障であり、累進税率の所得税収によってその一部が賄われることによって、そこには一定の所得再分配機能が働く。一方、子育てと仕事の両立のために必要なサービスは、所得比例の財源によって基礎的自治体によって現物支給される。後者は、本来自分の労働を犠牲にして子育てを行うべきところを、他人の労働に置き換えるわけであるから、その時間に稼いだ賃金部分を拠出し合って支え合うという意味づけが可能である。これは、一種のワークフェア原則の具現化と言えるのであり、また別の観点にたてば、子育てに伴うリスクを住民間でシェアしようという合意に基づく制度とも言える。いずれにせよ、コミュニティとして機能する地方政府の特質を最大限発揮させている制度といえる。また、地方税率に操作の余地があるから、現物給付の水準をどの程度にするかを、そのコミュニティ構成員で検討することもできる。少子化に対応する分権型連帯社会の一つの理念型をなしていると考えられる[10]。

もっとも、子育てに伴う負担をシェアし合うという制度は、地方レベルでしかありえないというわけではない。フランスでは、中央政府レベルでの制度化が発達しており、あたかも一国が一つのコミュニティのように組織されている。まず、全国一律で適用される所得税制のN分N乗方式が注目される。ただし、すでに述べたように、これは扶養児童に係わる所得控除、所得税額控除の代替手段としての性格も強く、その効果の定量的分析を直ちに示すことは困難である。むしろ重要なのは、ライフサイクルに応じて多様な子育て費用をカバーしようと拡充されてきた家族手当制度である。その際、家族手当の財源が租税収入ではなく、保険制度によって調達・運営されていることが特徴的である。

フランスの公的負担は、国民所得比で租税が三六・七%であり、これに社会保険料の二八・六%が加わる（一九九七年）。日本の場合、後者は一三・六%だからフランスの社会保険料の水準の高さは際立つ。この負担は雇用者と折半され、被用者は所得比例で一定割合を拠出する。この保険料を基本として老齢年金、医療保険だけでなく、家族手当の給付金を賄うのである。老齢年金については被用者老齢保険全国金庫（CNAVTS）、医療保険については被用者疾病保険全国金庫（CNAMTS）、家族手当については家族手当全国金庫（CNAF）が担当し、これらの資金繰りを調整するなど社会保障機関中央機構（ACOSS）が全体を統合する役割を果たしている。ACOSSのもとには、ユルサフ（URSSAF）と呼ばれる独自の保険料徴収機関が全国的なネットワークを有しており、租税以上の高い徴収率を誇っている。中央機構および各全国金庫は、最高意思決定機関として、当事者で構成される全国理事会を持ち、運営方針が決定されている。これらの組織は、政府組織から完全に独立しているわけではないが、歴史的経緯もあって、相対的に独立した機関となっている。

要するにフランスでは、「一般政府」から相対的に自立している全国的な保険機構の一つとして家族手当が運営されているのである。言い換えると、フランス国民は扶養家族や家族形態がどのようになるのか、そのためにコストをどの程度負担しなければならないのかなどを一種の社会的リスクと捉え、保険方式を基本とする相互扶助システムで対応してきたのである。

もっとも、財源には目的税や政府の援助もある。また、一九九〇年代に入って国家財政とともに保険財政の危機が顕在化し、資産所得にも課税ベースを広げた一般福祉税（ＣＳＧ）や社会保障負債償還税（ＲＤＳ）の創設を余儀なくされている。しかし、それは、政府と相対的に独自の社会保障システム（社会保障基金制度の相対的独立性）を根本から変更しようとするものではなく、むしろ財政危機に対応し、所得再分配の機能を若干強化しつつ、現行のシステムを維持しようとする政策と位置づけることができる。

おわりに――政策提言の基本方向

少子化対策という視点から社会システムの改革方向を定性的に提示するという本章の課題に即して総括すると以下のようになる。まず、少子化をもたらしている要因は、大きく分けて二つある。一つは、結婚、出産、子育てに伴って主として女性に発生する膨大な機会費用である。二つには、教育費や住宅費をはじめとする子育てに必要な直接的費用の負担の重さである。したがって、一方でライフサイクルを通じて機会費用の削減を図る政策を、他方で、直接的費用の軽減を図る政策を、ともに実行していかねばならない。

その場合、政策手段としては、市場を方向付けるシステムづくりと、公的部門や保険方式を活用したシステムづくりの双方が必要である。とすれば、それは公的部門にせよ市場原理で動く民間部門にせよ、その中間に位置する保険組織やインフォーマル・セクターにせよ、社会の隅々まで組織化を進展させなければならない。しかし、そうした社会システムの変革を支える理念として少子化対策という目標は、どの程度の普遍性を持つであろうか。言い換えると、長期にわたり社会の深部に関わる制度変革を支えるだけの瞬発力と持続力を兼ね備えたパワーは、少子化対策というスローガンには期待できないのではないだろうか。

それでは、どのような普遍的理念に支えられるべきか。まず第一に、機会費用の軽減は、これまで繰り返し述べているように、「男女共同参画型社会」を実現するという理念に支えられることが必要であろう。男女の区別なく、その能力を発揮できるような仕組みをどのように作り上げるかが基本となり、そうした理念のもとでは、出産、育児をどのように社会として取り扱っていくかを問題としていかねばならない。第二に、直接的な費用の軽減は、その時々の政治的な措置としてではなく、子供の育つ権利を基本に据えて、それを国民が等しく享受するべき生存権保障の重要部分と位置づける必要がある。

ところが、これらの点は市場指向が重視されるなかで、無制限に「自己責任」に帰される傾向がある。こうした傾向を放置したまま少子化対策を個々の断片的政策として実施しても効果の持続性は期待できないであろう、というのが本章の結論である。逆に言うと、成熟化の段階にあって、結果として少子化対策としての有効な効果が発揮される社会とは、中央政府、地方政府、社会保障基金（政府と相対的に自立した公的保険制度）、市場部門、インフォーマル・セクターなどの中間部門などあらゆる組織・制度が、子育てや教育サービスなどの公共財（ないし価値財）を社会で連帯して支えていこうとするシステムをもつ社会であり、それが具現化し存立し続けるためには、男女共同参画の理念と子供の生存権を保障しようとする理念が広く深く国民の合意となっていることが不可欠である。迂遠のようでも、こうした理念を定着させていく以外に、少子化を脱する道はないと考えられる。

注

(1) 本稿は、拙稿「連帯社会の税財政システム――少子化対策の前提」(『季刊年金と雇用』第一八巻第一号、一九九九年五月)をベースとして、若干の修正を加えたものである。
(2) 阿藤誠「人口問題と社会保障――少子化と家族政策の役割」(『季刊年金と雇用』第一六巻第三号、一九九七年一一月)。
(3) たとえば、阿藤誠『先進諸国の人口問題』東京大学出版会、一九九六年。
(4) この問題に関する研究史、論点については、(財)労働問題リサーチセンター『女性の能力発揮促進のための税制のあり方研究会報告書』一九九五年を参照。執筆者は、八代尚宏、辻山栄子、神野直彦、中里実、水野忠恒、桜井良啓の各氏。なお、金子宏「所得税における課税単位の研究」(『田中二郎先生古稀記念　公法の理論』一九七六年)が所収されている。本稿は、これらの論稿に負うところ大である。
(5) 小石侑子「イギリスにおける夫婦への課税――夫婦合算課税から個人単位課税へ」(人見康子・木村弘之亮編『家族と税制』弘文堂、一九九八年)参照。
(6) フランスについては、山田美枝子「家族の多様化とフランスの個人所得税――家族除数制度を中心として」(前掲『家族と税制』所収)、藤井良治『現代フランスの社会保障』東京大学出版会、一九九六年、藤井良治・塩野谷祐一『フランス　先進国の社会保障⑥』東京大学出版会、一九九九年などを参照。なお、本稿は平成一〇～一一年度文部省科学研究費補助金(研究課題：財政改革と社会保障基金)によるスウェーデン、フランスの制度に関するレビュー目的の調査(一九九八年一一月実施)をも参考にしている。
(7) 以下、神野直彦「年金・社会保険・賃金制度」(前掲『女性の能力発揮促進のための税制のあり方研究会報告書』所収)に基づく。
(8) 積極的提唱者は木村陽子氏である(「女性と年金」『行政管理』第三七七号、一九九四年八月)。
(9) 次の三つからなる原則のこと。すなわち①独身者と夫婦世帯との所得が等しい場合は、独身者の方が担税力が高いので、独身者の税負担が高くなるべきこと、②独身者二人と夫婦世帯との所得が等しい場合は、夫婦世帯の方が担税力が高いので、夫婦世帯の税負担が高くなるべきこと、③共稼ぎ夫婦世帯と片稼ぎ夫婦世帯との所得が等しい場合は、片稼ぎ夫婦の方が担税力が高いので、片稼ぎ夫婦の税負担が高くなるべきこと、である。O. Oldman and R. Temple, *Comparative Analysis of the Taxation of Married Persons*, 12 Stanford Law Review 585, 1960. 金子、前掲稿参照。

(10) スウェーデンの地方所得税、分権化、社会保障システムをモデルとして比例税率の地方所得税導入を提案しているのが、神野直彦、金子勝の両氏である（神野直彦・金子勝編『地方に税源を』東洋経済新報社、一九九八年）。

第三章　財政危機下における公共投資偏重型財政システム

はじめに

本章の課題は、国際的に見て公共投資が高水準を示すという現代日本財政の特質がどのように形成されてきたのか、石油危機以降の政策展開に焦点を当てて明らかにすることである。序章（編者注—金澤史男編『現代の公共事業』序章）でふれたように、第二次大戦後、日本財政の構造に関する本格的な現状分析の開始とほぼ同時に、そうした特質が指摘されていた。その後、公共投資の高水準が、今日まで持続してきたため、「公共事業中心主義」「企業国家」「土建国家」「公共投資依存国家」などと呼ばれる構造は、戦後から現在までを貫く日本財政の特質であるとの理解が一般的となっている。

たしかに、日本財政の外形的な特徴をマクロ的にながめれば、そのような理解は成り立ちうる。しかし、他方で、そうした理解のみに留まるならば、その時々の公共投資が、どのような役割を担うものとして位置づけられ、中央、地方の議会で承認されてきたのかという経緯の分析を等閑視することにもなりかねない。何よりも公共投資の質と量を決定しているのは、最終的には政策的意思であり、それを正当化する財政民主主義である。そうした個々の政策があるからこそ、その一年一年の政策決定の積み重ねによって、それが構造化し公共投資偏重型財政システムとして形成されていくのである。

ここでは、公共投資偏重型財政システムが、今日の姿を示すに至った歴史的経緯を振りかえった場合、石油危機後、総需要抑制政策の転換以降の財政政策が、転機となったことを重視する。そのうえで、公共投資の質と量を決定し、それを実行していくシステムの形成を、主として二つの側面から考察する。すなわち、第一は、国の予算編成過程における公共投資、公共事業関係費の位置づけがどのようになされ、政策決定されていったかであり、第二は、その実施主体として枢要な役割を担う地方財政がどのように誘導、動員されていったかである。以上の分析を通じて、石油危機以降における政策選択のあり方をめぐる問題点が浮き彫りにされると考えられる。

一　現代日本財政の特質と公共事業

国際比較の視点から公共投資水準に着目して日本財政を観察した場合、次の二つの特徴が多くの論者の共通認識となっている。この二点に関わる図3-1、図3-2はすでによく引照されるものであるが、議論の前提でもあり、また行論の都合上、掲載しておいた。第一は、政府支出のなかで公共投資の比重が突出して高い水準だという点である。図3-1は、GDPに占める公的固定資本形成の比率の推移を示したものであり、公企業などの比率が反映されていない限界があるが、逆に、最終的に租税収入に依拠して実施されている公共投資の大きさがわかる。いま、一九九六年時点で見れば、イギリス一・四%、アメリカとドイツが二%前後、フランスが約三%に対して、日本は六%を超える高水準になっている。

第二に、そうした公共投資の実施主体をみると、その相当部分が地方財政によって担われていることである。

この点について、国際比較可能な数少ないデータとしてOECDのNational Accountsから作成された図3-2がある。公的資本形成と最終消費支出の合計に占める地方財政の地位は、日本の場合、移転的支出が除かれているため、地方中心の構成が一層際立つようになっている。連邦制をとっていないイギリスやフランスでは国の支

図 3-1　主要国の一般政府公的資本形成の対 GDP 比率

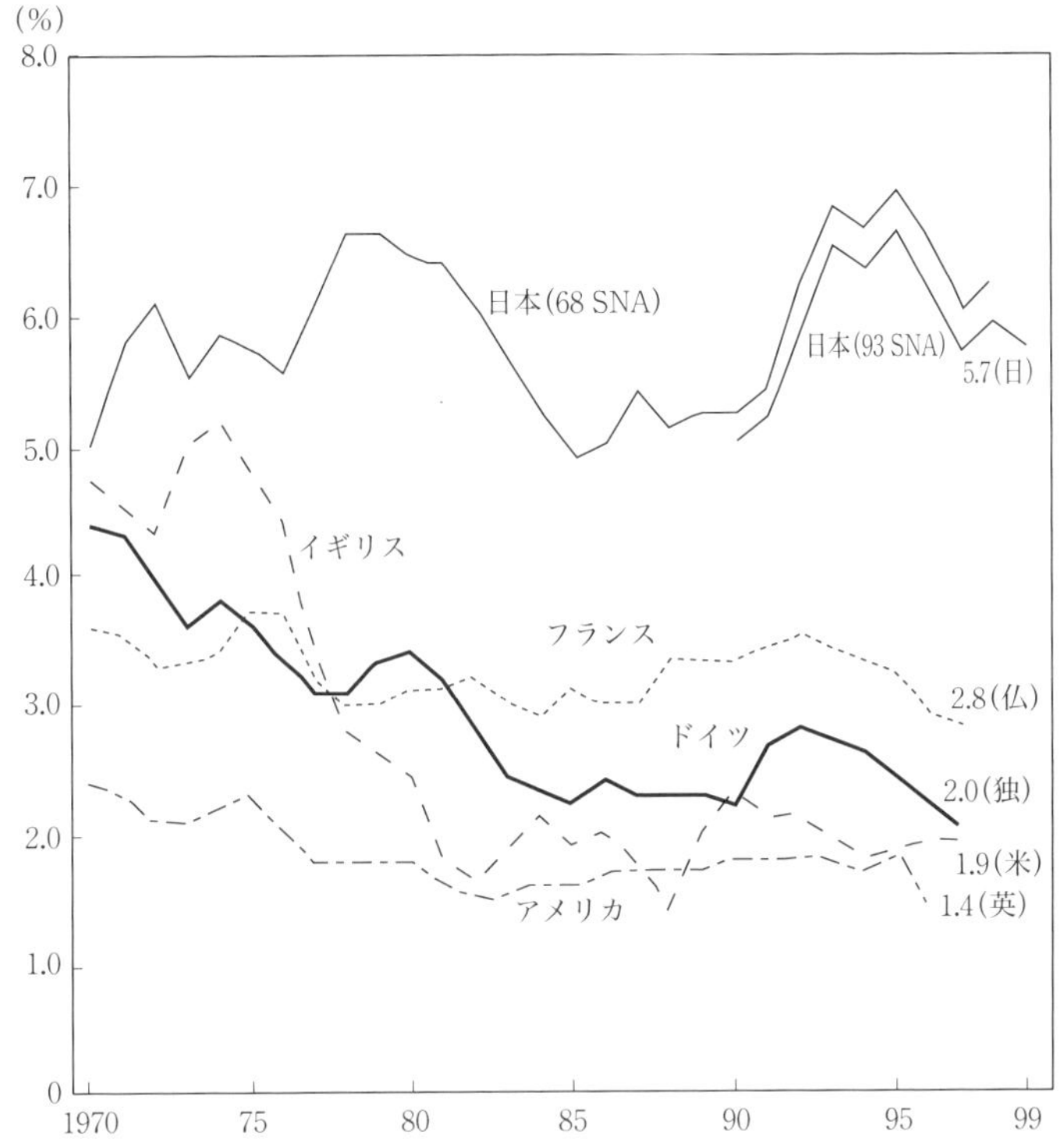

注：1)　日本は「国民経済計算年報」等による（年度ベース）．主要国は，OECD, *National Accounts*（暦年ベース）による．
　　2)　ドイツは，1990 年までは西ドイツ．
出所：『図表解説　財政データブック』平成 13 年度版，162 頁．

図 3-2　主要国における一般政府支出の対 GDP 比

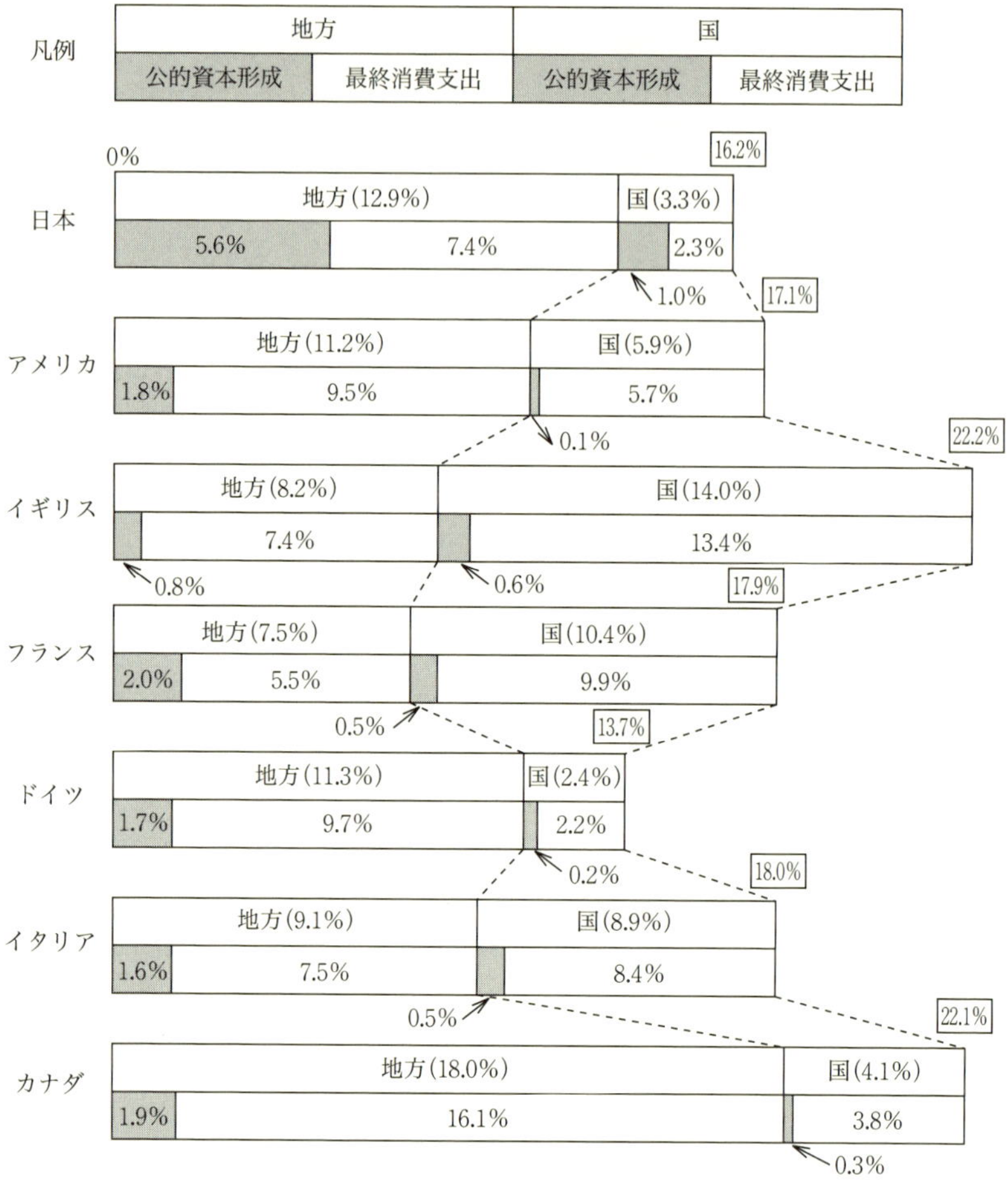

注：1)　原表は OECD, *National Accounts Detailed Tables 1960/1997*, vol. I より作成されたもの.
2)　公的資本形成は「Gross Fixed Capital Formation」と「Purchase of land, net」の項の合計.
3)　イタリアは 1995 年, イギリスは 1996 年のデータ.
4)　アメリカ, ドイツ, カナダの地方は州（邦）を含む.
出所：総務省自治財政局「地方財政関係資料」(2001 年 6 月) 2 頁.

出の方が大きいが、日本では地方が八割を占めている。公的資本形成に絞ってみると日本では、これも地方が約八割を担当している。他国も、国よりは地方の比率が高くなっている点では日本と同じであるが、その対GDP比はかなり小さく、日本五・六％に対しておよそ一〜二％の水準となっている。

以上のように公共投資の高水準と地方財政の大きな地位という二点をあらためて確認したのであるが、こうした特徴はいつから形成されているのだろうか。この点で先駆的な研究は一九六四年に刊行された『財政学講座』第三巻の諸論文[1]、とりわけ高橋誠、岩元和秋の論稿である。高橋は、国民経済に占める公共投資の比率に関する国際比較を通じて、以下の点を明らかにしていた。すなわち、第一に、第二次大戦前の日本財政は、巨額の軍事費の存在によって政府最終消費の比率の大きな構成となっていたが、大戦後、政府固定資本形成の比率が伸長したこと、第二に、こうして比重を高めた日本の公共投資の水準は、掲出年次でみるとすでに一九五六年以降、スウェーデンの八〜九％台と比肩しうる水準（一九五六年七％から六四年一一・六％まで上昇）となっていること、第三に、フローとしての公共投資水準は世界トップ・クラスでありながら、その「偏産業的構造」によって「民生的投資の貧困」という問題を生じていることである。

一方、岩元和秋は、地方財政再建促進特別措置法（一九五五年）以降、高度成長の展開とともに地方財政が地域開発政策に動員され、「投資的経費優先の傾向」を持つに至ったとしている。

かくて現代日本財政の二つの特徴は、戦後改革をへて、高度成長期に姿を現し、それが継続するなかで政官財複合体に支えられて構造化していくという見通しが成り立つ。しかし、石油危機後の公共投資偏重型システムを、高度成長期以来の単なる延長線上で捉えられてよいのかというのが、ここでの問題提起である。

第二次大戦後から現在までを鳥瞰した時、石油危機以前の時期と以後の時期の相違として注目されるのは、次の点であろう。第一は、図3-1にあるように、石油危機以降、主要先進国は軒並み公共投資の比率を下げていったのと対照的に、日本では逆に一九七〇年代後半から八〇年代前半にかけて新たな高原が築かれたことである。

八〇年代後半にはいったん比率を下げるものの、バブル崩壊後に再び高原が築かれており、全体として日本の突出した水準が印象づけられている。

第二は、公共投資の新たな高水準の達成ないしその基本的な維持という現象が、一九七〇年代から八〇年代にかけて、財政支出が国民経済に占める比重を持続的に増大させるなかで現れたことである。図3-3は、国と地方の支出の純計が、国民総支出に占める比率の推移を示している。この数値は一九七〇年一八・九％から八〇年には三〇・〇％へと上昇している。公共投資の動向は、「国土保全及び開発費」で近似的に示されるが、七〇年の四・五％から八〇年の五・六％に増大していることが確認できる。公共事業の展開を主な増大要因の一つとする公債費についても、この間〇・九％から三・六％に増大していることも留意しておかねばならない。他方、一九七三年の「福祉元年」の宣言をへて一九七〇年代には福祉支出の本格的な増大がもたらされる。実際、社会保障関係費は七〇年三・六％から八〇年六・五％へと増大した。要するに、福祉関係費をはじめとする他費目についても支出増大圧力が、かつてないほど高まるなかで、公共投資は自らを増大していくことに成功したのである。

この構図は、地方財政支出についても当てはまる。一九七〇年から八〇年にかけて地方支出は全体で一二・九％から一八・八％へと上昇したが、その間、「国土保全及び開発費」は三・五％から四・五％へ、社会保障関係費は二・五％から四・〇％へとそれぞれ増大している。

留意すべき第三は、公共事業費の財源調達が、一九七五年以降大量国債発行に支えられるようになったことである。戦後改革後、第一次高度成長期に、公共投資の高水準が達成されていたことは、すでに見た通りだが、この期間には一般会計において国債は発行されなかった。一九六五年に特例公債の発行がされ、六六年から建設国債の発行が継続したものの、公債依存度は、七二年の一六・三％が最高で、それ以外は五～一〇％台前半に収まっていた。

むろん、一九六五年以前のいわゆる健全財政主義の時期にあっても、公共投資の相当部分が財政投融資によっ

図 3-3　財政支出の国民総支出比

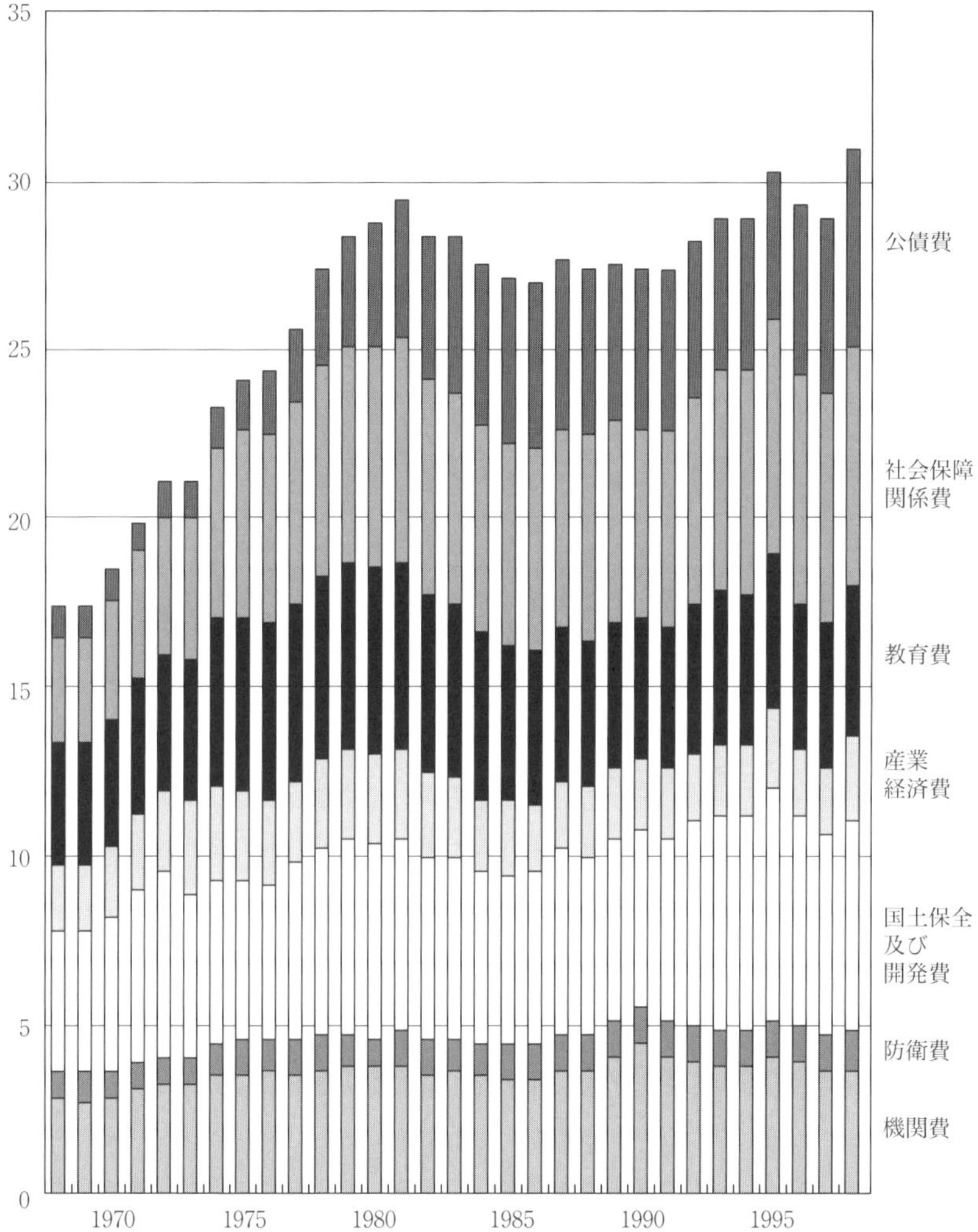

注：国と地方の歳出純計の対国民総支出比．若干のその他を除く．
出所：『地方財政白書』各年度版より作成．

て資金調達されており、七五年以降もそれが継続していることを考え合わせれば、石油危機の前後の相違は相対的なものとも言える。しかし、六五年以前、一般会計の二〇%前後を占める「公共事業関係費」が、公債発行なしで支出されていた状況は、七三〜七四年に約七〇%が建設公債で調達されることになる。この二年の過渡期をへて、七五年以降、図3-4に示されるように、ほぼ全額の財源が建設国債に依存する状況に至ったことは、大きな変化と言わねばならない。

これを国民負担率との関連で整理してみると、たしかに一九七〇年から八〇年にかけて国民負担率は二四・三%から三一・三%へと上昇した。しかし、その内訳は社会保険料負担率が、五・四%から九・一%へ、地方税負担率が六・一%から八・〇%へと上昇したのに対して、国税負担率は一二・七%から一四・二%へと上昇したにすぎず、八五年にも一五・〇%の水準に留まっている。その間、国債発行額について、国民所得との比率でみると七〇年には〇・六%に過ぎなかったのが、七五年に四・三%、八〇年には七・一%へと急上昇している。

以上を要するに、第一次石油危機から総需要抑制政策の解除をへて姿を現す高水準の公共投資を擁する財政は、高度成長期の特徴の単なる延長線上に位置するものではなく、それまでにない歴史的性格を持つものと捉えられる。公共投資の高水準は、低成長による税収減という条件の下で、福祉政策をはじめとする他費目との競合状況の激化のなかにあっても、大量国債発行という財源調達手段を得て、維持・拡大されたのである。それは高度成長期に形成された政官財複合体が、自動的にもたらしたものではなく、各費目の歳出水準をどうするかの予算編成、税収減のなかで増税か歳出削減か、あるいは国債発行か歳出削減か、景気対策として減税か国債発行による公共投資か、などの幾重にもわたる政策決定の積み重ねの結果もたらされたものである。政策決定のあり方の歴史的事実を直視し、そこから教訓を引き出すことが、当面する公共事業改革論議にも不可欠であろう。なおこの点、政府間財政関係の視点から整理されている第二章（編者注—金澤史男編『現代の公共事業』第二章）も合わせて参照されたい。

図 3-4　公債発行額・公債依存度等の推移

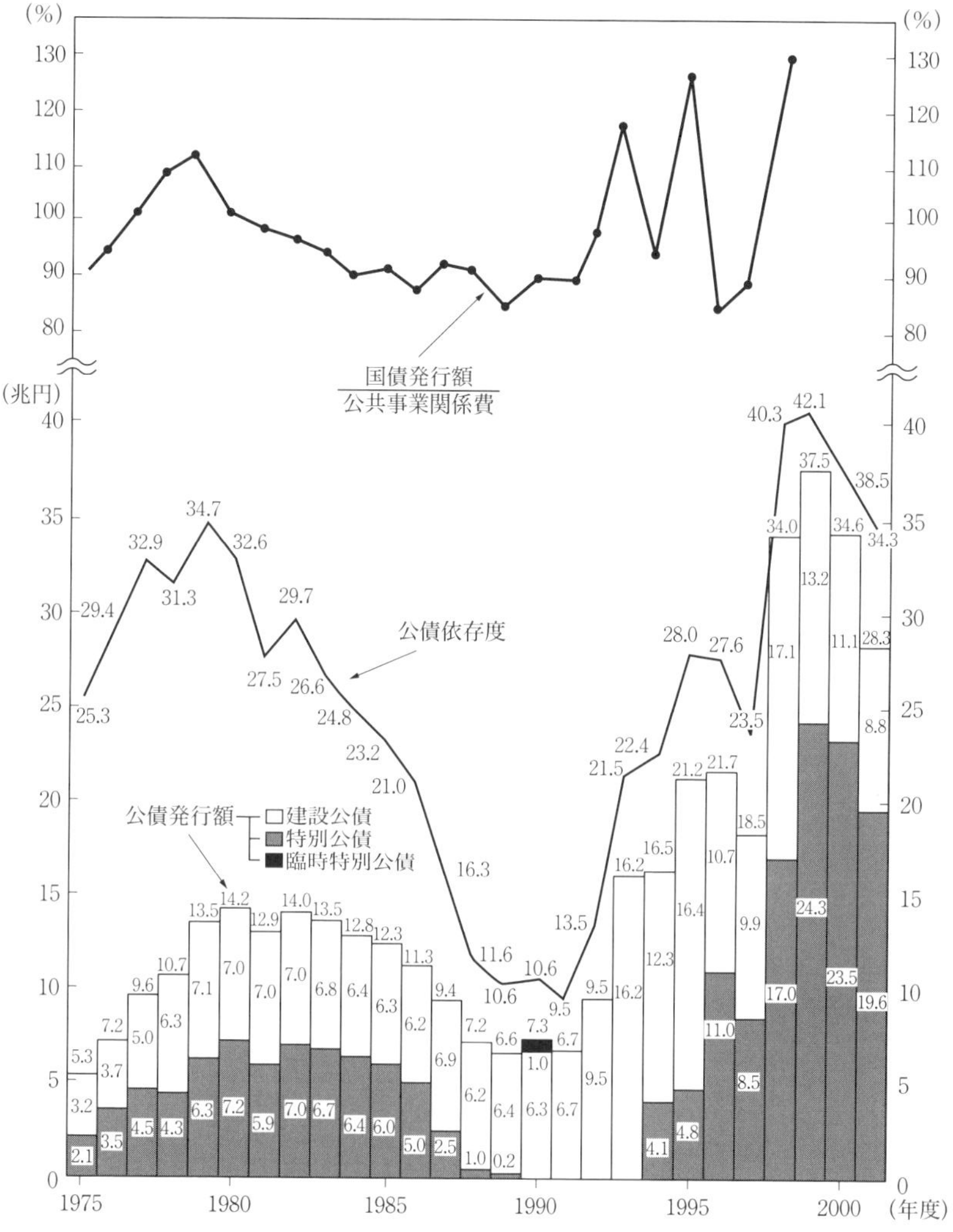

注：1)　1999 年度までは決算，2000 年度は補正後予算，2001 年度は予算.
　　2)　公共事業関係費は，国の一般会計の主要経費別分類.
出所：『図表解説　財政データブック』平成 13 年度版，『財政統計』より作成.

二　公共投資偏重型財政システムの形成過程

(1)　大量国債発行の開始と公共事業

一九七一年のニクソン・ショック、円切上げの圧力増大のなかで円高ショックをおそれる調整インフレ政策がとられ、それに七三年の第一次石油危機が重なって、狂乱物価が日本経済を襲った。政府は総需要抑制政策に転じ、インフレ鎮静を最大の政策目標とした。この政策転換が、公共事業のあり方に重要な転機をもたらす。

一九七五年当初予算編成の段階では、「引き続き抑制的な基調を堅持する」(2)とされ、公共事業についても、「財政面からの総需要抑制策を堅持するため、公共事業関係費の規模の圧縮を図るとともに、既定の各長期計画の進度の調整を図る」(3)とされていた。しかし七五年秋には、二つの大きな問題が浮上してくる。ひとつは、インフレが収束をみせる反面、需要の低迷、生産活動の低下、企業収益の悪化などから、それまでにない景気の停滞に陥ったことである。二つには、そうした景気後退を反映して中央、地方とも厳しい財源難に直面したことである。

政府は、九月一七日「総合的な景気対策の推進」を決定し、公共事業を中心とする二兆円規模の有効需要創出を図ることとした。もともと大幅な歳入不足が見込まれた中で、大規模な公共事業を追加的に実施しようというのであるから、巨額の国債発行が不可避となり、一九六五年以来の特例国債の発行という事態となる。「いわゆる四条公債を発行対象経費の限度額いっぱいに発行するほかに、特例公債を発行せざるを得なくなったものであって、このような事態は、昭和二二年の『財政法』制定以来初めてのこと」(4)と言われた。

昭和五〇年度補正予算の頃から本格化した昭和五一年度予算編成では、公共事業が新たな重要性をもって位置づけられた。当該年度の予算編成の指針を提示する財政制度審議会は、「五一年度の財政は、今後に予想される新しい成長のパターンに適合した財政への転換と当面する景気問題への対処という二つの課題を同時に解決しなければならない」とし、「当面の財政事情、社会資本の立ち遅れ等を考慮すれば、ここ二年間、増加を抑制されてきた公共事業費等の投資的経費について、予算の重点的な配分を図ることが適当である」とした。そして、「五一年度予算の規模は、徹底的な財源の重点的配分と一般的な経費の厳しい圧縮を通じて極力その抑制に努めることとし、その中で公共事業費等の投資的経費について、その増額を図ることとするのが適当である」[5]とされた。

これを受けて公共事業の規模を確保する方策がとられていく。公共事業は、追加需要創出として「景気浮揚効果が高い」とされる一方、供給（生産力）効果にも配慮して「経済社会の基礎となる社会資本の整備を推進する」としている。後者については、「今後の新しい経済発展、国土開発のパターンを見出し、財政、あるいは、その一部としての公共事業予算について、こうした新しいパターンに適合させてゆく必要」[6]があるとし、新経済計画と第三次全国総合開発計画の改訂作業が行われ、これを踏まえた公共投資計画が策定された。これが、「昭和五〇年代前期経済計画」に盛り込まれた「公共投資一〇〇兆円計画」（一九七六～八〇年）である。

昭和五二年度予算の編成時になると、現在からみれば、はやくも公債依存の定着状況が強く懸念されるようになる。たとえば財政制度審議会は、一九七六年七月二八日の時点で「財政支出にはそれに見合う国民負担を必要とするという当然のことが十分に意識されないままに、安易に支出の拡充が求めれる傾向がある」[7]と警告していた。これを受けて、七月三〇日には、昭和五二年度の概算要求について、「我が国財政が直面している最大の課題は、特例公債依存財政からの早期脱却を図ることにあり、昭和五二年度は、この課題の解決にとってきわめて重要な年」[8]という閣議了解がとられた。しかし、他方、財政制度審議会は、「公債のうち建設公債については、五二年度予算が厳しい財政事情下で公共事業費等の投資的経費に重点をおくことが適当な状況にあることを考慮すれば、ある程度の増発はやむをえない」[9]としていた。さらに概算要求に当たっては、予算の重点化を図る方策として、初めて経費をその内容で差別的に扱うシーリング設定がされた（概算要求枠の推移は表3-1を参照）。

すなわち「一般行政経費」を対前年度比一〇％増とする一方、投資的経費を含む「その他の諸費」は一五％増とされたのである。これと同じ内容のシーリング方式は、昭和五六年度予算まで踏襲されることになった。

以上の経過は、次のような財政上のメカニズムが形成されていったことを物語っている。すなわち高度成長から石油危機、総需要抑制政策をへて低成長へと転換する過程は、一方で相当の歳入不足を生じさせ、他方では、にもかかわらず景気対策としての公共事業の大規模な投入が決定された。そのための財源は、国債に依存することになるが、その際まず建設国債が公共事業対象経費分めいっぱいに発行され、残余部分が特例公債とされた。一九七七年以降は、早くも特例公債依存からの脱却が財政再建の目標とされるが、それは予算編成に当たって削減のターゲットを公共事業以外の一般行政経費に集中し、逆に建設国債の発行によって財源保障された公共事業費が優遇されるという構造を生み出していったのである。高度成長期における健全財政主義のもとでは、相対的に収益性の高い公共事業は一般会計の外に出されて財政投融資によるファイナンスの対象とされ、それがかなりの長期間にわたって行われてきた。したがって、一九七五年時点において一般会計で二〇％前後を占める公共事業関係費の全額を公債に依存し続けていくことには、そもそも無理があり、七〇年代後半にはその無理が意識されていた。しかし、現実には、それが臨時的措置とはならず、恒常化していったのである。

公共事業をめぐる環境変化は、対外的側面からも生じた。ニクソン・ショック、石油危機以降の世界経済の不安定化の中で主要先進国の政策協調が重視され、一九七五年以降いわゆるサミット体制が定着した。高度成長期には固定相場制の下で円の過小評価の恩恵を享受し、輸出促進政策にも支えられて、国際競争力をつけてきた日本経済は、第一次石油危機にも減量経営で対応して、他国にないすばやい立ち直りを見せていた。その結果は、内需が停滞する中での集中豪雨的な輸出拡大となったため、各国からの批判が集中した。

実際、一九七八年七月に開催されたボン・サミットでは、アメリカは、日本と西ドイツは、財政拡大や景気刺激によって世界経済を牽引すべきであるという「日本・西ドイツ＝機関車論」を展開して具体策の実施を迫った。

表 3-1　概算要求基準の推移（1961～97 年度）

昭和 36～39 年度予算概算要求枠	50% 増の範囲内
40～42 年度予算概算要求枠	30% 増の範囲内
43～50 年度予算概算要求枠	25% 増の範囲内
51 年度予算概算要求枠	15% 増の範囲内
52 年度予算概算要求枠	一般行政経費　10% 増 そ　の　他　15% 増 ─の合計額の範囲内
53，54 年度予算概算要求枠 （閣議了解）	一般行政経費 経常事務費　0 そ　の　他　5% 増 そ　の　他　13.5% 増 ─の合計額の範囲内
55 年度予算概算要求枠(54.7.31)	一般行政経費　0 そ　の　他　10% 増 ─の合計額の範囲内
56 年度予算概算要求枠(55.7.29)	一般行政経費　0 そ　の　他　7.5% 増 ─の合計額の範囲内
57 年度予算概算要求枠(56.6.5)	0
58 年度予算概算要求枠(57.7.9)	マイナス 5% の範囲内(除く投資的経費)
59 年度予算概算要求枠(58.7.12)	経常部門　マイナス 10% 投資部門　マイナス 5% ─の合計額の範囲内
60 年度予算概算要求基準(59.7.31)	〃
61 年度予算概算要求基準(60.7.26)	〃
62 年度予算概算要求基準(61.7.21)	〃
63 年度予算概算要求基準(62.7.31)	経常部門　マイナス 10% 投資部門　0 ─の合計額の範囲内 ほか，社会資本整備特別措置法による事業　13,000 億円
平成元年度予算概算要求基準(63.7.15)	〃
2 年度予算概算要求基準(元.7.11)	経常部門　マイナス 10% 投資部門　0 ─の合計額の範囲内 ほか，社会資本整備特別措置法による事業　13,000 億円
3 年度予算概算要求基準(2.7.27)	経常部門　マイナス 10% 投資部門　0 ─の合計額の範囲内 (新たに生活関連重点化枠設定　2,000 億円) ほか，社会資本整備特別措置法による事業　13,000 億円
4 年度予算概算要求基準(3.7.5)	経常部門　マイナス 10% 投資部門　0 ─の合計額の範囲内 生活関連重点化枠　2,000 億円 新たに公共投資充実臨時特別措置として　2,000 億円 の範囲内で要求額に加算 ほか，社会資本整備特別措置法による事業　13,000 億円

(表 3-1　つづき)

5 年度予算概算要求基準(4.6.23)	経常的経費　マイナス 10% 〔新たに生活・学術研究臨時特別措置〕 投資的経費　0 —の合計額の範囲内 〔生活関連重点化枠　2,500 億円 公共投資充実臨時特別措置として　2,000 億円 の範囲内で要求額に加算〕 ほか，社会資本整備特別措置法による事業　13,000 億円
6 年度予算概算要求基準(5.8.13)	経常部門　マイナス 10% 投資部門　プラス　5% —の合計額の範囲内 ほか，社会資本整備特別措置法による事業　13,000 億円
7 年度予算概算要求基準(6.7.29)	経常部門　マイナス 10% 投資部門　プラス　5% —の合計額の範囲内 (うち新ちに公共投資重点化枠設定　3,000 億円) ほか，社会資本整備特別措置法による事業　13,000 億円
8 年度予算概算要求基準(7.8.4)	経常的経費 一般行政経費　マイナス 15% その他　マイナス 10% 〔新たに経済発展基盤・学術研究臨時特別加算〕 投資的経費　プラス 5% —の合計額の範囲内 (公共事業費については，公共投資重点化枠とあわせて 5%) (公共投資重点化枠 3,000 億円) ほか，社会資本整備特別措置法による事業　13,000 億円
9 年度予算概算要求基準(8.7.30)	経常的経費 一般行政経費　マイナス　15% その他　マイナス 12.5% 利子補給等　マイナス　5% 人件費　マイナス　0.8% 〔新たに経済構造改革特別措置　3,000 億円〕 投資的経費　0 —の合計額の範囲内 うち公共投資重点化枠　5,000 億円 〔公共事業関係費　4,000 億円 その他施設費　1,000 億円〕 ほか，社会資本整備特別措置法による事業　13,000 億円

出所：『図表解説　財政データブック』平成 13 年度版，43〜44 頁．

ボン・サミット宣言では、日本政府は「内需拡大を中心として前年度実績を約一・五パーセント・ポイント上回る目標を決定し、その達成に努力している」とし、「必要ならば適切な措置をとりその目標を実現したい」との表明が盛り込まれた。また日米貿易の不均衡に関して、日本の首相が「内需の拡大と諸々の輸入促進のための努力を通じて輸入の増大を図るべく努めたい」旨述べたことが特記された。

政府は、貿易黒字のもたらす対外摩擦を緩和するため内需拡大の手段として公共投資の増加を図らねばならない立場になった。それは財政事情やその実際の効果を吟味した上での政策決定ではなく、国際協調のための外交手段ないし対外経済政策手段としての性格を色濃く帯びるに至った。

ところが、長期的視点で見れば過小に評価されていた円レートの調整過程が継続していく時期であったため、公共事業の拡大が円高トレンド自体を留めることは不可能であった。そこで、円高が進展すると輸出依存産業を中心に景況感の悪化が問題となり、さらなる円高圧力の回避と国内景気対策のために公共事業が要請されるという循環が作り出されて、それが繰り返されることになったのである。

(2) 臨調行革路線から民活型成長へ

大量国債発行に主導された財政支出の拡大が継続し、特例公債からの脱却という目標が八〇年代に持ち越されると、財政組織再編の動きが政府部内で強まってくる。その動きを牽引したのは、一九八一年三月に設置された臨時行政調査会であった。その議論の到達点を「最終答申」（一九八三年三月）で確認すると次のようである。すなわち、「活力ある福祉社会の建設と国際社会に対する積極的貢献という二大目標を達成するために行政改革が不可欠」であるとし、「官から民へ、国から地方へという行政改革の基本方向に沿った、合理的な機能分担が確立されている必要がある」とした。また、「国民の負担率（対国民所得比）は、現状（三五％程度）よりは上昇することとならざるをえないが、上述のような徹底的な制度改革の促進により、現在のヨーロッパ諸国の水準

（五〇％前後）よりはかなり低位にとどめることが必要」[10]とした。

臨時行政調査会の課題は、第一次答申にあるように「長年にわたって定着した意識や制度の変革」によって「増税なき財政再建」を行うこととされた。そのための方策として重視されたのは、第一に、公務員定員削減、給与の適正化などの公務員制度改革、第二に、地方への事務事業委譲と国から地方への財政移転縮小を柱とする国と地方関係の改革、第三に、三公社の民営化であった。

公共事業に関しては、総額を前年度と同額以下とすること、新規事業を抑制すること、大型プロジェクトの限定や検討の慎重化などが掲げられた。しかし、いま五次にわたる臨調答申を読み返して驚くのは、一方で「国民の自助・自立」、「自己責任」を強調して福祉・教育分野の支出削減を迫り、あるいは「民間の活力を生かすことが可能なものは、極力民間の自主的運用にゆだねる」として公社の民営化を迫りながら、他方で、全額借金に依存して増大し定着してきた公共事業に関する構造的改革の文言が全く見当たらないことである。第一次答申は、「赤字公債依存体質から脱却し、新たな社会経済情勢への対応力を回復することが必要」とし、昭和五七年度予算編成について「新規増税を行わず、特例公債の発行を減額することを基本方針とする」としている。逆に言えば、建設国債の従来水準での発行とその消化のための公共事業は、そっくりそのまま容認していることになる。

総論で歳出削減を求めながら、公共事業を実質的に例外視して温存する見解は、この時期、財政制度審議会でも見られた。すなわち、一九八四年一月の「歳出の節減合理化の方策に関する答申」[11]では、公共事業について、まず「我が国財政が特例公債を含む巨額の公債発行に依存している現状にかんがみれば、公共事業関係費についても削減を図るべき」だといったんは述べる。ところが、続けて、「しかし一方、公共投資が景気に果たしている役割にかんがみ、公共事業のうち災害復旧等事業を除く一般公共事業については国費をマイナスとしつつも、景気の動向に即応して、民間資金の活用等種々の工夫を行うことにより、極力事業費を確保することを検討すべきである」としている。表3-1にあるように、実際概算要求のシーリングでは昭和五八年度は全体がマイナス五％で投資的経費が例外扱いとなり、五九年度以降は六二年度まで経常部門マイナス一〇％、投資部門マイナス五％とされた。こうした差別的扱いに加えて五八〜六二年には、特例公債の発行額は当初予算を実績が下回ったものの、建設公債は補正予算によって増額された。補正予算後の建設国債発行額の前年度当初予算に対する増加率は、五八年から七・〇％、三・〇％、五・九％、九・六％とプラスで推移しており、概算要求枠がマイナス五％であっても、結果的には五九年を除いてプラスになる。建設国債発行を容認しながら公共事業費の総額維持をできる限り図るという構図は、臨調行革路線に基づく予算編成の最盛期にも継続されたのである。

もっとも、日本経済は第二次石油危機を軽微な影響で切り抜け、企業収益の改善、八〇年代以降のハイテク景気もあって、比較的堅調に推移した。それと総体的な歳出抑制とが相まって、図3-1にあるように一九八〇年代に入って一般政府ベースの公的資本形成がGDPに占める比率は漸減傾向を示していた。臨調行革が、相対的に公共事業を優遇しながらも、大規模プロジェクトの抑制方針を打ち出していたことも事実であり、公共投資を財政状態に見合った水準に調整し、質の改善を図っていくチャンスであった。

しかし、そのチャンスは、一九八五年以降のプラザ合意を契機とする異常円高と円高不況という事態への政策的対応、それと結びつきながら展開された民活型成長路線によって、吹き飛ばされることになった。円高圧力という外圧への対応、それがもたらすデフレ効果を緩和しようとする内圧への対応という政策課題に対して、公共事業の拡大という政策手段が選択されるという構図が、新たな質と量をもって、ここに再現されるのである。

一九八五年九月のG5では主要先進国が協調介入してそれまでのドル高修正を図る一方、円高誘導を行うことが合意され（プラザ合意）、円の対ドルレートは約一年で二四〇円台から一五〇円台へと急上昇することになった。国際協調という名の外圧は円高誘導に留まらず、七〇年代と同様、内需拡大の要請を伴った。一九八六年一〇月、宮澤蔵相とアメリカ・ベーカー財務長官との共同声明では、日本政府は「九月発表の三兆六千億円の総合経済対策の実施のため、補正予算案を国会に提出することを決定し」、「この刺激は、公共事業、住宅、建設等の主要分野における追加的投資によりもたらされるであろう」としている。さらに、G5にカナダ、イタリアを加えたG7による一九八七年二月のルーブル合意では、日本は、「内需の拡大を図り、それにより対外黒字の縮小に寄与するような財政金融政策を続ける」とし、「内需振興を図るため、総合的な経済対策が、経済情勢に応じ、予算成立後準備されることとなろう」[12]としている。

こうした外圧への抜本的な対応案として提起されたのが、一九八六年四月に発表された「前川レポート」である。そこでは、日本経済を国際協調型へ変革するためには、輸出志向経済を改めて、経常収支黒字を拡大均衡によって縮小していく内需主導型の経済成長を実現することが指針とされた。内需拡大については、「住宅政策と都市再開発を民活によって行い投資需要を作り出し、労働時間短縮による消費生活の充実によって消費需要拡大を行う」ことが提案された。しかし、これは国際競争力を持つビッグ・ビジネスが輸出を減退させるのではなく、高コスト産業とレッテルを貼られた市場原理についていけない産業を輸入に代替しつつ、さらに公共事業を牽引車として輸入を増大させて貿易収支の均衡を図ろうとするものであった。

この時期、臨調行革路線は、三公社の民営化として具体化が図られつつ、予算編成のスタンスは、昭和六二年度予算から明確に転換していった。すなわち、一九八六年一二月に閣議了解された「昭和六二年度の経済見通しと経済運営の基本的態度」では、「主要国との協調的経済政策の実施を促進しつつ円レートの安定化を図るとともに、引き続き適切かつ機動的な経済運営に努める」とし、内需拡大方策について次のように述べている。すなわち、「公共事業については、事業規模の拡大を図るものとする。住宅建設については、宅地の円滑な供給を図りつつ、さらにその促進に努める。一方、民間活力が最大限発揮されるよう引き続き環境の整備を行い、設備投資等積極的な民間投資の喚起を促すとともに、公共的事業分野への民間活力の導入を促進する」としている。

すでに政府は、プラザ合意以降、一九八五年一〇月に約三兆六千億円の「総合経済対策」を打ち出していたが、八七年五月には、五兆円の公共事業拡大を柱とする「緊急経済対策」が実行された。景気は回復過程にあったにもかかわらず、かつてない大規模な公共事業追加が行われた理由として、「主要国との政策協調を推進しつつ、内需を中心とした景気の積極的な拡大を図るとともに、対外不均衡の是正、調和ある対外経済関係の形成に努めることが急務との観点」[13]が、事あるごとに強調された。

もうひとつ、「緊急経済対策」で留意しておかねばならないのは、一兆円を超える減税が盛り込まれたことである。たしかに、石油危機以降、ほとんど減税が行われず、ブラケット・クリープなどの問題が低中所得層の生活を圧迫しており、所得税減税の要求が高まっていた。しかし、それだけで政府が動いたわけでなく、やはり外圧の強まりがあった。先にふれた宮澤・ベーカー共同声明では、「出来るだけ早く個人所得課税及び法人課税の限界税率の引き下げを含む税制改革を実施にうつす方針」を表明し、「法人課税の実効税率の五〇%以下への引き下げ及び個人所得課税の最高税率の引き下げ」は「投資を増加させ、事業活動の活発化に役立つ」[14]とされている。ルーブル合意でも「税制全般にわたる抜本的見直し」の重要性が言及されていた。

かくて、石油危機以降、顕在化した収支ギャップに対して、抜本的な税制改革による対応が遷延されたあげく、一九八〇年代後半以降、公共投資を再び顕著に拡大させながら、同時に法人税・所得税の減税を繰り返すという財政運営へとつき進んでいくことになったのである。その際、後者については、企業、高所得者層優遇の減税が対外公約となっていたことも見逃せない点であろう。

以上のような政策転換について、その判断を支え、また政策転換の柱となり、その結果、当該の政策破綻の主要な原因となったのが、NTT株売却収入による無利子融資制度であった。これは、NTTの株式売払収入を国債整理基金に最終的に収納するが、当面、無利子融資のかたちで社会資本整備の促進に利用しようとするもので、収益が生じる事業への融資（Aタイプ）、通常の公共事業への融資（Bタイプ）、民活法対象事業などへの融資（Cタイプ）に分かれ、A、Bタイプは「公共事業」、Cタイプは開銀、北東公庫、沖縄公庫を通じる融資で「民活事業」とされた。Aタイプは地方道路公社等が対象、Bタイプは地方公共団体が対象で、特に後者は貸付金の償還時において償還金相当額の国の補助金、負担金が交付されることになっていた。

詳細な分析は別稿に譲るが[15]、ここで次の点を確認しておきたい。第一は、公社民営化の果実を、財政再建に役立てるという本筋がすっきりと貫かれず、その恩恵に与ろうとする多くの関係省庁との妥協の産物として無利子融資制度が誕生したことである。大蔵省の意向を代弁する財政制度審議会の中期財政運営問題小委員会は、一九八六年一二月の報告で[16]、「日本電信電話株式会社株式という国民共有の貴重な資産を国民共有の負債である国債の償還財源に充てること」が当然だとの立場から、「一般会計からの定率繰り入れが困難な状況下においては、……株式の売却収入は公債償還を進めていく上でかけがえのない財源であり、これをほかの経費の財源に充てるべきでない」との見解を表明していた。現実には、こうした立場を端的に貫けなかったのである。

第二に指摘すべきは、そうした妥協をもたらした背景である。まず、一方で、内圧、外圧による内需拡大の要請があったことは、すでにふれたとおりである。しかも、それを代弁したのは、臨調、旧行革審を引き継ぎ、ひたすら増税なき財政再建とそのための民営化、民活路線を叫んでいた新行革審であったことは記憶に留めておくべきであろう。新行革審は一九八七年七月の答申で、内需拡大、公共投資の拡大の必要性を述べ、「社会資本の整備を中心に引き続き財政面から対応する必要がある」とした上で、次のように続けている。すなわち「依然として財政は厳しい状況にあるが、行政改革の一環として実施された電電公社の民営化等により、臨時的とはいえ、政府は新たな財源を得ることになった。この財源の一部を適切に活用すれば、財政再建を阻害することなく、財政面からの必要な施策を行うことが十分可能である」[17]と。

他方、大蔵省の株価維持政策もあって、巨額の株式売却収入が見込まれたことも、妥協の背景をなした[18]。「財政改革路線を堅持するため建設公債の発行を極力抑制するとともに、公共事業の内需拡大効果を最大限に発揮させるため民間投資誘発効果の高い事業に重点化する必要がある」[19]という理屈が展開され、建設国債の増発をもたらさず財政再建と両立可能な公共事業の確保と拡大を可能にする「打ち出の小槌」として、ＮＴＴ株売却収入無

図3-5　昭和63年度予算の概算要求基準

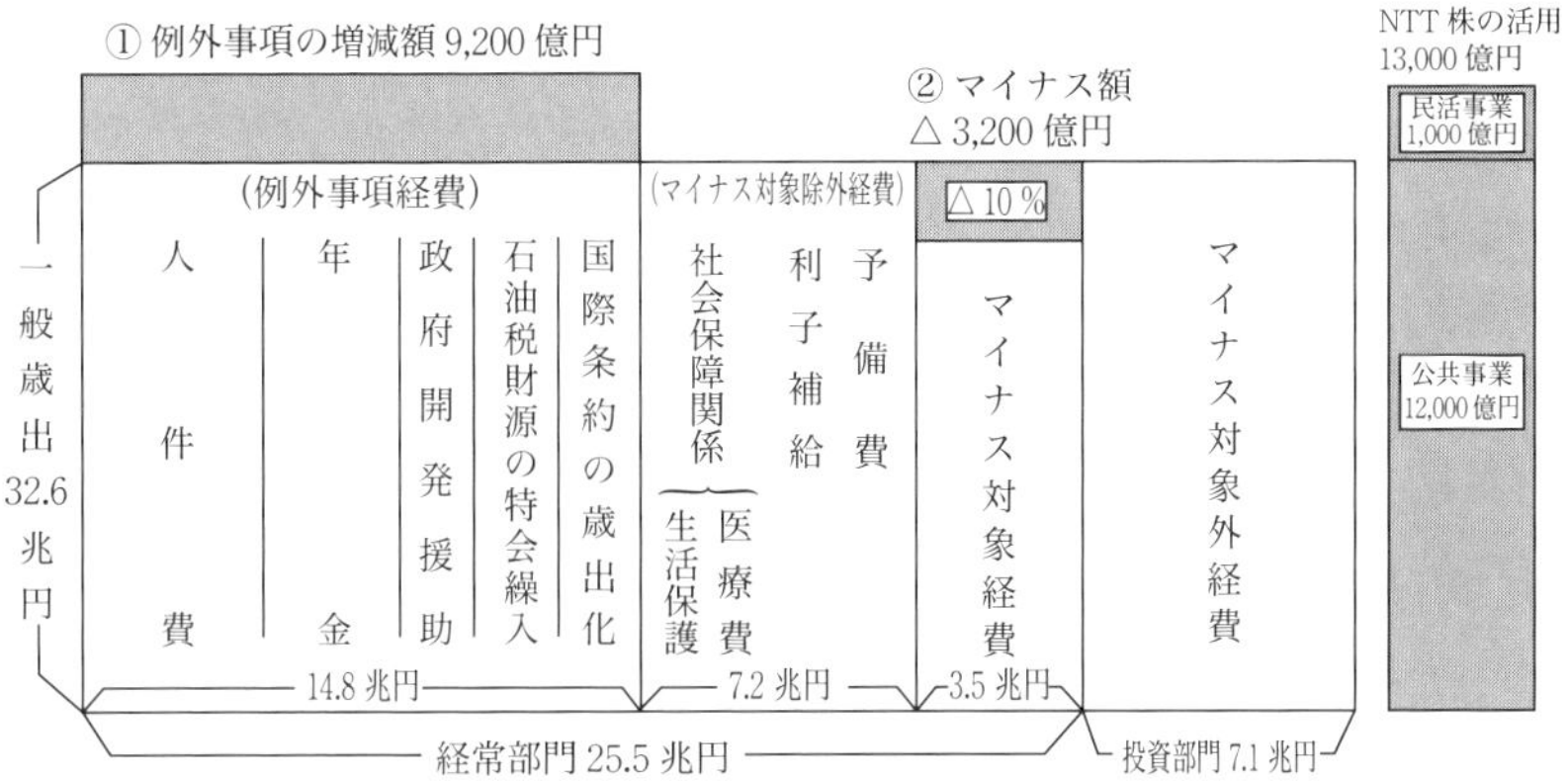

出所：『国の予算』昭和63年度版，16頁．

利子融資制度が位置づけられたのである。

第三は、この無利子融資制度が、民活型成長促進策の主要な政策手段となったことである。「前川レポート」以来の財政制約のもとで、内需拡大の対外的要請にも応える方策として、民間活力の導入による公共事業費の確保が提言され、民活法（一九八六年）や各種の規制緩和、リゾート法（八七年）、都市再開発や建築基準法改正（八八年）、国有地・国有林などの売却促進などの法や制度が整えられていった。こうした制度的枠組みに資金的裏づけを与えたのが、この融資制度であった。民活型成長路線は、全国の地方自治体を多分に投機的な投資活動に巻き込み、資産バブルを生み出し、その崩壊後には無残な環境破壊と金融機関に巨額の不良債権を残したことも忘れてはならない。

以上のような特徴をもつNTT株売却収入による無利子融資制度は、一九八〇年代以降現実に公共投資の高水準を支える重要な役割を果たした。『国の予算』による各年度の概算要求基準は、図3-5のように図解され、「NTT株の活用」による公共事業と民活事業は、予算本体とは切り離されて一兆二千億円の規模が別枠で確保されている。予算本体における投資的経費の優遇とNTT株の活用とが相まって財政危機の深まりの中でも、公共投資の高水準を維持する機能を果たしていたのである。この概算要求の枠組みは、一九九八年まで継続する。[20]

ところが、問題はこれで終わらない。ＮＴＴ株の売払は当初こそ順調のように見えたが、株価維持操作の無理とバブルの崩壊で売払の継続が不可能となったにもかかわらず、ＮＴＴ事業の計画は存続してその事業費調達のために一九九二年以降ほぼ事業費に匹敵する一兆円を超える建設国債の発行を余儀なくされているのである。ＮＴＴ事業はバブルを生み出しただけでなく、バブル崩壊後には新たな公債発行を引き出し、財政再建との両立はおろか財政再建の足を引っ張る役割を果たす制度へと転落していくのである。

(3) 日米構造協議と生活大国五カ年計画

プラザ合意以降、異常円高の進行によって輸入数量の増大と輸出数量の減少がもたらされたが、輸出に関しては八七年から八九年にかけて増加に転じ、経常収支黒字はドル表示で、八六～八八年にかけて毎四半期二〇〇億ドルを超える水準となった。急激な円高の効果が表れないとして苛立つアメリカ政府は、日本社会異質論に基づく日本型経済システム攻撃による問題解決を狙って日米構造協議が設定されることになった。

日米構造協議で公共投資は、「貯蓄、投資パターン」の問題として論じられるが、常に交渉と「最終報告」のトップに位置する最重要課題であった。アメリカ側は、第一回交渉から執拗に公共投資の拡大を求めてきた。たとえば、第二回目の交渉では、①公共投資拡大の要望は短期的に投資を刺激することを求めているのではなく、中・長期的計画でインフラ投資を行い、輸入を促し、不均衡是正を行う必要がある、②九〇年に終わる「五カ年計画」については、改定時に拡大すべきではないか、③社会保障基金の黒字をインフラ整備に活用してはどうか、などが主張されている。[21]第三回会合では、米国側が公共投資総額をＧＤＰの一〇％に引き上げることは可能であり、また下水道、公園、農業基盤整備などへの公共事業等の配分比率が硬直的であるなどと立ち入った批判を展開した。これに対して日本側は、すでに中長期的視点から社会資本整備に着実に努力している、具体的にはその時々の経済状況や財政事情を勘案して機動的・弾力的に対応するとし、この時点では真っ当にも実質的にゼロ回答を通していた。

第三回会合の段階で事態の思わしい進展がなかったため、ブッシュ大統領は海部首相に直接電話して強力な指揮権の発動を強く求めたという。それは日米関係の悪化を懸念してのことと言われるが、スーパー三〇一条に基づいた不公正慣行として取り扱う可能性を示唆した一種の脅迫でもあった。以後の交渉は紆余曲折はありつつも、基本的に米国側の要求を容れたうえで、日本側としてはどれだけ具体的数値を挙げないようにするかという条件闘争となっていった。結局、「最終報告」は、次のようになった。「社会資本整備については、それが歴史的に遅れて始まったこともあり、我が国は、毎年、対GNP比で米国の約四倍に上る公共投資を行い、社会資本の整備水準を高いペースで上昇させてきたが、依然欧米主要国より遅れている分野があることは否めない。このような状況にかんがみ、我が国は、社会資本整備の必要性、重要性を強く認識し、今後とも、社会資本整備の着実な推進を図ることとする。また、これは、インフレなき内需の持続的拡大を通じて、経常収支黒字の一層の縮小に資することにもなろう」としている。さらに、具体的には、よく知られているように、一九九一～二〇〇〇年度を対象とする公共投資基本計画を策定し、四三〇兆円の投資総額を実現すること、関西国際空港、東京臨海部開発、東京湾横断道路などの大規模プロジェクトの実施や国公有地を活用した都市再開発、そこでの民間資本活用などが対米公約として盛り込まれているのである。

社会資本整備の水準に遅れた分野があるのは事実である。しかし、それに援助をさしのべようという国ならばいざ知らず、その気のない他国にその改善のあり方を指示される筋合いはない。そのために財政赤字を強要することすら辞さない立場においておやである。言うまでもなく米国側の要求は、貯蓄・投資パターンの改善であって、米国の経常収支赤字の縮小を日本側の国内投資の拡大で均衡させようという戦略に基づくものであった。その連関を根拠づけるのは、いわゆるI―Sバランス論であり、民間貯蓄黒字（S―I）と政府貯蓄黒字（S_g―I_g）の和が経常収支黒字に等しいという関係に基づいて政策指針を策定しようとするものである。これ自身、恒等式であるため政策の強調点は多分に恣意的になるのであるが、それはおいておくとしても、米国側の戦略には一つ問題があった。それは、日本側の公的資本形成の拡充が、生産力効果を発揮して日本企業の国際競争力を増大させるのではないかという懸念である。そこで、米国側は輸出の増大につながらない公共投資の増加に強く固執することになったのである。[22]

実際、「最終報告」では、「公共投資のうち、人々の日常生活に密接に関連した『生活環境・文化機能に係わるもの』の割合を過去一〇年間の五〇％前半から、計画期間中六〇％程度を目途に増加させる」と具体的数値を挙げる内容となっている。「生活環境・文化機能に係わるもの」とは、「上下水道、公園、緑地整備、廃棄物処理施設、住宅、域内の道路、地下鉄、厚生福祉施設、文教施設等に係わる公共投資」と例示のかたちで定義されている。要するに、農産物自由化に逆行する農業基盤整備を削減し、生産力効果の乏しい生活関連投資の拡充を強要し、高度情報化に対応したインフラ整備などの投資を抑制して、日本の国際競争力の向上を抑止しようとする米国側の戦略が盛り込まれることになったのである。

日米構造協議の「最終報告」は、東京で開催された第五回会合の最終日、一九九〇年六月二八日に合意され、同日、「公共投資基本計画」も閣議了解された。二〇〇〇年度までに四三〇兆円という水準は、一般政府ベースで公共投資総額を毎年六・三％のテンポで上昇させ、その結果、九〇年の対GNP比六・三％を二〇〇〇年に七・三％に上昇させるというものであり、異常な公共投資優遇を必然とする内容であった。これもGNPが毎年四・七五％の成長を続けるという想定の下での計算であり、成長率が鈍化すれば、たちまちその比率はさらに上昇する。こうした予算編成を激しく制約する内容が、国会での予算審議とは独立に対米公約のかたちで政策決定されていったのである。

日米構造協議の決着からおよそ一年後の九二年一月、宮澤首相は施政演説で「生活大国への前進」をスローガンに掲げた。その考え方は、経済審議会の答申として「生活大国五カ年計画―地球社会との共存をめざして―」にまとめられ、生活大国への変革に必要な視点として、個人の尊重、生活者・消費者の重視、質の高い生活空間の実現の三つを挙げ、さらに具体的な指標として、①年間労働時間一八〇〇時間を目標にした労働時間の短縮、②大都市圏で年収五倍以内での住宅取得を目安にした住生活の充実、③生活関連社会資本の整備などを掲げた。ここで確認されるべきなのは、右の主要な三つの柱は、日米構造協議において「貯蓄・投資パターン」との関連で、米国側が主張した点とぴったり重なるという事実である。すなわち時短、余暇機会の拡大が要求され、良好な都市環境の形成による住宅供給促進策が要求され、生活関連社会資本の整備が要求されていた。これらは、いずれも消費と投資を通じて内需を拡大し、かつ日本企業の国際競争力の向上には直接つながらず、むしろそれを制約する作用をもっている。

要するに「生活大国五カ年計画」は、アメリカの戦略的通商政策に譲歩した日米構造協議の枠組みにすっぽりと収まるものであった。その後、時短はほとんど進展せず、余暇機会の増大という大義名分のもとで無謀なリゾート開発が継続していったことを合わせ考えると、公共投資基本計画に基づいて財政状況を無視しつつ、国際競争力抑制型の公共事業を推進することが、当該期における政府の最大の目玉政策になっていったと言える。

一九九四年一〇月には公共投資基本計画の総額が六三〇兆円に上方修正された。このときに、強調されるようになったのは、本格的な高齢化社会が到達する前に生活関連社会資本整備を完了しておこうという理屈である。すなわち、「本格的な高齢化社会を間近に控え、国民が真の豊かさを実感できる社会を実現するためには、人口構成が若く、経済に活力がある現在のうちに後世代に負担を残さないような財源の確保を前提として、社会資本整備をいっそう促進していくことが必要である」[23]と説明している。実際には、こうした判断が、後世代に重い負担を残していくことになるのであるが。

ひるがえって公共投資基本計画が、比較的すんなりと政府部内に受け入れられた背景には、バブル景気が潤沢な税収をもたらし、特例公債依存からの脱却という遷延され続けてきた財政再建目標が、一九八八年、八九年にほぼ実現し、九〇年には、当初予算で一六年ぶりに特例公債を発行しない予算が組まれたという事情があった。問題の焦点は、累積した国債償還のあり方に移ったかに見えたのである。しかしその矢先、バブルが崩壊し、平成不況の長期化のなかで、再び大量国債発行に依存しながら公共事業の高水準が維持、拡大されていくことになる。財政危機の本質は、特例公債の累積のみではなく石油危機以降の建設国債の累増にも起因していることが示されるのであるが、そうした矛盾を激化させる方向を軌道づけたのが、公共投資基本計画だったのである。

以上の点を予算編成過程に即してみると次のようになる。公共投資基本計画が当初予算の編成過程に直接反映してくるのは、平成三年度予算からである。九〇年七月、恒例の財政制度審議会会長所見では、「我が国財政の現状をみると、特例公債に依存する状況から脱却したとはいえ、巨額の国債残高に伴う国債費の重圧が財政の硬直化をもたらして」おり、「ひとたび景気の落ち込み等により税収減が生じた場合には、再び特例公債の発行に陥らざるを得ないという脆弱性を有している」(24)と述べて、財政構造の「脆弱性」が強調されていた。

こうした指摘は、正鵠を得ているのであるが、「平成三年度の経済見通しと経済運営の基本的態度」になると公共事業聖域論が展開される。すなわち、経済運営に当たって、「内需を中心とした景気の持続的拡大を図ること」が第一の課題とされ、「主要国との経済政策の協調」の必要性が述べられ、公共事業については、「国土の均衡ある発展に留意しつつ生活に密接に関連する事業の充実を図」ること、NTT事業の活用、「投資支出の効率性」の向上、土地利用の促進、都市環境の整備、「公共的事業分野への民間活力の導入」などが掲げられた。

こうした公共事業重視の姿勢は、概算要求基準において、経常的経費の例外事項以外の費目がマイナス一〇%とされる一方、投資的経費は削減対象外とされ、加えて八六年の補助負担率への戻し分と生活関連重点化枠（二〇〇〇億円）が設定され、さらにその外枠としてNTT株の活用分（一・三兆円）が配置されるという手厚い扱いに示された。平成四年度には生活関連重点化枠に加えて公共投資充実臨時特別措置（二〇〇〇億円）が設定され、五年度にも双方が継続した。こうした当初予算での措置に加えて、年度途中において公共事業を柱とする大規模な景気対策のための補正予算が常態化して、建設国債の発行額が膨張した。一九九二年八月の「総合経済対策」（公共事業八兆六〇〇〇億円）、九三年四月の「総合的な経済対策」（社会資本整備等一〇兆六二〇〇億円）、九月の「緊急経済対策」（社会資本整備等五兆一五〇〇億円）、九四年二月「総合経済対策」（公共投資の拡大七兆二〇〇〇億円）、九五年九月「経済対策」（公共投資の拡大一二兆八一〇〇億円）といった具合である。その結果、図3-4にあるように、公債依存度は建設国債に牽引されるかたちで再び著増していくことになった。

(4) 財政構造改革法とその挫折

特例公債依存からの脱却を達成してからわずか五年後、一九九五年一一月一四日、武村蔵相は「平成八年度財政事情のディスクロージャー」と呼ばれる記者会見を行い、いわゆる「財政危機宣言」を発することになった。すなわち、「バブル経済の崩壊過程において、税収が対前年度と四年連続下回る事態となってい」ること、「一方、経済情勢に対しては、累次の経済対策、補正予算、先行減税などにより財政として可能な限りの対応をしてきたこと、これに特別減税が継続されれば、「これまで予算編成過程で財源対策として講じてきたさまざまな工夫も限界に突き当たりつつあ」り、特例公債の発行がやむをえないと表明される。そして「中・長期的観点から行財政が果たすべき役割や守備範囲を見直していくこと」が不可避の課題であり、「公債依存度の引き下げに向けたたゆまぬ努力が重要」[25]と発言した。

九六年二月には、財政制度審議会に財政構造改革特別部会が設置され、財政再建について強制力のある法的枠組みの検討が開始された。こうした動きはEC諸国が一九九一年マーストリヒト条約で財政赤字をGDP比三%以内に抑えた国で共通通貨圏を形成することを決定し、また、アメリカが九三年に包括財政調整法を制定して財政赤字削減に効果を発揮していることなどの世界的動向、国際機関からの財政赤字削減の勧告などに促されたものであった。

一九九七年一一月橋本内閣の下で財政構造改革法が成立した。その主な内容は、第一に、二〇〇三年度までに国と地方の財政赤字をＧＤＰの三％以内にする、第二に、赤字国債発行を毎年縮減させ、二〇〇三年度までにゼロにし、合わせて公債依存度を引き下げる、第三に、財政赤字のＧＤＰ比の見込みと実績を毎年度公表するとともに、九八年度予算から主要経費ごとに削減目標額を設定して削減に取り組む、第四に、一九九八～二〇〇〇年度までの三年間を「集中改革期間」とするというものであった。

しかし、半年後の九八年五月には改定が行われ、第一に、赤字国債を毎年縮減するという規定を改め、弾力条項を盛り込む、第二に、赤字国債ゼロの財政健全化目標年次を二〇〇三年から〇五年に引き延ばす、第三に、一九九九年度に限り社会保障費の上限枠を停止するとされた。さらに、法律成立から一年後の九八年一二月には、施行の凍結が法律で決定され、事実上の廃止となった。

この間の事情を予算編成過程に即してみると次のようになる。まず、財政構造改革法が検討中という状況で編成された平成九年度予算は、九六年七月、財政制度審議会会長の談話において「平成九年度予算を、財政構造改革元年とすることを目指すとの認識に立って、財政構造改革に向けて、経常的経費、投資的経費を問わず、あらゆる経費について聖域なく抑制を図る基準の設定がぜひとも必要である」とした。概算要求基準では、経常的経費のマイナスに対して、前年度同額と優遇されたが、従来の重点化枠は外枠としては消滅させられ、内枠とされた。年度内の追加的公債発行も比較的小幅に抑えられ、特例公債、建設国債とも前年度を下回ることになった。

予算編成過程で財政構造改革法が成立したのが、平成一〇年度予算である。それに先立つ一九九七年三月には、財政構造改革法の内容を先取りする「財政構造改革五原則」が提示された。そこでは、歳出の改革と縮減は、「一切の聖域なし」とし、公共事業についても、「あらゆる長期計画（公共投資基本計画等）について、その大幅な削減を行う。歳出を伴う新たな長期計画は作成しない」と表明された。また、六月三日の閣議決定「財政構造改革の推進について」においては政府の「公共投資基本計画」についても、計画期間を三年間延長して、投資規模の実質的縮減を図り、同時に、公共事業関係の長期計画についても計画期間の延長措置を講ずるものとされた。概算要求基準としては、従来の経常的経費と投資的経費を区別する方式が廃棄され、公共投資予算はマイナス七％以下とされ、ODAのマイナス一〇％以下と並ぶ削減対象費目となった。その結果、平成一〇年度当初予算における公共事業関係費（NTT事業を含む）は、総額約九兆七九七億円となり、対前年度当初予算比で七・八％の減少となった。

しかし、平成一〇年度の会計年度開始の直後四月二四日に「総合経済対策」（総額一六兆六五〇〇億円、うち社会資本整備等七兆七〇〇〇億円）、さらに一一月には「緊急経済対策」（総額二三兆九〇〇〇億円、社会資本整備等八兆一〇〇〇億円）が次々と打ち出された。その結果、当初予算の建設国債発行額は八兆四二七〇億円で対前年度当初予算比で見て、約九％下回っていたものが、補正後には一七兆五〇〇億円へと膨らみ、対前年度実績比で、約一・七倍へと著増することになった。財政構造改革法の趣旨を体現していた当初予算は、補正を重ねた結果、影も形もないものに変質していったのである。

平成一一年度の予算編成では、一九九八年八月に閣議了解された概算要求基準では、「財政構造改革法を凍結するということを前提に、財政構造改革の推進という基本的考え方は守りつつ、まずは当面の景気回復に向け全力を尽くすことが肝要である」[26]との立場がとられた。公共事業に関しては、「従来の発想にとらわれることなく、二一世紀を見据えた分野に重点化するなど、その見直しを行いつつ、一一年度が一〇年度を実質的に上回るよう、即ち、支出ベースの執行額が上回るよう、一〇年度当初予算費三〇％増に相当する二〇七兆円」を「景気対策臨時緊急特別枠」四兆円の中に盛り込むこととされた。また、公共事業全体では、前年度同額の原則の中で、①「物流効率化による経済構造改革特別枠」（一五〇〇億円）、②「環境・高齢者等福祉・中心市街地活性化等二一世紀の経済発展基盤整備特別枠」(一〇〇〇億円)、③生活関連等公共事業重点化枠」(二五〇〇億円)の総額五〇〇〇億円の配分重点化枠が設定された。

かくて、財政構造改革法の精神をまがりなりにも反映した財政の姿は、決算ベースにおいてはわずかに平成九年度にみられるのみとなった。その結果、平成四年度以降の公共事業の増大とその維持という傾向が、九〇年代後半にあっても基本的に継続することになったのである。

もっとも、平成一一年度には、それまでの国際競争力抑制型の社会資本を中心にする考え方の転換が明白となってきた点は、内容の是非はともかくとして一つの変化として注目できる。これは、日米構造協議が産み落とした公共投資基本計画のしばりが緩み、ようやく公共投資の量と質を自主的に決定する余地が広まってきたことを反映している。平成一一年度以降に本格化する公共事業見直しの動きは、二〇年間以上、公共事業費を全額、国債に依存してきた状態の行き詰まりと、公共投資基本計画からの離脱という歴史的条件の下で展開されることになったのである。

以上、石油危機以降の公共事業に関する政策決定のあり方をたどってきたが、その問題性についての総括は本稿の最後にあらためて行いたい。

三　公共投資偏重型への地方財政誘導システム

(1)　人件費抑制と地方行革の展開

中央政府レベルにおいて、公共投資の高水準を維持する政策決定が積み重ねられてきたことは、右に見たとおりだが、その決定を具体化するには、地方財政を動員していかねばならない。一九七〇年代前半の段階においても、中央―地方を通じて、公共事業の四分の三前後を地方が担当する構成が定着していたからである。また、地方自治の建前の下で、政策的経費としての公共事業費を増大させていくためには、その方向へと導く誘導システムが必要となる。

地方財政誘導システムの制度的基盤をなすのが支出の性質別分類である。毎年、全自治体は、決算状況報告で支出の性質別分類表を作成し、全国的な統計が整備される。各項目は、周知のとおり、人件費、扶助費、公債費が義務的経費に、普通建設事業費、災害復旧事業費、失業対策事業費が投資的経費にグルーピングされ、全体を義務的経費、投資的経費、その他経費に三分類する方法が一般的に使用される。財政学上は、一貫性がない分類だが[27]、法律面の「義務」と素材面の「投資」が強調されるかたちとなっている。

こうした分類が、誘導システムの制度的基盤をなすという意味は、政策目標が、義務的経費の削減と投資的経費の増大というように端的に設定され、それが地方の行政運営を強く規定していることである。また、公債費は、地方の場合、原則として赤字地方債が認められていないため、そのほとんどが、投資的経費の財源調達の結果として生じ、増大してくる。ところが、それが義務的経費に組み入れられて、投資的経費と対立的に扱われる。そのため、投資的経費の増大が公債費の増大をもたらしているという因果連関であるにもかかわらず、一方で投資的経費の高水準を維持するという政策をとり続けて、他方で義務的経費を減らそうとすれば、人件費と扶助費を削減しなければならないという事態に陥っていくのである。

さて、次に石油危機以降、公共投資の偏重とメダルの表裏をなす地方財政の人件費がどのように抑制されてきたのかを検討しておこう。図3-6は地方財政支出に占める人件費の比率について、高度成長期以降、一九九〇年代までの推移を示したものである。まず注目されるのは、一九六〇年代から七〇年代前半の高度成長期には、人件費比率が顕著に減少し、決算でいうと当初、三五%前後の水準が一九七二年には三〇%を切るところまで減少したことである。たしかに当該期には、地域開発政策をテコとして投資的経費を増大させる条件が、人件費抑

図 3-6　地方財政支出の人件費比率の推移

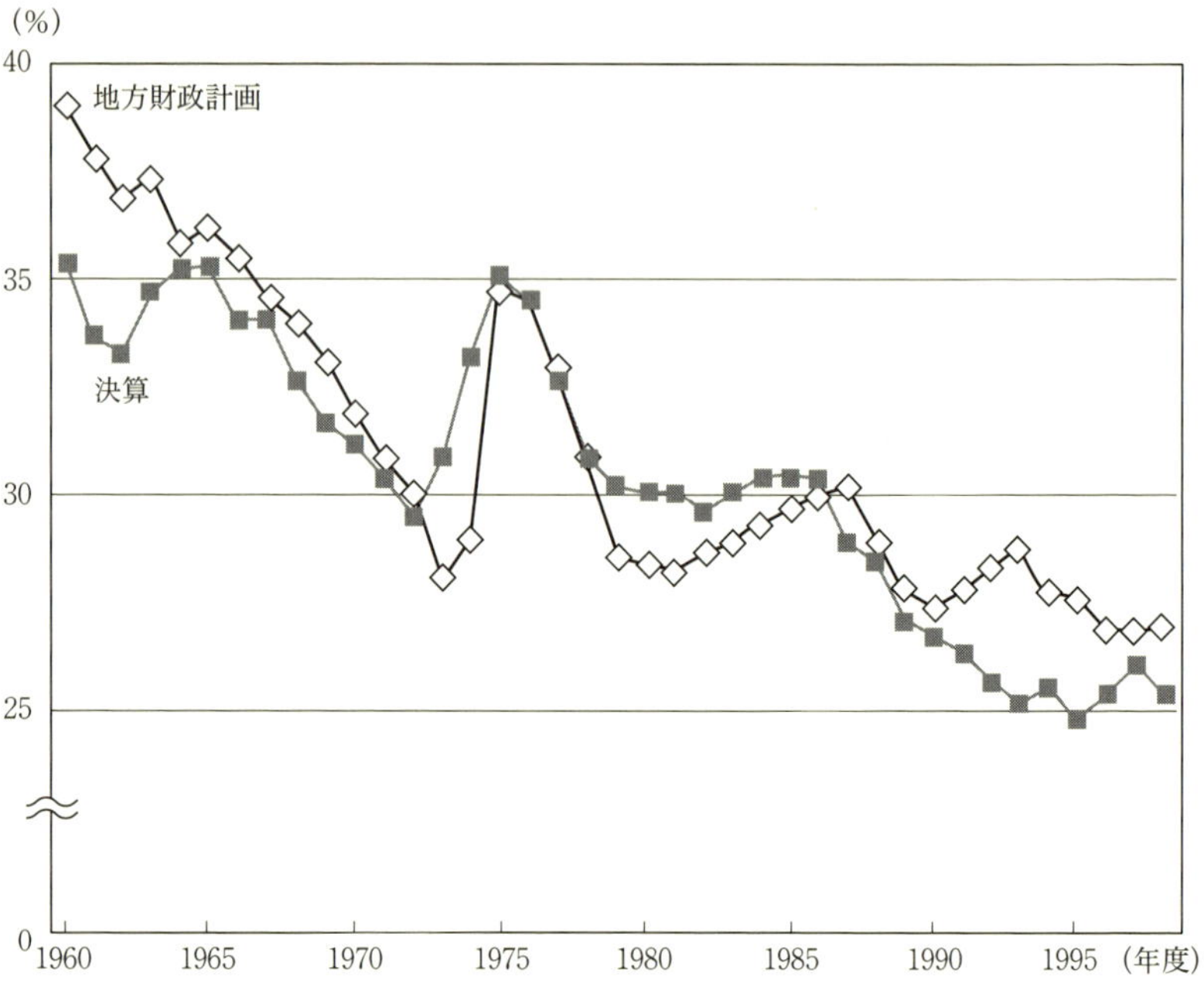

出所：『地方財政要覧』各年版より作成.

制のかたちで実現されていったことが確認できる。

ところが、石油危機、狂乱物価を契機に、人件費比率は、七五年に一気に三五％の水準まで反騰する。この要因は、狂乱物価による実質賃金の引き下げに対して、官民の労働攻勢が高まり、官公庁も大幅な賃上げで対応した結果であった。一九七五年以降、大量国債発行時代の幕開けとともに、公共事業費は、目的別に見れば、福祉施策など他の政策目的と競合のなかで、高水準を確保することが必要であったが、他方、性質別にみれば、特に地方財政の場合、著増した人件費を抑制、縮減することが、政府当局にとって喫緊の課題となったのである。

実際、第一六次地方制度調査会は、一九七五年七月、「地方財政の硬直化を是正するために取るべき方策を中心とした地方行財政のあり方に関する答申」を行い、「当面緊急の課題」を提起した(28)。そこでは、「高度成長から安定成長への移行に伴い財政収入の伸びが鈍化する下で収支の均衡を保持することができない地方公共団体が多くなってきている」事態を指摘し、その原因として、「高度成長期による大幅な自然増収に支えられて、各種公共施設の整備及び社会福祉施策の充実が図られてきた反面、人件費、扶助費等の義務的経費をはじめとして財政規模が拡大し、次第に財政の体質が悪化していった」ことを挙げている。そして、「一般に、人件費、扶助費、公債費のような本来硬直度の高い義務的経費が増大することは財政がその弾力性を失い、各種の行政需要に対処することが困難となることを意味する。従って、できる限り財政の弾力性を維持するため、義務的経費の増大の抑制に努めるべきである」と総括的に述べている。

これを受けた各論では、人件費に最も多くのスペースが割かれており、「特に人件費は、一旦支出されると次年度以降支出が義務付けられるばかりでなく、後年度における支出が自動的に増大していく性格を有する経費であり、従ってその増加は、地方財政の弾力性の低下、硬直化の進行の重大な要因となる」と警告されている。ここに、義務的経費とりわけ人件費「悪玉論」の典型的な姿をみることができる。なお、いわゆる「上乗せ、横出し」と言われる「地方独自の社会福祉関係経費」については、「一度選択して実行に移した施策は長期にわたって継続し、その水準を引き下げることが困難な性格を持つ」として、強い調子による批判の対象とされた。これに対して、高度成長以来、比重を増加させてきた投資的経費には一切言及されていない。投資的経費は、財政硬直化要因の対極にある「善玉」として位置づけられているのであった。

人件費抑制の手段としては、第一に、地方公共団体自身による定員管理や増員抑制の徹底化や事務事業の整理、民間委託の促進など、第二に、国家公務員より上回る地方公務員給与水準の引き下げなどが提起された。こうした視点に立って国から地方、都道府県から市町村への強力な指導、監督が展開された。誘導システムとして、第一に、地方財政計画において人件費比率を低く見積もって、投資的経費の財源保障を確保して後者に予算を誘導する方法がとられた。第二に、地方交付税算定に当たって、国家公務員の給与水準が算定基礎に置かれ地方独自の人件費増の影響を遮断するシステムが継続した。これは地方財政計画の水準にも反映される。第三は、地方債許可の条件として人件費の高水準の「適切化」が持ち出されるようになったことである。こうした手段が複合的に活用された結果、図3-6にあるように、一九七五年以降人件費比率は再び急激に減少し、七〇年代末から八〇年代前半に三〇％前後の水準にとどまることになった。七〇年代半以降は、地方財政計画の数値が決算を下回っており、地方財政計画が人件費の水準を引き下げる作用を果たしていたことを反映している。

一九八〇年代初頭に臨調による財政組織の再編構想が登場すると、地方財政分野への具体化が地方行革というかたちで推進されることになった。一九八四年七月臨時行政改革推進審議会の地方行革推進小委員会報告(29)では「地方公共団体は公務員数において国の約三倍と、我が国行政の大きな部分を占めており、地方行革が大きく進展して初めて国全体の行政改革の成果があがる」と述べ、「地方行政の減量化、効率化の緊要性」という視点から、定員の合理化・適正化、給与等の適正化、民間委託の推進等の合理化・効率化などが提起された。

地方行革の基本的な視点と方向は、第一六次地方制度調査会がすでに指摘していたものと共通していた。しかし、一九八〇年代の地方行革は、中央レベルでの臨調行革の強力な推進とそうした路線の国民へのある程度の浸透を背景として、地方公共団体が、「自ら住民参加の下に地方行革推進のための体制を整備し、……世論を形成し」ていくことが強調され、具体的方策も細部にわたって提起されているところに特徴がある。とはいえ実際は、自治省が「地方行革大綱」の雛形を示し、その策定をすべての地方自治体に半ば強制するというように、上からの改革運動としての性格を色濃く帯びていた。

こうした官製運動の成果は、図3-6にあるように、一九八五年以降の人件費比率の減少傾向に表れている。もっとも、この時期には、投資的経費が急増しているのであるから、その反映という側面もある。しかし、この時期以降、地方財政計画の人件費比率を決算のそれが下回るようになっている点をみれば、地方行革の進展が反映されていることは否定できない。こうして、一九七五年時点で、およそ三五％の水準だった人件費比率は、一九九〇年代半ばには二五％にまで低下した。しかるに、九〇年代半ば以降、そこからさらに「自治体リストラ」が提起される。一九九四年六月、自治省のプロジェクトチームは「地方行政のリストラ素案」を作成し、「来るべき地方分権の時代にふさわしい行政システムを確立する」として、「行政リストラ計画」の策定と推進、地方独自の許認可等を規制緩和の視点から見直すこと、外郭団体等の統廃合などとともに、「適正な定員管理の推進」を掲げた(30)。その後の長引く不況のなかで、地方財政危機が忍び寄ってくると、「自治体破産」や「自治体破綻」が喧伝されるようになる。経常収支比率の悪化傾向は明白であるため、経常支出の大宗をなす人件費「悪玉論」が勢いを増し、自治体リストラは人員削減遂行政策としての性格をいっそう強めながら今日に至っている。

さて、次に人件費抑制と対照される投資的経費偏重の積極的手段の問題に検討を移そう。地方財政のあり方をめぐって、歴代の臨調、行革審や各種審議会において、財政硬直化や行政改革が論じられる際に、公共事業の問題がまったくと言ってよいほど取り上げられておらず、そのこと自体が公共事業偏重型システムを形成する土台となったのである。しかし、それだけでなく、さまざまな誘導手段が動員され、地方財政を不可欠の構成要素とする公共投資偏重型財政システムの形成を促していった。まず、指摘されるべきなのは、地方財政計画の策定とそれとも関連した地方交付税算定の両者における投資的経費優遇の運営である。これは、先の人件費抑制という政策手段と対をなすものである。

地方交付税については、さしあたり次の二つの機能を指摘しておく。第一は、高度成長期に地域開発政策推進の手段として開発された事業費補正が、石油危機以降も引き続き重要な役割を果したことである。表3-2は、都道府県と市町村の基準財政需要額に占める事業費補正および人口急増補正中の投資割増の比率を示したものである。これによると、高度成長期に五・八％という水準から七五年以降減少するものの一定の割合を維持し、一九八〇年代半ば以降、再び急増している。再膨張の要因は、後に触れるように交付税措置の創設によるものと考えられる。

表 3-2　事業費補正後の推移

（単位：億円，（　）内%）

	1965	1970	1975	1980	1985	1990	1995	2000
都道府県								
基準財政需要額Ⓐ	11,030	24,271	58,694	98,034	127,166	182,223	193,811	223,057
人口急増・投資割増①	47.9	4.1	22.2	36.7	43.3	17.0	21.6	11.9
事業費補正②	—	1,093.1	1,567.1	792.5	3,740.8	5,835.3	6,123.0	9,244.6
小計（①＋②）Ⓒ	47.9	1,097.2	1,589.3	829.2	3,783.3	5,852.3	6,144.6	9,256.5
Ⓒ/Ⓐ（%）	(0.4)	(4.5)	(2.7)	(0.8)	(3.0)	(3.2)	(3.2)	(4.1)
市町村								
基準財政需要額Ⓑ	2,593	19,419	51,651	93,496	127,886	180,564	222,656	250,562
人口急増・投資割増③	53.0	209.0	665.0	999.9	644.0	377.1	335.9	233.9
事業費補正④	—	1,212.5	2,152.7	4,465.4	5,915.6	8,292.6	14,432.9	18,161.5
小計（③＋④）Ⓓ	—	1,421.5	2,817.7	5,465.3	6,559.6	8,669.7	14,768.8	18,385.4
Ⓓ/Ⓑ	(0.7)	(7.3)	(5.5)	(5.8)	(5.1)	(4.8)	(6.6)	(7.3)
Ⓒ＋Ⓓ	100.9	2,518.7	4,407.0	6,294.5	10,342.9	14,552.0	20,913.4	27,651.9
Ⓐ＋Ⓑ	18,623	43,690	110,345	191,530	255,052	362,787	416,467	473,619
Ⓒ＋Ⓓ/Ⓐ＋Ⓑ	(0.5)	(5.8)	(4.0)	(3.3)	(4.1)	(4.0)	(5.0)	(5.8)

出所：『地方財政要覧』各年版より作成.

第二は、地方交付税の基準財政需要額が「投資経費」と「経常経費」に分けて策定される方式に関わっている。国の一般会計の概算要求基準では、一九八四年以降「経常部門」と「投資部門」に区分されるが、この場合、「経常部門」には人件費は含まれず、「例外事項」として取り扱われる。ところが、地方交付税の基準財政需要額の算定については、「経常経費」に人件費が含まれる。したがって、ここでの「経常経費」の抑制は人件費を抑制する圧力となり、「投資経費」の増大は公共投資を増大させる圧力となっていく。両者の相対的関係を規定するのは単位費用である。長期にわたる比較は制度変更などの影響があるため容易ではないが、一九七〇～二〇〇〇年を通して連続している系列のうち、いくつかを道府県の単位費用について例示すると表3-3のようになる。七〇年から七五年にかけては、人件費の急騰を反映して、経常経費の方が伸び率が高くなっているが、七五年以降は、経常経費に分類される項目は相対的に伸びが鈍化し、他方投資経費は急伸していることが読み取れる(31)。

表 3-3　道府県単位費用の推移（指数）

行政項目		経常・投資別	測定単位	1970	1975	1980	1985	1990	1995	2000
警察費		経常	警察職員数	43.2	100.0	148.8	177.6	216.3	265.4	282.7
土木費	道路橋梁費	経常	道路の面積	47.2	100.0	147.2	163.8	170.1	187.4	195.3
		投資	道路の延長	56.0	100.0	191.9	217.3	327.9	383.6	347.4
	河川費	経常	河川の延長	46.5	100.0	168.0	210.3	263.6	335.9	366.9
		投資	〃	53.8	100.0	152.7	310.4	541.2	317.3	304.6
教育費	高等学校費	経常	教職員数	37.5	100.0	136.8	157.6	185.5	214.0	234.9

注：1975 年を 100 とした場合の指数.
出所：『地方財政』各号,『国の予算』各年度版より作成.

(2) 誘導システムの変容

財源保障を通じた誘導手段としては、補助金による奨励と地方債許可制度の活用がある。この点については、一九七五年以降の時期と一九八五年以降の時期において、政策手段のあり方が大きく変容したことが重要な論点である。その相違をみるために作成したのが、表3‐4である。そこでは、連続的に建設事業費が増大した一九七三〜八一年（I期）、一九八五〜九三年（II期）をとって、都道府県・市町村別、補助事業・単独事業別、および財源別に増加寄与率を算出してある。これによると、I期には、都道府県と市町村がほぼ同程度に増加分を担当し、都道府県では、三倍弱、市町村では一・五倍弱というように、補助事業が単独事業を上回っている。こうした補助事業の比率の高さを反映して、財源面では国庫支出金の比率が最も高く、地方債の増加寄与率は、各項目とも七〜八％の水準にとどまっている。

一方、II期には都道府県と市町村が増加分をほぼ折半する構成は変わっていないが、補助事業と単独事業の関係が逆転し、特に市町村では、後者が前者の約七倍に達した。その結果、財源面では国庫支出金の比率が全体でI期に三〇％を超えていた水準が約一〇％と激減し、地方債とりわけ単独事業におけるそれが著増することになった。なお、I期に二〇％強であった「税等」は、単独事業における増加を反映して約二八％まで上昇している。

要するに、公共投資偏重型を支える政策手段は、I期における国の補助金供給中心の誘導方式から、II期においては単独事業を主体とし、地方債とそれを補完

表 3-4　普通建設事業費の増加額・増加寄与率（団体別，補助・単独別，財源別）

（単位 100 万円，（　）内 %）

	1973 → 81 年				1985 → 93 年			
	県		市町村		県		市町村	
	補助事業	単独事業	補助事業	単独事業	補助事業	単独事業	補助事業	単独事業
国庫支出金	1,926,277 (20.8)		1,179,747 (12.7)		1,368,793 (8.9)		398,333 (2.6)	
都道府県支出金			473,474 (5.1)	73,841 (0.8)			152,367 (1.0)	163,432 (1.1)
分担金等	139,873 (1.5)	21,510 (0.2)	34,006 (0.4)	29,520 (0.3)	64,890 (0.4)	189,201 (1.2)	−20,982 (−1.1)	41,031 (0.3)
地方債	670,751 (7.2)	673,158 (7.3)	818,909 (8.8)	706,013 (7.6)	924,618 (6.0)	3,008,208 (19.6)	240,463 (1.6)	3,088,837 (20.1)
その他の特定財源	27,824 (0.3)	71,904 (0.8)	39,952 (0.4)	192,162 (2.1)	114,720 (0.7)	406,819 (2.7)	59,913 (0.4)	826,794 (5.4)
税　等	311,934 (3.4)	451,353 (4.9)	300,014 (3.2)	1,124,574 (12.1)	286,740 (1.9)	1,365,040 (8.9)	118,123 (0.8)	2,544,298 (16.6)
計	3,076,659 (33.2)	1,217,925 (13.1)	2,846,102 (30.7)	2,126,110 (22.9)	2,759,761 (18.0)	4,969,263 (32.4)	948,217 (6.2)	6,664,392 (43.4)
総　計	9,266,796(100.0)				15,341,633(100.0)			

注：(　)内は総計を 100 とした場合の増加寄与率.
出所：『地方財政統計年報』各年度版より作成.

する一般財源でファイナンスする事業実施に誘導する方式へと変容したことを示しているのである。鶴田廣巳は一九八八年時点で存在する補助制度の設立年次を項目別に検討しているが(32)、それによると、公共事業の場合、一九五五～六四年が三三・一%、六五～七四年一六・〇%、七五～八三年三・二%、八四～八八年三一・三%となっている。この数値から、I期における補助金の活用は、もっぱら高度成長期に創設されてきた制度の量的拡充でもたらされたことが判明する。なお、この間、建設事業費への補助は「精算方式」がとられたのに対し、生活関連行政では「基準方式」がとられて超過負担の問題を引き起こしていたことも、公共投資偏重型財政システムの一つとして指摘しておく必要があろう。

I期の誘導システムの転換は、一九八五年から本格化する国庫補助負担率の引き下げが契機となった。すでに八〇年代初頭には臨時行政調査会が行政改革の一環として補助率引き下げを提言しており、それらを踏まえた政府の基本的な考え方は、一九八五年一二月の総理府に置かれた「補助金問題検討会」の「報告」[33]に示されている。すなわち、そこでは、補助金が「地方行政の自主性を損なったり、財政資金の効率的使用を阻害する要因となる」などの問題点が指摘されて、「住民に身近な行政はできる限り住民に身近な団体において処理されるよう、事務の性格に即し見直しを進める」という臨調第五次答申の視点に立って、補助率の引き下げを図ることの必要性が述べられている。

むろん、戦略的な政策目標は国の財政再建を図ることである。同報告でも「国の財政は多額の特例公債の発行を余儀なくされるなど現在危機的な状況にあり……地方公共団体に協力を要請することもやむを得ない」と述べられている。こうした判断の背景には、地方財政余裕論があった。大蔵省所管の財政制度審議会は、八四年一月の「中間報告」で、次のように述べている[34]。すなわち、「地方財政計画と国の一般会計予算とを比較すると、財政規模はほぼ同じであるのに公債発行額及び公債依存度は国が地方の約三倍近く、公債費及び公債費比率では国が約二倍近くになっており、また、地方はいわゆる赤字公債を発行していない、ストックの面でみても、国は地方の約三倍の公債残高を持ち、しかも地方債残高以上の特例公債を有している。このような状況をみると、国の財政に比べ、地方財政は深刻さの程度が相対的に軽い」としている。したがって、国庫補助率の引き下げ、交付税特別会計の借入金による増額の停止、これらの結果必要となる地方財源は、建設地方債の発行によって、相対的に余裕のある地方財政が自ら負担すべきであるというのが具体的な政策方向となる。

実際、補助負担率は一九八五年から引き下げられ、福祉関係については、一部は復元されたものの、八九年にほとんど恒久化され、建設事業費関係は九三年度に恒久化された。その際公共事業に関しては、次のような判断が働いていた。先の補助金問題検討会報告は、「現下の厳しい財政事情の下で、社会資本の計画的整備の推進や内需拡大の要請に的確に応えていくため、公共事業費の確保の見地から公共事業の財源対策の一環として、暫定的に補助率の見直しを行うこともやむをえない」と述べている。つまり、公共事業関係補助金の縮小が事業総量の縮小に直結しないよう補助率を引き下げて事業総量の確保を図ろうとする政策意図があったのである。補助負担率引き下げによる影響額については、投資的経費の場合、ほとんどが臨時財政特例債の発行で手当てされ、そのうちおよそ九割については、元利償還費の五〇％ないし九〇％を国負担とするなど、優遇されていた。

一九八五年以降の補助事業費の動きをみると、たしかに一九八八年には単独事業に追い抜かれ、その後差は広がっていくが、補助事業の金額自体は一九八五年以降、八五年の水準を上回っている。要するに、一九八五年以降、主要な誘導手段は、補助金から転換したものの、単独事業が補助事業に入れ替わったわけではなく、財政制約下にあっても既存の補助事業の水準が補助負担率の引き下げとそれに伴う財源措置によって維持されつつ、それに単独事業の増大が重なるかたちで、その後の公共投資の高水準がもたらされたのである。

さて、一九八五年以降の新しい誘導手段とは、すでに多くの論者が指摘しているように[35]、地方債許可制度およびそれとセットになった地方交付税の活用である。すなわち、単独事業について起債充当率の引き上げを図り、さらに、それだけでなくその際の地方債元利償還額の相当部分を地方交付税の基準財政需要額に組み込むという「交付税措置」の活用である。この交付税措置が本格的に導入されたのは、地域総合整備事業債のうち、一九八四年に創設された「まちづくり特別対策事業」にかかる地方債からである。以後、八六年「防災まちづくり事業」、「リーディング・プロジェクト」、八八年「ふるさとづくり特別対策事業」、九二年「地方特定道路整備事業」、九三年「ふるさと農林道緊急整備事業」などが次々と創設されていった。

当該の制度に携わった自治省官僚の回顧[36]を参考にして創設の事情を整理すると次のようになる。当時、財政危機が深刻化する国の財政と相対的に余裕のある地方財政という構図のなかで、さらに福祉需要の増大が進行していけば、①地方税の国税への吸い上げ、②地方交付税率の引き下げ、③補助負担率の引き下げを契機とする単独事業の増大によって「国の財政需要を地方に無償でシフトする」ことしかない。自治省側としては①②はどうしても阻止しなければならず、結局③を選択することが現実的であり、かつ自治省の所管領域の増大を図ることができる。さらに交付税措置の創設は、自治省所管の補助金創設と同じ効果があるというわけである。

その結果、いわゆる地方交付税の補助金化傾向が進むことになる。それまで地方振興策に関する独自の補助金制度に乏しかった自治省が、他省庁と競合する手段を獲得していったのであって、その限りで当然他省庁の反発を伴ったに違いない。にもかかわらず、政府部内で受け入れられたのは、単独事業による公共事業が、国の経済政策の中で不可欠の構成要素となり、その消化が強く求められていたからである。一九八〇年代に打ち出された大型の経済対策において、地方単独事業はすでに脇役ではなく、主役とも言ってよい地位にせり上がっていた。一九八二年一〇月の「総合経済対策」では公共投資二兆七〇〇〇億円のうち地方単独事業は五〇〇〇億円で一般公共事業の四〇〇〇億円を上回っていたし、八三年一〇月の「総合経済対策」では、地方単独事業と一般公共事業が四五〇〇億円で並んでいた。さらに、一九八五年一〇月の「内需拡大に関する対策」では、「公共事業の拡大」一兆八二〇〇億円のうち地方単独事業が実に八〇〇〇億円を占めた。ところが、八四年度の地方財政計画策定時に八二年度の地方単独事業費の決算が地方財政計画の計上額を大きく下回ると、公共事業費として財源の手当をしたものが人件費に横流しされているのではないかなどと国会や政府部内で大きな問題となり、単独事業を確実に消化する方策が求められた。この経緯に象徴されるように、単独事業の総量確保を求める点で、政府部内の意思が自治省に限らず存在したと考えられる。

一九八〇年代後半のバブル景気のもとでは、大都市を中心にした単独事業が好調な税収の伸長と起債充当率の拡大を条件として著増し、地方圏では、他省庁の補助事業による補助率よりも有利な交付税措置による地域総合整備事業や過疎対策事業などの公共事業実施に誘導されていった。バブル崩壊後も、立て続けに打ち出される景気対策の主役は地方単独事業であった。日米構造協議が生み出した公共投資基本計画は生活関連社会資本を軸とし、その比率を高めることが対米公約とされたが、下水道、都市公園、廃棄物処理などの事業整備の主体はもともと地方であったため、地方単独事業による消化が引き続き強く期待されることになった。

もっとも、九二年以降の国債発行額の著増を契機として、再び国庫支出金の増大傾向がみられる。あらゆる手段を動員して地方財政支出を公共事業に誘導しようとする公共投資偏重型財政システムの一九九〇年代における到達点が、ここに見出せるのである。

小括

現代日本財政における公共投資偏重型財政システムは、高度成長期に原型が形成されるものの、その今日的特質は石油危機以降の新たな歴史的条件のもとで形成されたことが明らかになったと思われる。その過程は、さらに一九八五年をはさんで二つの時期に分かれる。本稿でI期とした時期を含む一九七五〜八五年には戦後初めての国債大量発行の持続と、国庫補助金の増大による地方財政の動員を特徴とし、II期とした時期を含む八五年以降は円高に促進された日本経済の構造変化の下で対外経済政策の比重が増し、また、国債発行に加えて地方債大量発行を誘導しながらバブル景気とバブル崩壊後の平成不況を通じて公共投資水準を拡大していった時期である。

この二つの時期を通して財政運営の政策選択にはらむ問題性を整理すれば次のようである。第一は、応急的な景気対策としての公債収入による公共事業が、内圧、外圧の両面から促迫されて、財政能力を上回る水準で恒常化していったことである。この時期は、世界経済が、固定相場制から変動相場制へと移行し、高度成長期に準備された日本経済の国際競争力によって、過小評価されていた円相場が長期にわたって上昇していく歴史的過程にあった。そのため、政府当局は、国内的には円切上げ・円高によるデフレ・ショックを警戒し、対外的には貿易摩擦の緩和手段として、一貫して内需拡大のための公共事業実施を対外公約とせざるをえない立場となった。そその水準は、他方で一貫して掲げられた財政再建と背反する方向へと日本財政を導くものであった。財政危機の最大の要因は、対外的自主性を欠如させ、公債収入に一〇〇％依存した公共投資の高水準維持であったと言える。むろん、国内にも社会資本の充実を求める政治的、経済的、社会的な要求は広範に存在していた。そうした内圧に対して、財政的能力面や素材面での慎重な検討を行わず、ひたすら事業量の確保を優先するという風潮を助長したという点でも、外圧への自主的判断の欠如は批判を免れないだろう。

第二は、建設国債が公共事業関係費の全額をファイナンスする慣行が定着してしまったことの問題性である。高度成長期には、収益性のあるインフラ整備の多くは、財投によるファイナンスの対象となってきたこともあり、建設国債と言えども全額を公債に依存することには、そもそも無理がある。社会資本は次世代にも負担を求めるのが公平と言っても、全額を公債に依存し続ければ、いずれ公債費が増大し、それが公共事業関係費以外の経費を圧迫し、公共事業関係費以外の経費のみが削減のターゲットとなるという悪循環に陥る。現在の状況は、まさにそのようなものである(37)。

第三は、地方行財政運営に投資的経費が「善玉」、人件費が「悪玉」という価値観が持ち込まれ、人件費をターゲットとした行革やリストラが推進されながら、他方で中央にしても地方にしても自らの財政能力を超える公共事業実施が誘導され続けたことである。この投資的経費が「善玉」、人件費が「悪玉」というドグマから国と地方自治体は一刻も早く解放されなければならない。その上で地方財政は、今後緩やかに投資的経費の比重を下げ、対人福祉サービス中心の支出構造へとソフト・ランディングしていくこととなろう。インフラ整備は、各自治体が自らの財政力をよく勘案して、節度ある地方債発行のあり方に習熟しながら公共事業の分権化を進めていくことが必要である。

最後に、租税制度のあり方についても触れておこう。本稿が対象とした時期にあっては、高度成長から低成長への移行過程で生じた構造的な収支ギャップに対して、ついに抜本的な税制改革を実施できなかった。福祉、教育、環境などの財政需要増大に十分対応しえないまま推移するなかで、グローバル化の進展と不況の長期化に見舞われて、租税引き下げ競争に巻き込まれ、また、場当たり的な減税を繰り返して租税基盤を脆弱化させていった。公共事業水準の抜本的な見直しを前提に、なお必要とされる財政需要に対応した安定的財源確保の税制改革が国民的議論の対象とされるべきである。

また、地方税の問題点は、その税収の不安定性である。地方自治体側において、投資的経費「善玉論」、人件費「悪玉論」を受容する素地となっているのは、地方税収が増大した場合、人件費や経常経費を増大させると、その後、著しい税収減に遭遇した場合、赤字地方債の発行ができないため対応不能となることが警戒され、このリスクを回避するために好景気の税収増がこぞって投資的経費に回される傾向があるのである。この悪循環を断ち切り、対人福祉サービス等の公共サービスを着実に拡充させていくためには、財政自主権を強化するかたちで地方税収の安定化を図っていかねばならない。具体的には、事業税収の一部を外形標準化することによって不況期にも一定の企業課税による税収が確保されるようにすること、好況期の増収を積み立てる厳しいルールを自ら設定することなどの制度改革が求められる。

現在、公共投資偏重型財政システムは、そこに内在する無理が積み重なった結果、ほとんど維持不可能な状況にまで立ち至っており、その強靭性よりも脆弱性の側面が前面に出ている。実際、一九九八年頃から、本格的な見直しが始まっているが、歴史の教訓に学ばないと、さらに酷いことになる可能性もある。公共投資基本計画のように対外的自主性を欠き、かつ財政能力を無視したトップの誤った判断は、日本の官公庁が末端まで良く組織されているだけに、全地方自治体を巻き込んでの財政破綻へと導きかねない。地方の自治事務にかかるインフラ整備は地方が責任を持って行う分権型公共事業も重要である。しかし、だからと言って国が思考停止に陥ってはならないだろう。国は、マクロ的視点からどの程度の国債・地方債発行が可能か、また適切かをしっかりと見定め、財政運営の指針を示していかねばならないし、現に累積した国債の縮減計画を示していかねばならない。国民はあくまでもそのような理性的判断をするよう、中央政府レベルでの政策決定を求めていかねばならない。

注

(1) 島恭彦・林栄夫編『財政学講座』第三巻、日本財政の構造、有斐閣、一九六四年。
(2)『国の予算』昭和五〇年度版、二五頁。なお、予算に関しては便宜上和暦を使用している。
(3)『国の予算』昭和五〇年度版、二九五頁。
(4)『国の予算』昭和五一年度版、一〇五一頁。
(5)『国の予算』昭和五一年度版、三八~三九頁。
(6)『国の予算』昭和五一年度版、三五二頁。
(7)『国の予算』昭和五二年度版、四一頁。
(8)『国の予算』昭和五二年度版、四三頁。
(9)『国の予算』昭和五二年度版、四八頁。
(10) 臨時行政調査会『行政改革に関する第五次答申―最終答申―』(一九八三年三月一四日)。
(11) 一九八四年一月一八日(『ニューポリシー』一九八四年二月号所収)。
(12)『国の予算』昭和六二年度版、一二〇一頁。
(13)『国の予算』昭和六三年度版、一三頁。
(14)『国の予算』昭和六二年度版、一一九九頁。
(15) さしあたり、門野圭司「NTT事業とリゾート開発」(『横浜国際開発研究』第四巻第一号、一九九九年)、門野圭司「日本における公共事業と政府間財政関係―一九七〇年代以降の再編過程―」(日本地方財政学会編『地方財政改革の国際動向』勁草書房、一九九九年)、本書第二章(編者注―金澤史男編『現代の公共事業』第二章)をみよ。
(16)「国債償還財源問題についての中間報告」一九八六年一二月二三日(『ニューポリシー』一九八七年二月号)。
(17)「当面の行財政改革の推進に関する基本的方策について(答申)」一九八七年七月一四日(臨時行政改革推進審議会事務室監修『行革審・全仕事』ぎょうせい、一九九〇年所収)。
(18) 民営化政策については、中村太和『民営化の政治経済学―日英の理念と現実―』日本経済評論社、一九九六年参照。
(19)『国の予算』昭和六三年度版、一二九五頁。
(20)『国の予算』による図3-5のような図示は、批判に配慮してか一九八八~九四年度までだが、予算本体と切り離して事業費が確保される概算要求枠のあり方は、それ以降も変更されていない。
(21) 日米構造協議については、建設政策研究会編著『日米構造協議と建設行政』大成出版社、一九九〇年、佐藤英夫『日米経済摩擦―一九四五〜一九九〇年』平凡社、一九九一年などを参照。

(22) 前掲、『日米構造協議と建設行政』五六〜五七頁参照。

(23) 『国の予算』平成八年度版、三一八頁。

(24) 『国の予算』平成三年度版、一四頁。

(25) 『国の予算』平成八年度版、二一頁。

(26) 『国の予算』平成一一年度版、一三頁。

(27) 財政学上は、移転的経費・非移転的経費、消費的経費・投資的経費、任意的経費・義務的経費などと分類するが、自治省・総務省の統計では、これらの分類基準がクロスされている。

(28) 地方制度調査会、一九七五年七月二三日(『戦後地方行財政資料』第一巻、勁草書房、所収)。

(29) 「地方公共団体における行政改革の推進方策」一九八四年七月九日(『ニューポリシー』一九八四年八月号所収)。

(30) 「新しい地方行革の推進について―地方行政のリストラ素案―」(『資料と解説　自治体リストラ』自治体研究社、一九九四年所収)。

(31) ただし、都道府県では、たとえば社会福祉費の経常経費は、八〇年代後半から増大して二〇〇〇年には四八九・〇に達している。これは、一九八〇年代以降の福祉行政に関わる事務事業の地方委譲の展開を反映したものと考えられる。

(32) 鶴田廣巳「補助金の構造と動向」(宮本憲一編『補助金の政治経済学』朝日新聞社、一九九〇年)。

(33) 「補助金問題検討会報告」一九八五年一二月二三日(『ニューポリシー』一九八六年一月号所収)。

(34) 「中期的財政運営に関する諸問題についての中間報告」一九八四年一月一八日(『ニューポリシー』一九八四年二月号所収)。

(35) たとえば、梅原英治「地方単独事業の拡大と地方債・地方交付税措置」(鹿児島経済大学地域総合研究所編『分権時代の経済と福祉』日本経済評論社、一九九六年)、町田俊彦「公共投資拡大への地方財政の動員―地方単独事業の拡大と地方債・地方交付税の一体的活用―」(『専修大学経済論集』第三二巻第一号、一九九七年七月)などをみよ。

(36) 遠藤安彦「分権時代の地方財政」(日本地方財政学会編『地方税制改革の国際動向』勁草書房、一九九九年)。

(37) 同様の視点からの指摘として、岩波一寛「財政赤字と政府債務累積の財政構造」(岩波一寛・谷山治雄・中西啓之・二宮厚美『日本財政の改革』新日本出版社、一九八八年)がある。

参考文献

加藤一郎［一九九八］『公共事業と地方分権』日本経済評論社。

加藤剛一・兵藤廣治［一九六八］『新訂　補助金制度』日本電算企画。
武田隆夫・林健久編［一九七八］『現代日本の財政・金融』東京大学出版会。
宮本憲一［二〇〇〇］『日本社会の可能性　維持可能な社会へ』岩波書店。
宮本憲一・山田明編［一九八二］『公共事業と現代資本主義』垣内出版。
宮本憲一［一九八一］『現代資本主義と国家』岩波書店。
森地茂・屋井鉄雄編［一九九九］『社会資本の未来』日本経済新聞社。

第四章　日本における福祉国家財政の再編
――グローバル化と構造改革

一　はじめに

本章の課題は、一九八〇年代後半から一九九〇年代にかけて急速に進展した日本経済のグローバル化に対応して、経済政策をはじめとする公共政策がいかに変化したのか、それが福祉国家財政のあり方にどのような影響を与えつつあるのかを明らかにすることである(1)。

まず、グローバル化のなかで進行する日本経済の構造変化を不可逆的なものと捉えて、それへの対応を体系化していく過程を、構造調整から構造改革へという視点から、主として産業構造審議会（以下、産構審）など政府審議会の検討を通して追跡していく(2)。次に、グローバル化への体系的かつ能動的対応としての構造改革に着目し、その政策構図を検討する。検討の素材は主として橋本内閣の経済審議会の議論と報告に設定される。政策体系化の過程で、福祉・労働政策が新たな位置づけを与えられることを明らかにしたうえで、そうした方向に沿った一九九〇年代後半から二〇〇〇年代初頭にかけての政策展開を跡づける。さらに、以上の政策展開によって再編されつつある日本福祉国家財政の実態を、主として国際比較の視点から統計的に検証する。そこでは、福祉国家財政としての到達点の相対的な低位性と低位な段階での「ゆらぎ」が指摘される。

二　構造調整から構造改革へ

(1)　円高の進展と構造調整

一九八五年九月のプラザ合意を契機として円の対ドルレートは約一年で二四〇円台から一五〇円台へと急上昇することになった。アメリカをはじめとする先進諸国は、日本の突出した貿易黒字を削減させるため、一方で円高誘導の国際協調介入を行い、他方で、日本に内需拡大策の実行を迫った。中曽根内閣は、私的諮問機関の「国際協調のための経済構造調整研究会」を組織し、八六年四月の通称前川レポートで政策指針を示した。そこでは、日本経済を国際協調型に変革していくことを目標として掲げ、輸出志向経済を改めて、活力ある企業の海外進出を奨励しつつ内需主導型の経済成長を実現しようとするものであった。

一九八九年九月から始まった日米構造協議では、戦略的通商政策に基づいて日本型経済システムの改変を迫るアメリカに譲歩して国際協力を図り、系列や大店法批判の外圧を利用して「市場原理を基調とした施策」への転換を実施し、さらに生活関連社会資本の充実を柱とする公共投資の推進によって内需拡大をめざしていた[3]。まさに、外圧を利用しながら前川レポートの具体化を図ろうとするものであった。

構造調整政策におけるグローバル化対応の認識を見ると、前川レポートでは、「グローバル化」や「グローバリゼーション」の用語は登場しない。あるのは、「グローバルな視点に立った施策」という項目であり、そこでは、「世界経済の持続的かつ安定的成長によってのみ、日本経済の発展が得られるとの考え方に立ち、我が国の経済構造の是正に自主的に取り組む必要がある。と同時に、世界経済の発展には、各国の努力と協力が不可欠であり、構造調整などの政策協調の実現が必要である」としている。

また、財政政策については、「赤字国債依存体質からの早期脱却という財政改革の基本路線は維持すべきであるが、財源の効率的・重点的配分、民間活力の活用、規制緩和等の工夫を図り、中長期的に、バランスのとれた経済社会を目指し機能的な対応を図る必要がある」として、具体的には「住宅対策及び都市再開発事業の推進」や「地方債の活用等により地方単独事業を拡大し、社会資本の整備を促進する」などを提言していた。

いま、一九九〇年代の政策基調を前もって確認すれば次のようである。すなわち、経営資源が効率性を求めて地球規模で動き回る状況のなかに積極的に参入し競争に勝ち抜くことで、そのメリットを享受しようとする戦略であり、そのためにも国民負担率を抑制し「小さな政府」が必要という考え方である[4]。これに対して、前川レポートに代表される構造調整では、短期的には貿易黒字を急速に減らし、中長期的には内需主導型経済に転換することが「国際協調型経済」、「国際国家日本」を実現することであり、「グローバルな視点に立った施策」の内実とされた。そのためには公共投資の増加が必要であり、経常収支の拡大均衡をめざす立場から、短期的には財政赤字の拡大もやむをえないとされていたのである。

(2) 構造改革への胎動

構造調整を越える新たな政策形成のきっかけは、一九九三年八月の細川内閣成立であり、平岩外四経団連会長を座長とする私的諮問機関経済改革研究会の報告（一〇月中間報告、一二月最終報告）であった。そこでは、規制緩和を軸として景気拡大、雇用拡大、ニュービジネスの発展を推し進める方向を提起した。規制緩和に関して、「経済的規制は「原則自由・例外規制」を基本とし」、従来比較的慎重だった社会的規制についても例外なく見直し、「本来の政策目的に沿った必要最小限な規制とする」ことがうたわれた。

ほぼ同じ時期に発表された九三年一二月公正取引委員会の「政府規制等の競争等に関する研究会」の報告では、

特に参入規制が「効率的経営や企業家精神の発揮の阻害」となり、「消費者やユーザーのニーズに適合した新サービスを提供しようとする新規事業者の進出を阻止」したり、「事業者がリストラクチャリングを行う上での障害となる[5]」と述べ、参入規制の根拠となる「需給調整要件は、原則、撤廃すべきである」と主張した。

実際、細川内閣は、成立直後九月に発表した緊急経済対策に九四項目の規制緩和を盛り込むなど次々と規制緩和計画を策定し、羽田内閣、村山内閣もこれを継承した。九四年二月に行政改革推進本部が発表した「今後における行政改革の推進方策について」では、「内外への透明性の向上と国際的調和を図りつつ、中長期的に自己責任原則と市場原理に立った経済社会を実現するとともに、国民の負担軽減や行政事務の簡素化を図るため、公的規制の緩和等を推進する」と規制緩和の意義を述べていた。

しかし、自己責任や市場原理の強調という政策基調は、現実に財政支出を抑制しようという施策に結びつくことはなかった。九三年九月の緊急経済対策のほとんどは五兆一五〇〇億円に及ぶ社会資本整備等の追加であったし、九四年二月の総合経済対策も五兆八五〇〇億円の所得減税のほか、七兆二〇〇〇億円に及ぶ公共投資等の拡大が柱となった。九四年六月に成立した村山内閣も、一〇月には公共投資基本計画を六三〇兆円に上方修正し、九五年九月には、一二兆八一〇〇億円の公共投資等の拡大を最大の柱とする経済対策を実施することになる。

こうした政策の背景にあったのは、円の対ドルレートの続騰傾向である。プラザ合意以降急騰した円は、ようやく八八年に上げ止まり、ソ連・東欧の崩壊を契機に有事に強いドルが上昇し、いったん九〇年にかけて円安となったが、九〇年四月のパリG7声明を契機に上昇し、九〇年の一五〇円台から九五年の一〇〇円を切る水準にまで傾向的に上昇を続けていた。

一九九四年三月閣議決定された「対外経済改革要綱」では、「引き続き内需主導型の経済運営に努める」とし、公共投資については、「人口構成が若く、経済に活力のある間に社会資本整備を一層促進することが必要であり、その結果として対外不均衡の縮小にも資することが期待される」と述べられていた。

要するに、九三年八月から九五年一二月までの細川、羽田、村山内閣期は、規制緩和、民間慣行是正、内外価格差是正などの「ミクロ経済改革」で新たな段階を画したものの、公共投資拡大による経常収支の拡大均衡をめざすという「マクロ構造調整」に関しては、前川レポートに示された従来の枠組みでの政策展開を踏襲していたのである。

(3) 構造調整から構造改革へ

細川内閣成立前後から、公共政策の根本的転換を求める動きが活発化してくる。産業構造審議会総合部会基本問題小委員会が一九九三年六月に発表した「中間的取りまとめ」では、「冷戦構造により前面に出てこなかった経済面の競争・対立の顕在化、市場経済の普遍化と資本主義システム間での相違の表面化、地域経済統合の動き、国際経済・社会のボーダレス化の一層の進行」などの潮流を踏まえ、「個人、企業にとっての選択の場、自由度の拡大と自己責任原則の確立」、「国際社会との共存と世界経済の持続的発展への寄与」というベクトルに沿って、「企業システム、雇用システム、金融・資本市場システムをはじめとする我が国経済システムの自己革新を行うべきこと」が提起された。

バブルの崩壊と不良債権問題処理のもたつきなどを背景に、政府の各種審議会において日本経済の現状認識は厳しさを増し、また現状打破を求めるトーンは次第に高まりを見せてくる。それを象徴するのは、一九九五年一二月行政改革委員会規制緩和小委員会が発表した「平成七年度規制緩和推進計画の見直しについて――光り輝く国をめざして」である。

そこでは、「高コスト構造、空洞化、金融不安、財政危機、バブル破裂による右肩上がり神話の崩壊など様々な問題が取りざたされており、世界に例を見ない水準の高齢社会を目前とした我々が、この国のあり方や行く末を抜本的かつ体系的に考え直すことを迫っている」と述べる。そして、「国際機関等において定められた統一的な制度・基準等」と「我が国のそれとを調和のとれたもの」としたり、そうした基準について「積極的に合意づくりに参画し」ていくことが重要だとしつつも、「失われつつある我が国の国際競争力を復活させるためにはそれだけでは足りない」と述べる。必要なのは、従来の「日本人、仲間、画一、お上依存、大きな政府、横並び、もたれ合い、統制、単一価値観の閉鎖的な和や秩序」を中心とする考え方や仕組みを転換させ、規定緩和を徹底させて、「国際的に開かれた世界から魅力あると思われる、小さな政府、個性的、自立、自由、多様な価値観が共存できる」方向を追求すべきだと主張される。

以上のように、日本経済の行き詰まりに対して、従来型構造調整の延長ではなく、また、単なる規制緩和ではなく、市場原理の全面化、日本型システムの抜本的変革によって現状を打破していこうとする政策路線が明確なかたちで形成されつつあったのである。

こうした政策方向を体系的に練り上げて実行に移すためには、安定した政権の確立が必要であり、その役割を果たしたのが橋本内閣である。橋本内閣期に注目されたのは、細川内閣以降、非自民党ないし非自民党首相政権が続くなかで、既存システムの制度疲労や機能不全が強調され、新たな段階に入った規制緩和政策のもとで体系化されつつあった現状打破的なシステム改革論に対して、自民党がどのような態度をとるかであった。

その動きを象徴的に示したのが、橋本内閣の成立後まもなく、自民党が公表した「『規制緩和推進計画の見直し検討状況（中間公表）』に関する意見書」であった。これは、前年九月に金融・証券分野における規制緩和について、大蔵省をはじめとする所管官庁の回答に対して向けられた意見書である。そこでは、中間公表は、「依然として規制行政の枠組みを維持したまま、利用者からの規制緩和要望が特に強い事項の一部について、個別的に規制緩和を実現したもの」と厳しく批判する。その前提的考え方として、「企業活動は、市場原理と自己責任の原理に根差して自由に行われてこそ、その活力が維持され、全体としてより高い効率を実現し得るものであり、それが、ひいては国民経済の拡大を通じて社会全体の利益にも資することになる」との認識が述べられている。

橋本内閣下の自民党は、非自民政権、保革連合政権のもとで進められた規制緩和と体系的システム改革を、より一層徹底する方向で政策運営していく道を選択していくのである。

三　構造改革の政策構図

(1) 産業政策と公的負担抑制論

経済のグローバル化に対応して、最も素早く、政策の力点を明確化させたのが、製造業、サービス業を主たる対象とする産業政策であった。その骨格は、一九九四年六月産業構造審議会総合部会基本問題小委員会報告書「二一世紀の産業構造と新しい産業政策のあり方」に示されている。同報告書は、産業「空洞化」の問題を取り上げ、次のように論じている。まず、「内外の経済環境の変化に伴い産業の比較優位がダイナミックに変化する中、ある程度の海外移転・輸入への代替が起こることは、経済発展のプロセスにおける構造調整そのものであり、我が国産業構造のグローバルな意味での最適化につながる」とし、「それを「空洞化」として問題視すべきではない」と述べる。

他方、「円高の行き過ぎや内外価格差など」の「歪みが存在する場合は、製品価格競争力の低下、コスト高騰により、本来比較優位を有するはずの産業までが海外に移転してしまう」のであって、「これは本来問題にすべき「空洞化」であり「特に、生産等の海外移転には不可逆性があり、一旦失われた国内生産拠点は為替レート等の外生条件が回復してもすぐには元に戻らない」ことが強調され、高コスト構造の是正が焦眉の課題だとする。[6]さらに、「対内直接投資の促進等により世界で最も優れたサービスを提供する外国企業を導入・増加させ」、「非貿易財の貿易財化」を推進すべきとしている。

もう一つの柱は、新規・成長分野の設定と分野ごとの政策課題を明らかにすることである。具体的には、①住宅、②医療・福祉、③生活文化、④都市環境、⑤環境、⑥エネルギー、⑦情報・通信、⑧流通・物流、⑨人材、⑩国際化、⑪ビジネス支援、⑫新製造技術という一二の各関連分野が挙げられている。これを支援するため、高コスト構造の是正、産業金融の円滑化、労働市場の流動性強化などが提起されている。

一方、「行政のあり方」については、「行政におけるコスト意識の徹底、民間委託・公設民営方式の活用、官業と民業の役割分担の見直し等による効率化・スリム化と重点分野への行政資源の集中的配分等の行政のリバランス」を図ることが必要だと述べる。「行政資源の集中的配分」については、高齢化福祉基盤、活力ある高齢化社会構築、男女共同参画型社会構築、居住環境整備、通勤環境整備、環境調和型社会構築など「豊かで安心できる生活の享受につながる社会資本」や高齢化社会発展、人材開発・研究開発基盤整備など「経済活力の維持を可能とするような社会資本」が挙げられている。

この重点分野を、上述の新規・成長分野と対比させてみると、ほとんどが重なっていることがわかる。この段階では、産業界の公的部門に対する要求は、一方で「効率化・スリム化」にふれているものの、公共投資基本計画が上方修正される状況のもので、むしろ、新規・成長分野の産業を支援する社会資本拡大策であったと言える。

橋本内閣の成立後、産構審において、社会保障制度を含む公的部門のあり方に関して新たな施策方向が提示されてきた。その内容は、一九九六年一一月に公表された産構審基本問題小委員会の「中間取りまとめ」に示されている。すなわち、新たに「高齢化の進展による経済活力停滞の懸念」が掲げられ、対応すべき重要課題と位置づけられた。そこでは、第一に、生産年齢人口の減少による労働供給量の減少、貯蓄率の低下といった労働及び資本面の供給制約が顕在化してくること、第二に、税・社会保険料など社会保障費を含む公的負担の増大がさらなる貯蓄率の低下、産業空洞化をもたらし、経済活力を阻害する懸念が強調された。そして、このままでは、高齢化がピークを迎える二〇二五年には、経済成長の大幅な鈍化、国民負担率の五〇%を大きく上回る水準への上昇、可処分所得の伸長率のマイナスへの転落、財政赤字の拡大、経常収支の赤字化に陥ると警鐘を鳴らす。そして、「二〇二五年危機」を回避するために、財政自体の規模を抑制すること、地方財政等を含めた歳出構造の見直しにより財政全体について徹底した効率化を図ること、経済構造改革に資する分野への重点配分が提起された。

さらに、社会保障制度に積極的に言及し、「制度全体に亘る効率化、見直しにより、社会保障負担の増大を抑制するとともに、同じ水準の負担を求める場合でも経済活力に与えるマイナスが小さくなるよう制度設計を図ることが必要」とした。そして、第一に、私的年金や医療・介護・保育分野における民間事業者の一層の活用など公私役割分担の見直しや民間活力の活用などによる効率化、第二に、世代間、世代内の公平性を確保すること、第三に、労働市場等の情勢変化に対応した制度・運用の見直しが重要とした。第三の点については、介護・育児対策の充実による女性の就労の円滑化、平均寿命の伸長、高齢者の就労意欲の増大等を踏まえた公的年金の支給開始年齢の引き上げが挙げられている。

以上、産業界の要求を基礎とする公的部門、社会保障制度に関する構造改革の政策方向の特徴を小括すれば、次のようになる。第一は、「二〇二五年危機説」を掲げつつ、経済活力維持のために、税・社会保険料負担の抑制を明確に打ち出したことである。第二は、新規・成長産業分野について、その狙いを福祉・環境分野に傾斜させつつ(7)、かかる市場拡大のために年金、医療、介護、保育分野での民間活力導入を求めていることである。第三は、福祉のための福祉ではなく、「二〇二五年危機」突破の手段、すなわち、労働力人口確保のための手段として福祉政策を位置づけていることである。

こうした産業界の意向を反映した産構審の政策課題の新たな捉え方は、橋本内閣下における六大分野の構造改革を対象とする経済審議会の議論に大きな影響を与えることになる。

(2) 財政構造改革と国民負担率をめぐる議論

産構審が「二〇二五年危機説」を掲げて公的負担抑制論を打ち出した背景として、橋本内閣が本格的な財政構造改革に乗り出したことがある。村山内閣末期の一九九五年一一月に武村蔵相によって「財政危機宣言」が発せられ、構造調整政策のもとで、経済対策、減税などの景気対策に財政をフル動員してきた結果、それが限界に達していることが表明された。

こうした「財政危機」打開策を検討するために、橋本内閣は、九六年二月、財政制度審議会に財政構造改革特別部会を設置し、財政再建について、強制力のある法的枠組みの検討を開始した。その際、大蔵省は、一九九五年一〇月のG7の声明を援用しつつ、「貯蓄を促進し、より高い投資水準を支え、長期の経済見通しを向上させるために、中期的に更に大幅な財政赤字削減が不可欠である」と強調していた。(8)

これに対して産構審は、公的負担の増大による財政再建という方向に強い警戒感を示した。産構審基本問題小委員会（一九九六年一〇月）では、「企業にとって人件費に係る強制的な追加負担という性格を有する社会保障に係る公的負担が今後更に高まれば、資本・労働といった資源の最適配分を歪め、また空洞化を加速することとなり、経済活力への制約となるのではないか」などの論点が提示された。さらに、OECD加盟国の一九八〇—九三年の平均値を使い、実質経済成長率と国民負担（租税負担＋社会保障負担）の対GDP比の関係を分析し、「公的負担と経済成長には負の相関の可能性あり」と整理している。

経済活性化のためにも財政赤字削減が重要とする財政制度審議会と、公的負担増大を牽制する産構審という緊張関係のもとで、国民負担率のあり方が経済審議会で検討されることとなる。(9) 主要な舞台となったのは、経済審議会構造改革推進部会の財政・社会保障問題ワーキング・グループであった。注目されるのは、「国民負担率の経済的な意味、その政策的な位置づけ」について委員間で意見の一致に至らず、一九九六年一〇月の報告書では、異例にも両論併記に近いかたちとなったことである。「国民負担率の上昇は経済成長にマイナスであるとする考え方」の根拠は、第一に、限界的な可処分所得が減少し、高齢者や既婚女子の労働力供給を抑制することである。第二に、資本蓄積への影響であり、一方で、社会保障負担の増大が積立方式にせよ賦課方式にせよ民間貯蓄を減少させ、他方で高齢者給付の増大はマクロ経済的な貯蓄率の低下をもたらすことである。第三に、企業行動や人的資源への影響である。企業負担増は企業収益を圧迫し設備投資を減少させる。また、社会保険負担の増大は、実質的賃金上昇となり企業の海外移転を促進してしまうし、常用労働者から非常用労働者への代替の進行は、キャリアパスを通じた高度な人材資源の形成が阻害されると指摘されている。

これに対して、「必ずしも経済成長を大きく左右するわけではないとする考え方」の根拠は、第一に、長期的な経済成長は、労働、資本蓄積、技術進歩などの量と質に依存している、第二に、限界的な可処分所得が減少しても従来の所得を維持しようとする行動が大勢を占めるし、社会保障給付が増大しても老人の遺産動機があれば貯蓄を減らすとは限らない、第三に、公的部門の負担が減っても民間部門が肩代わりするのであって家計や企業の負担自体が減るわけではない、第四に、「国際比較の観点からも、国民負担率と経済成長率との間にはそれほど明瞭な関係があるわけではない」、とされる。最後の点は、アトキンソンの研究が引照されており、国民負担率と経済成長率の間に負の相関関係を見ようとする産構審の論調と事実認識のレベルにおいて真っ向から対立している。[10]

結局、この会議では、短期的にも中長期的にも、目標とすべき国民負担率の水準を積極的に提示できなかった。ただし、このワーキング・グループの検討結果のうち、後の審議会で頻繁に取り上げられたのは、マクロ経済（成長率、経済収支、労働供給）との相互依存関係を組み込んだ計量モデルによる国民負担率のシミュレーション分析である。それによると、財政・社会保障制度が現行のまま推移すれば、第一に、社会保障基金は二〇二五年度以前に底を打ち、一般政府債務はファイナンス困難な可能性があること、第二に、財政赤字の増加及び高齢化の進展に伴う国内貯蓄の減少により、対外経常収支は赤字化し、二〇二五年度までには純債務国に転落すること、第三に、国民負担率は、一九九四年度の三五・八%は二〇二五年度には五〇%を上回り、また財政赤字を加えた「潜在的な国民負担率」は、一九九四年度三九・二%から二〇二五年度には七〇%を上回るとしている。かりに、二〇二五年度の財政規模(「潜在的な国民負担率」)を五〇%に抑えられたとしても、それを支える国民負担率は、一九九四年度の三五・八%との間に一五ポイント近い乖離があるのである。

結局、財政構造改革特別部会最終報告(一九九六年一二月)では、あるべき国民負担率の水準は示されず、九七年三月に財政構造改革会議が示した財政構造改革五原則では、「国民負担率(財政赤字を含む)が五〇%を越えない財政運営を行う」とされた。五〇%という水準は、その後の政策が設定するガイドラインになっていくが、巨大な財政赤字を放置したままの「潜在的国民負担率」では、あるべき国民負担率と現状の乖離をどう埋めるかという議論に進展しない指標である。事実、一九九七年一二月五日に公布、施行された財政構造改革法も、もっぱら財政支出の削減によって財政赤字の縮小を図ろうとするものであり、歳入面での本格的手段を欠いた財政健全化方策となった。

(3) 福祉・労働政策の再定義

産構審の考え方を全面的に受け入れて改革構想を示したのが、経済審議会における福祉・労働政策の分野である。なかでも経済審議会行動計画委員会の雇用・労働ワーキング・グループの報告書(一九九六年一〇月)は、そうした性格が最も鮮明である。そこでは、「「メガコンペティション」とも言うべきグローバルな競争の激化が進んでおり、国境を越えた経営資源の移動が加速して」おり、そのなかで「衰退を回避」するためには、「抜本的な行財政改革及び戦略的な規制緩和などの構造改革によって税負担を軽減」しつつ、「労働力、資本、土地、技術開発力などの基本的な生産資源の能力を最大限に活用する」ような改革が重要であり、「労働市場の改革」は「その成否の鍵を握る」と述べている。具体的には裁量労働制など労働者の能力の弾力的活用を促進するための改革、有料職業紹介事業の規制緩和など労働市場におけるマッチング機能の強化などが提言される。

もう一つ着目されるのは、産構審の「二〇二五年危機説」と相呼応しながら、六五歳以上の人口比率が「世界史上空前の二七％」になるという高齢化社会の到来に備えて、労働力の量的確保と質的強化の必要性が強調されていることである。その際、国民負担率の概念を使いながら次のように論じる。すなわち、高齢化社会のもとでも活力を維持するためには、国民負担率を一定の水準に抑えなければならない。国民負担率は、税・社会保障負担を国民所得で除したものであるから、分子である税・社会保障負担を抑制しなければならないが、分母である国民所得を増やすことも重要である。国民所得は、「労働力人口」に「一人当たり生産性」を乗じて導かれるから、「労働市場への参加をどれだけ増やすことができるか、そして労働生産性をどれだけ高められるかによって決まる」というわけである。

その際、「労働力率を高める余地があるのは、高年齢層及び既婚女子層」だとし、高齢者の年金支給の所得制限・部分年金等に関する見直し、所得税制、年金・医療保険における給与所得者の配偶者の取扱の見直し及び企業の配偶者手当支給の見直しが提言されている。これらは、高齢者及び既婚女性に対する労働供給制限的な制度を廃止し、いわばムチをもって高齢者、既婚女性を労働市場に送り出そうとする政策と言える。

また、労働力の質を高める必要性については、「グローバル化の進展の下では」、「企業立地や設備投資などの物的投資環境に厳しさが見込まれる」のであって、そうしたなかでは、「人的資本への投資は直接国民所得を高めるだけでなく、それが国内の物的資本の生産性を高めて、投資が海外に向かわずに国内に向かうようにして国内での物的投資を促すことを通じて国民所得を高める効果を持つ」と述べられる。

一方、同委員会医療・福祉ワーキング・グループ報告書（一九九六年一〇月）は独特の福祉論を展開する。まず、「高齢化の進展に伴って社会保障費が膨張すると、空洞化の進展なども相まって経済成長力の大幅な低下を招き、結局は適正な水準の社会保障の維持が困難になる懸念がある」とし、「国民負担率の過度の上昇を抑えるために、社会保障の改革、とりわけ、その大宗を占め、国民生活の豊かさ、安心を支える医療・福祉分野の改革を進めることは喫緊の課題」だとする。

また、市場メカニズムや民間活力の活用が、公的部門の効率化というよりは、産業育成の視点から位置づけられている点が注目される。すなわち、「今後期待される技術革新の成果が医療・福祉分野にも幅広く波及していくためには、基本的には民間主体の利潤動機を活用すべき」だとされる。さらに、「福祉分野の規制緩和を進めることにより、民間マーケットの拡充が期待されるとともに、福祉には日本社会を支える面があり、経済的側面を多分に有することを積極的に評価すべきである」と述べている。具体的提言としては、特別養護老人ホームの拡充、民間企業による施設介護サービスの提供、公的福祉の規制緩和、シルバーマークの撤廃などが福祉分野について掲げられる。また、医療費の抑制方策については、医療と福祉の混合をやめ、社会的入院の現実的解消策を講じること、薬剤費の抑制を図ること、診療報酬制度の透明性を高めることなどが掲げられている。

もう一つ注目されるのは、福祉政策の重要性についての次のようなくだりである。すなわち、「福祉は、橋や道路と同じで産業基盤の性格も有してきた。福祉がなければ、家族は老親の介護に追われて職場に行けないからである。これに加え、保育所の増設、充実等の保育対策の充実も女性の就業率向上、出生率向上を通じ労働力供給に資することになる」と述べる。いわば、「福祉政策＝産業基盤説」が提示されているのである。

以上のような経済審議会での議論を踏まえながら、厚生省サイドでまとめられたのが、一九九六年一一月の社会保障関係審議会会長会議における「社会保障構造改革の方向」（中間まとめ）である。そこでは、社会保障の役割について、「基本的には、個人の力のみでは対処し得ない生活の安定を脅かすリスクに係る国民の基礎的・基盤的需要（ニーズ）に対応することにより社会・経済の安定や発展に寄与するということ（安全網（セーフティ・ネット）としての役割）になる」として、市場原理や自己責任が強調される政策基調に対して、社会保障の独自の存立根拠を主張する。

しかし、その一方で、「公的主体の活動が占める比重を示す指標としての国民負担率が「高齢化のピーク時において五〇%以下」という目安を設定することは、活力ある安定した社会を維持するために経済と社会保障の調和を図り、公私の活動の適切な均衡をとる上の指標となり得る」と述べる。その際、「今後高齢化の進行等に伴い社会保障の規模が拡大していけば、社会保障に係る企業負担も拡大し、結果的に企業活力の減退や産業空洞化を招くのではないかとの懸念」が示される。また、新規・成長分野としての位置づけに呼応して、「福祉を始めとする社会保障分野の規制をできる限り緩和するなどして民間事業者によるサービス提供を促進し、競争を通じて良質なサービスが提供されることを目指しつつ全体としての費用の適正化を図る」と述べている。

以上のように、福祉・労働分野における構造改革の方向は、福祉・労働政策の再定義とも言うべき位置づけの転換を伴うものであった。グローバルな競争のもとで「二〇二五年危機」を克服する経済活力を維持するために、労働政策は、効率性を求めて変転する資本の動きに即応する労働市場の流動性を強め、労働力の量と質を確保することに、自らの任務を定めた。福祉政策は、市場原理に直接包摂されない存立根拠を「セーフティ・ネット」としての役割に求めたが、構造改革としては、それがグローバル化に対応して、日本経済の活性化に資するという点が強調された。福祉分野の規制緩和を進めていけば、新規・成長分野育成の産業政策となり、かつ公的負担の抑制にもつながる。さらに、育児、介護サービスなどについても「二〇二五年危機」に備えて労働力供給を確保するという「福祉政策=産業基盤説」から根拠づけられることになったのである。

四　制度改革の推移と福祉国家財政のゆらぎ

(1)　年金・医療制度改革

経済構造改革の重要な柱と位置づけられた社会保障制度改革は、現実の制度改革として具体化される。以下、その概略を確認しておこう。

まず、年金改革については、一九九七年に検討が開始され、九八年三月年金制度改正案大綱が公表され、二〇〇〇年四月に年金改正法が施行された。その内容は、第一に、厚生年金の報酬比例部分の給付乗率一〇〇〇分の七・五を一〇〇〇分の七・一二五に引き下げたことであり、その結果、給付の所得代替率は六一・六％から五九・〇％へと下落した。第二に、受給開始後の年金額は、六五歳以降の場合賃金スライドを行わず物価スライドのみとしたことである。第三に、すでに一九九四年に厚生年金の定額部分について支給開始年齢の引き上げがされていたが、報酬比例部分も三年に一年ずつ引き上げ六五歳とされたことである。第四に、二〇〇二年四月より六五歳から七〇歳未満の在職者を新たに厚生年金被保険者とし、保険料徴収の対象としたことである。さらに二〇〇三年四月には、賞与等を厚生年金の一般の保険料の賦課対象としたことである。賦課ベースの拡大に伴って、保険料率は一七・三五％から一三・五八％、給付乗率は一〇〇〇分の七・一二五から一〇〇〇分の五・四八〇に引き下げられた。

このように、年金制度改革の基調は、現役世代の保険料率増徴を先送りしつつ、給付水準の削減と賦課ベースの拡大で対応し、さらに高齢者の支給開始年齢引き上げによって給付額を節約し、同時に労働供給の増大と保険料徴収対象の拡大を図ろうとするものであった。しかし、二〇〇〇年年金改正法に次のような条文が盛り込まれた。すなわち、年金改正法附則第二条において、基礎年金については、給付水準および財政方式を含めてそのあり方を幅広く検討し、当面二〇〇四年までの間に安定した財源を確保し、国庫負担の割合を現行の三分の一から二分の一への引き上げを図るとしたのである。これを受けて厚生労働省は、二〇〇二年一二月「年金改革の骨格に関する方向性と論点」を公表し、将来の厚生年金保険料率を二〇％に固定し現役世代が負担できる範囲内で給付水準を調整する「保険料固定方式」の導入を有力方策として掲げている。

一方、医療制度については、患者負担の引き上げを基本とする改正が矢継ぎ早に実施されてきた。まず、一九九七年六月に健康保険法の一部改正により被用者患者負担が一割から二割に引き上げられ、また外来薬剤に対する一部負担が導入された。また、二〇〇〇年一二月の健保法一部改正（二〇〇一年一月施行）では、①老人の薬剤一部負担金制度の廃止、②月額上限付きの定率一割負担制の導入、③高額療養費の自己負担限度額の見直し、④保険料率上限の見直しが実施された。

さらに、二〇〇二年七月の健保法改正では、二〇〇二年一〇月施行分と〇三年四月施行分とに分けて二段階で実施された。前者の内容は、第一に、七〇歳以上の自己負担をすべて一割の定率に切り換えたことであるが、一定以上の所得者は二割負担とした。第二に、七〇歳未満で一般医療対象者の自己負担の上限について、低所得者は据え置き、上位所得者と一般は引き上げたことである。第三に、老人保健制度の対象者を毎年度一歳ずつ引き上げ五年後に七五歳以上に限定し、現行の財源構成（公費三割、拠出金七割）を毎年度公費を四%ずつ上乗せし、二〇〇七年一〇月以降は両者を半々とすることである。なお、拠出金の算定は、老人加入率三〇%を上限としていたが、これを撤廃する。第四に、三歳児未満の自己負担を三割から二割に引き下げることである。

これに加えて〇三年四月施行としては、第一に、被用者保険制度の被保険者本人の自己負担を二割から三割に引き上げたことである。これにより各健保制度とも三歳以上七〇歳未満は一律三割負担の水準となった。第二に、被用者保険制度の保険料算定について月収に保険料率を乗じる方式から賞与等込みの年収に乗じる方式に切り換えたことである。これによって政管健保では年収換算七・五%から八・二%に引き上げとなり、平均的サラリーマンの場合、年額負担三一・二万円が三四・二万円に負担増となった。第二は、現役世代にかかる外来薬剤負担金が廃止されたことである。

以上の医療制度改革の基調は、何よりも保険料の賦課ベースの拡大と保険料率の引き上げという被用者負担の増加である。その際、乳幼児の優遇と七〇歳未満あるいは七五歳未満の老人への増徴によって、少子化対策と高齢者の労働供給促進を図ろうとする意図が盛り込まれている。また、年金制度が給付水準の抑制、削減を正面から制度化しつつあるのに対し、医療制度については、医療費の上昇それ自体を抑える有効な方策が具体化できていない。そのことは、二〇〇二年健保法改正の際に、高齢者医療費の伸び率に上限を設け、この限度を超えた場合に診療報酬の単価を全国一律に切り下げる「伸び率管理制度」が医療機関などの政治的圧力もあって頓挫し、「伸び率抑制の指針」という努力目標に変更されたことに示されている。

(2)「福祉その他」分野への展開

次に年金・医療分野以外の制度改革の動向についてみておこう。一九九四年三月、厚生省の「高齢社会福祉ビジョン懇談会」は、「二一世紀福祉ビジョン」を発表し、社会保障の基本的方向として、年金、医療の長期的安定・効率化を図るとともに、高齢者介護や子育てなどの福祉対策を充実し、「年金」「医療」「福祉等」のシェアを、現行の五対四対一から五対三対二に転換することをめざすべきだと提言した。この時点で、福祉政策充実の重点分野とされた「福祉等」であったが、その後、施策展開が図られたものについては、福祉政策の再定義を踏まえた経済構造改革の一環に位置づけられた点に特徴がある。

まず、「社会保障構造改革の第一歩」と位置づけられたのが、介護保険制度である[11]。一九九六年一一月、社会保障関係審議会会長会議による前出の「社会保障構造改革の方向（中間まとめ）」は、標題の基本的方向として、第一に、「高齢化のピーク時において国民負担率を五〇％以下にとどめる」という前提のもとで、社会保障への需要への対応を図ること、第二に、在宅重視の仕組みづくりをめざし、個人の自立を支援し、個人が良質なサービスを適切に選択できるようにすること、第三に、「強制的な負担を伴う公的分野と個人の自由な選択による私的分野の役割分担を整理し明確にしつつ、規制緩和等を進めることにより民間活力の導入を促進する」ことを掲げている。介護保険制度は、こうした基本的方向についての「考え方のすべてを含む社会保障改革具体化の第一歩」との任務が与えられた。やや具体的には、介護サービスが老人福祉、老人医療に分立していることによって生じている利用者負担の不均衡を是正し、財政的には介護を医療保険から切り離して社会的入院の解消を図るなどの効率化を実現することである。第二に、民間事業者や非営利組織等の多様な供給主体の参入により、「多様で効率的なサービス提供を推進し」また、「保険の対象となるサービスとそれ以外のサービスの組合せを弾力的に認めるとともに、保険が適用されない部分について、民間保険等の活用を図る」ことが強調されている。

一九九七年一二月に介護保険法が成立、二〇〇〇年四月に施行された。介護保険制度は、そもそも税方式ではなく受益と負担が見えやすい保険方式が選択され、またコスト意識を強めるため利用者負担、高齢者保険料の重課、経費水準を反映した市町村ごとの保険料設定など、経費抑制、経営効率化の契機とされる要素が制度的に組み込まれた。

また、介護サービスに関する措置制度が撤廃され民間介護サービス事業者の参入を前提とし、当事者同士が契約関係を取り結ぶことによって、保険サービスを受給するという制度とされた。厚生省は導入準備に当たって、「介護関連事業振興政策会議」を設置したが、そこで厚生政務次官は、招集した民間事業者に対して「今回の介護保険制度の導入に伴い、民間事業者がどんどん参入する分野ですから、いいサービスが提供できるように、という観点も踏まえながら、産業政策的な目でもこの分野を捉え直して、より良いサービスができるよう、厚生省としても取り組んでいきたい」[12]と述べている。

民間事業者サービス供給者の柱として位置づける福祉分野の産業政策的側面を色濃く持つ制度設計は、介護保険制度の導入を「第一歩」としつつ、福祉分野への全面的展開の準備が進められた。二〇〇〇年六月には、社会福祉事業法の社会福祉法への改正、身体障害者福祉法等の改正が行われた。これは、社会福祉の基礎構造改革と呼ばれ、従来、公的機関が行政処分としてサービス内容に責任を持つ措置制度から、サービス利用者が自ら事業者と契約を結んで、これに支援費が支給される仕組みへの変換が行われることになった。

一方、子育て支援策は、従来、児童福祉分野に位置づけられ、一九九四年一二月には「今後の子育て支援のための施策の基本的方向について」（エンゼルプラン）が策定された。この政策は、保育サービスの担い手である地方自治体に受け止められ、地域レベルの子育て支援策や男女共同参画社会の実現を促進する計画として具体化されつつある。

これに対して、政府の施策は、福祉政策の再定義をへて、「子育て支援」というよりは、「少子化対策」としての性格を強めていく。一九九八年七月首相が主宰する「少子化への対応を考える有識者会議」が設置、九九年一二月には、少子化対策推進関係閣僚会議において「少子化対策推進基本方針」が決定され、その直後に発表されたのが、「重点的に推進すべき少子化対策の具体的実施計画について」（新エンゼルプラン）である。そこでは、従来のエンゼルプラン、緊急保育対策等五か年事業を見直し、働き方及び保育サービスに加え、相談・支援体制、母子保健、教育、住宅など、少子化対策の総合的実施がめざされた。

二〇〇〇年四月、自公保連立内閣の成立の前後、少子化対策の一環として児童手当の充実策が問題となった[13]。結局、児童手当法改正により〇〇年六月から支給対象が三歳未満から小学校就学前までに拡大され、〇一年六月からは政令改正によって、所得制限が緩和されることになった。その後、財政状況の悪化が進行するなかで児童手当拡充論は、いったん影をひそめたが、〇三年度税制改正大綱で配偶者特別控除と特定扶養控除の廃止が提起されると、与党内で児童手当拡充との政治的取引が始まり、結局、配偶者特別控除廃止、特定扶養控除存続、児童手当の拡充（支給対象を小学校三年まで延長）で決着することになり、〇四年度から児童手当の対象が拡大することになった。

(3)　日本福祉国家財政の到達点

構造改革の対象となりつつある日本福祉国家財政の到達点について、社会保障給付費ないし社会支出の内容と水準の国際比較という視点から確認しておこう。社会保障給付費について、「年金」「医療」を主要なものとみな

図 4-1　主要国の社会保障給付費の対 GDP 比（1995 年）

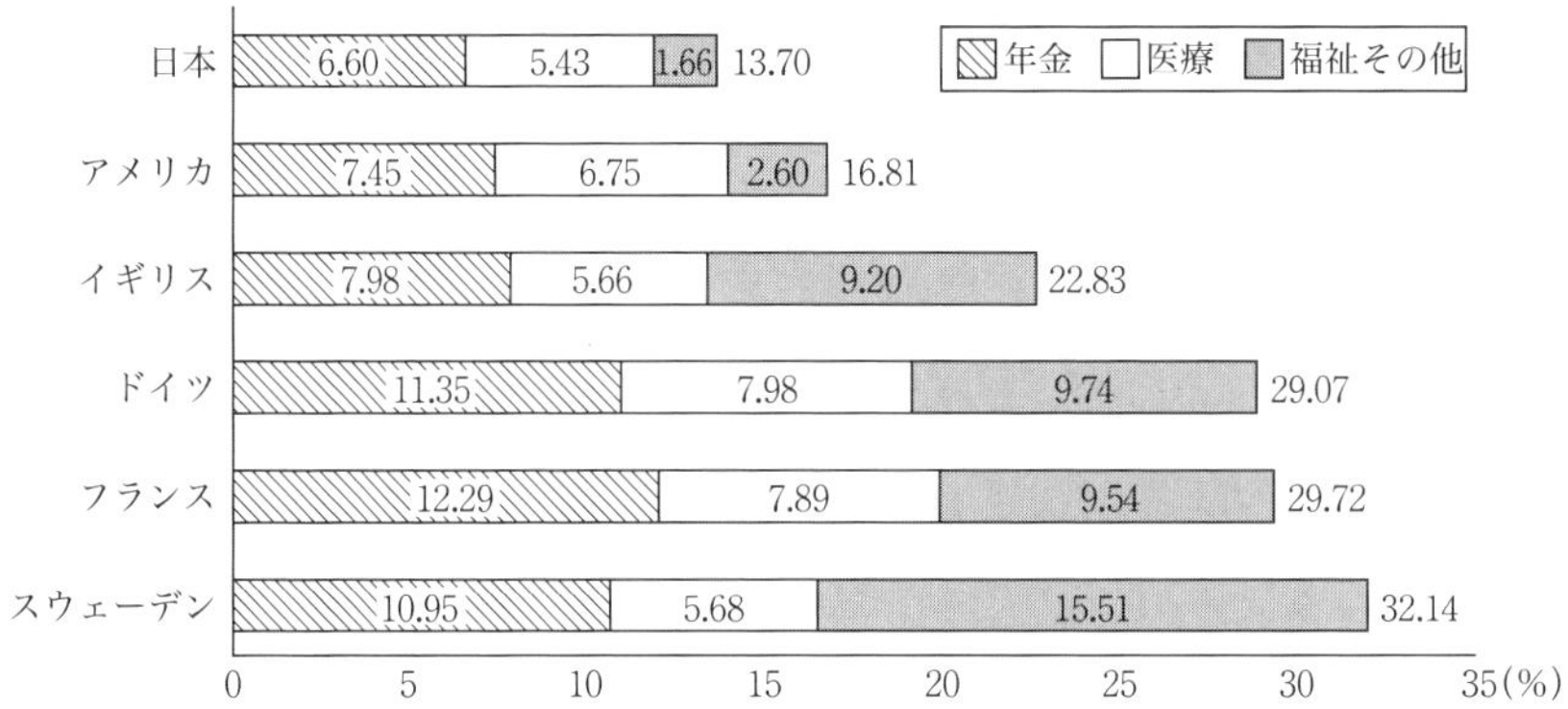

注：1)　原表は，OECD, *Social Expenditure Database* をもとに国立社会保障・人口問題研究所が作成.
2)　イギリスは 1994 年の数値.
出所：浅野仁子「社会保障費の国際比較――基礎統計の解説と分析」(『海外社会保障研究』第 134 号，2001 年) 100 頁.

表 4-1　日本の社会保障給付費の対国民所得比

(単位：%)

	総数	年金	医療	福祉その他
1965	5.98	1.31	3.41	1.26
70	5.77	1.40	3.40	0.97
75	9.49	3.13	4.61	1.75
80	12.41	5.24	5.38	1.80
85	13.71	6.49	5.49	1.73
90	13.45	6.85	5.24	1.37
95	17.09	8.84	6.35	1.89
96	17.38	8.99	6.48	1.91
97	17.72	9.29	6.46	1.97
98	18.88	10.05	6.65	2.18
99	19.60	10.42	6.89	2.28
(参考)2002	22.5	12	7	3.5(1.0)

注：1)　(参考) は，厚生省による「社会保障の給付と負担見通し」の 2002 年度予算ベースの数値.
2)　「福祉その他」の（　）内は介護分で内数.
出所：㈶厚生統計協会『国民の福祉の動向』2002 年（『厚生の指標』第 49 巻第 12 号）340 頁，『財政データブック』平成 15 年度版，137 頁.

し、それ以外を「その他」あるいは「福祉等」や「福祉その他」とする三分法は、比較的最近までよく使われていた[14]。

まず、一九九五年時点での国際比較を図4-1でみると、日本の水準の低さが「福祉その他」の低さに強く規定されていることがわかる。たとえば、スウェーデンの水準に対して日本のそれは四割強にしかならないが、医療はほぼ同じ水準、年金は六割程度なのに比して、「福祉その他」は八分の一に過ぎないことに端的に示されている。

一方、表4-1も参照しながら日本の時系列変化をみると、一九六五年には一・三一、三・四一、一・二六となっており、三者にそれほど大きな格差はなかった。それが、医療は一九六〇年代半ばに三%台、七〇年代後半に五%台、九〇年代半ばに六%台へと上昇し、年金も一九七〇年代に一%台から四%台に急増し、九〇年代末には一〇%台に到達した。他方、「福祉その他」は、高度成長期にむしろ縮小し、一九七一―九〇年代前半は、一%台で推移していた。日本の福祉国家財政は、「福祉その他」を置き去りにしたまま、医療、年金を中心に本格的な形成が進んだのである。

それでも、一九九〇年代後半に至って、「福祉その他」の比率は上昇しつつある。最近の数値としては、二〇〇二年度予算ベースで二〇〇〇年一〇月の厚生省推計を改訂したものがあり、(表4-1の参考欄を参照)、それによれば、「福祉等」が三・五%まで上昇しており、その内数として介護の占める比率一%も無視できない。しかし、ようやくアメリカの水準に達したというところであり、ヨーロッパ主要国との差は依然として大きい。

では、「福祉その他」の内容とは何か、どこに日本福祉国家財政の低位性が示されているのか、表4-2は、OECDが作成している社会支出

(単位：%)

フランス		スウェーデン	
1990	1998	1990	1998
9.17	10.73	8.48	9.38
6.73	7.27	7.60	6.64
15.90	18.00	16.08	16.02
1.04	0.94	2.04	2.10
0.42	0.24	0.72	0.32
0.56	0.70	2.48	1.81
1.77	1.76	0.67	0.74
2.10	1.55	2.15	1.63
0.67	0.66	1.99	3.98
0.33	1.26	2.38	1.87
1.00	1.92	4.37	5.85
0.81	1.30	1.69	1.96
1.84	1.80	0.88	1.93
0.74	0.92	0.66	0.81
0.32	0.40	0.53	0.98
10.60	11.53	16.19	18.13
26.50	29.52	32.27	34.14

表 4-2　主要国の機能別社会支出の対 GDP 比

	日本		アメリカ		イギリス		ドイツ	
	1990	1998	1990	1998	1990	1998	1990	1998
①　老齢・現金給付	4.13	6.06	5.08	5.15	8.65	10.14	9.12	11.11
②　保健・医療	4.52	5.65	4.98	6.00	5.00	5.62	5.92	7.80
①②　小　計	8.65	11.71	10.06	11.15	13.65	15.76	15.04	18.91
③　障害・現金給付	0.28	0.32	0.66	0.86	1.58	2.64	0.79	1.12
④　業務災害補償	0.18	0.20	0.41	0.30	0.09	0.05	0.31	0.34
⑤　傷病手当金	0.06	0.06	0.27	0.23	0.64	0.66	1.74	1.43
⑥　遺　族	0.93	1.08	0.93	0.89	0.87	1.01	0.49	0.49
⑦　家族・現金給付	0.17	0.21	0.22	0.22	1.54	1.73	1.19	2.04
⑧　高齢者・障害者・現物給付	0.05	0.31	0.04	0.05	0.55	0.81	0.35	0.75
⑨　家族・現物給付	0.20	0.26	0.25	0.29	0.39	0.49	0.44	0.80
⑧⑨　小　計	0.25	0.57	0.29	0.34	0.94	1.30	0.79	1.55
⑩　積極的労働政策	0.12	0.25	0.22	0.18	0.59	0.31	0.92	1.26
⑪　失　業	0.21	0.50	0.43	0.25	0.66	0.32	0.64	1.32
⑫　住　宅	—	—	—	—	1.28	1.61	0.14	0.19
⑬　その他	0.14	0.16	0.40	0.56	0.16	0.21	0.45	0.61
③～⑬　小　計	2.34	3.35	3.83	3.83	8.35	9.84	7.46	10.35
合　　計	10.97	15.05	13.89	14.96	22.03	25.59	22.50	29.24

注：1)　OECD による社会支出（Social Expenditure）の定義については本文注 15 を見よ．
　　2)　小計の数値は，原表からの計算値のため，合計と一致しない場合がある．
出所：OECD, Source OECD : Social Expenditure.

(Social Expenditure）の国際比較統計である。[15] 三分法で「年金」にほぼ相当する「①老齢・現金給付」、「医療」にほぼ相当する「②保健・医療」以外の項目を見ると、合計水準が日本と同程度のアメリカを別にすれば、日本が他国と肩を並べているのは、「⑥遺族」ぐらいであり、残りは軒並み低水準となっている。たとえば、児童手当の水準を反映する「⑦家族・現金給付」を一九九八年で見ると、イギリス一・七三%、ドイツ二・〇四%、フランス一・五五%、スウェーデン一・六三%となり、日本の〇・二一%は、ヨーロッパ主要国の八～一〇分の一の低水準である。また、「⑧高齢者・障害者・現物給付」「⑨家族・現物給付」など対人福祉サービスの分野も、一九九八年日本の〇・五七%に対して、イギリス、ドイツ、フランスはいずれも一%を超えており、スウェーデンは五・八五%にまで達している。さらに、「⑩積極的労働政策」「⑪失業」を合わせた労働政策も一九九八年日本の〇・七五%に対して、ドイツ二・五八%、フランス三・一〇%、スウェーデン三・八九%と大きな開きがある。もう一つ「③障害・現金給付」や「⑤傷病手当金」の低水準であり、ハンディキャップを負う者への手当の薄さも見逃せない。

財政統計は、国家、社会のあらゆる虚飾をはぎ取り、その特質を顕わにする。日本の社会支出統計の示すところは、生活給的要素を含んだ年功序列型給与体系の解体過程における児童手当の著しい低水準、少子高齢化が深刻化するなかでの対人福祉サービスの未発達、失業率高止まりのなかでの労働関係給付の低水準、バリアフリーやノーマライゼーションのかけ声とは裏腹のハンディキャップを負う者への予算配分の貧しさである。

福祉・労働分野の構造改革は、ヨーロッパ主要国並みの福祉水準への到達のうえで、行われているのではない。「福祉その他」に見られる圧倒的な低位性という条件のもとで、給付と公費負担の抑制が至上命題となり、今後の福祉サービスの拡充は利潤動機に基づくべきだとされているのである。

(4) 日本福祉国家財政のゆらぎ

構造改革においては、収支ギャップが放置されたまま国民負担率の抑制論が前面に出て、グローバル化対応のために増税を回避しようとする支配的資本の要求が通ったかたちとなった。しかし、それは、社会保障給付の構成要素として著しく未熟な分野を抱えながら、その給付抑制へと作用しているという

推移

(単位:%)

フランス			スウェーデン		
租税負担 A	社会保障負担 B	計 A+B	租税負担 A	社会保障負担 B	計 A+B
31.3	26.0	57.3	44.8	19.6	64.4
34.1	28.6	62.7	51.6	19.3	70.9
33.0	28.1	61.1	57.5	22.1	79.6
35.2	28.6	63.7	46.1	19.4	65.4
37.3	28.2	65.6	50.4	20.9	71.4
39.8	25.0	64.8	54.4	22.1	76.5

ス), *National Accounts, 1999* (68 SNA ベー

る.
ランスの 77 年以前, アメリカの全部は 68 SNA

表 4-3　主要国の国民負担率（対国民所得比）の

	日本			アメリカ			イギリス			ドイツ		
	租税負担 A	社会保障負担 B	計 A+B	租税負担 A	社会保障負担 B	計 A+B	租税負担 A	社会保障負担 B	計 A+B	租税負担 A	社会保障負担 B	計 A+B
1980	22.2	9.1	31.3	25.4	8.5	33.8	39.8	10.3	50.1	28.7	19.3	48.0
1985	24.0	10.4	34.4	23.5	9.3	32.8	41.9	11.3	53.2	27.6	20.0	47.7
1990	27.4	11.3	38.8	24.1	9.8	33.9	41.4	10.1	51.5	26.4	19.5	45.9
1995	23.5	13.3	36.8	25.3	10.0	35.3	38.5	10.0	48.5	31.2	25.1	56.3
1997	23.4	13.5	36.9	26.2	9.8	35.9	38.4	9.9	48.2	29.2	26.4	55.6
2000	23.2	14.0	37.2	27.4			41.4	9.8	51.2	31.2	25.3	56.5
2002	21.7	15.0	36.7									
2003	20.9	15.2	36.1									

注：1）原表は，国民所得，社会保障負担について，OECD, *National Accounts, 2002*（93 SNA ベース），租税負担について，OECD, *Revenue Statistics* 等より作成.
2）日本は年度，その他は暦年である.
3）日本の数値は，2001 年度までは実績，2002 年度は実績見込み，2003 年度は見込みである.
4）ドイツの数値は，90 年までは旧西ドイツベースのもの，91 年以降は全ドイツベースのものであ
5）社会保障負担について，日本の 89 年度以前，ドイツの 90 年以前，スウェーデンの 92 年前，フベースによる計数.
出所：㈶大蔵財務協会編『財政データブック』（平成 15 年度版）308 頁．一部修正.

意味においても、二〇二五年に一五％ポイントの収支ギャップを埋める展望が示せず公的社会保障制度の信用が脅かされているという意味においても、日本福祉国家財政のゆらぎを示していると言わざるをえない。

　では、産業界が執拗に抑制を求める日本の現行国民負担率は、どの程度の水準なのか、国際比較の視点を含めて検討しておこう。表4-3を見ると、日本の場合、一九八〇年三一・三％から一九九〇年三八・八％に上昇したが、一九九〇年代を通じて減少し二〇〇〇年代には三六％台となっている。その結果、アメリカよりはやや高い水準となったが、二〇〇〇年で見ると、イギリス五一・二％、ドイツ五六・五％、フランス六四・八％、スウェーデン七六・五％よりは相当低い水準にある。九〇年代の変化を見ても、イギリスはいったん減少するもののその後復位しており、ドイツは一〇ポイント近く急増し、フランスは漸増傾向にある。スウェーデンは、九〇年代前半に大きく減少するが、二〇〇〇年には一九八五年の水準に復位しており、それも七〇％台での話で

図 4-2　日本の社会保障収入の財源別構成比の推移

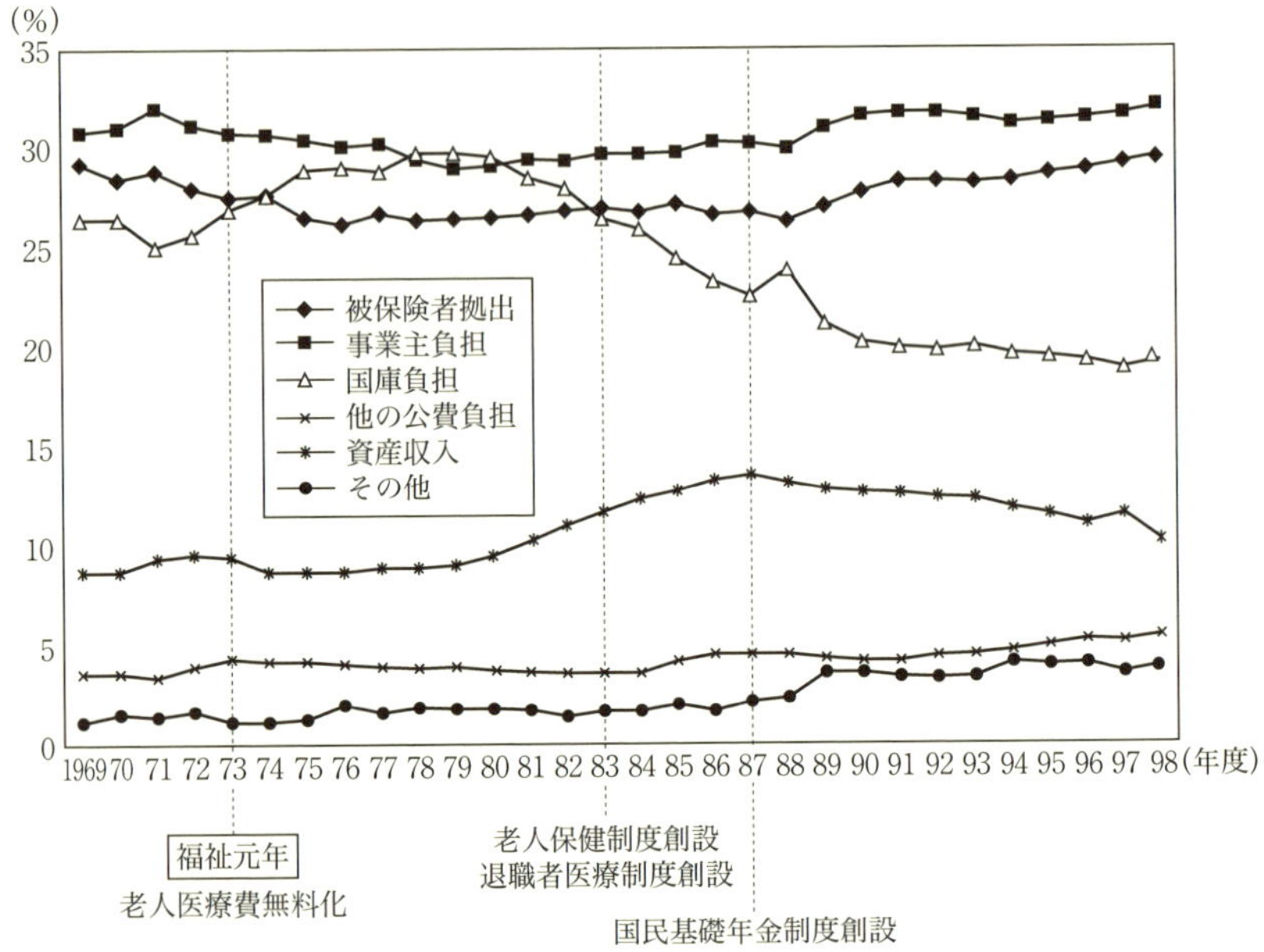

注：ILO 基準による社会保障収入，社会保障給付費と給付以外の支出，管理費を賄う収入．ただし「福祉元年」を 1973 年に修正．

出所：国立社会保障・人口問題研究所『社会保障統計資料集　時系列整備』2001 年 3 月，19 頁．なお，「福祉元年」は 1973 年に修正した．

ある。

日本の国民負担率の低下の原因は、七ポイント近くの減少を示した租税負担率の落ち込みにある。他の主要国は、アメリカを含めて従来の水準維持から増加傾向にある。日本と似た動きをしているのは、バブルとバブル崩壊を経験したスウェーデンぐらいだが、やはりそれも五〇%台での上下動である。

租税収入の対GDP比を課税対象別に見たOECD統計によれば[16]、日本の場合、所得課税は一九九〇年一四・三%が二〇〇〇年七・八%まで減少している。一方、主要国では、ドイツが一二・二%から一〇・九%に減少しているほかは、軒並み上昇している。また、日本の租税負担のうち地方税負担の動きを見ると、一九八五年九・〇%、九〇年九・五%、九五年八・九%、二〇〇〇年九・三%とほとんど変化していない。ということは、ひとり日本の国税だけが、グローバル化対応と景気対策を名目として選挙のたびに所得税、法人税の減税を繰り返して課税ベースをやせ細らせてきたのである。金融ビックバンへの対応、不良債権処理を優先する金融機関への優遇措置やゼロ金利政策による利子課税の激減なども課税ベースの縮小に拍車をかけている。

租税負担率の減少を補ってきたのが、「社会保障負担」である。表4-3によれば、一九九〇年一一・三%から二〇〇〇年一四・〇%へと上昇し、その後一五%台に到達している。両者の対照的な動きは、社会保障財政における財源構成の動向に端的に反映されている。図4-2で社会保障収入の財源別構成比の推移を見ると、一九七〇年代には、「福祉元年」をはさんで国庫負担が上昇し、その分事業主負担と被保険者拠出が漸減するが、一九八〇年代には臨調行革路線のもとで国庫負担がつるべ落としに減少していく。バブル景気をへて一九九〇年代には、国庫負担は引き続き減少傾向を示し後半には二〇%を切る水準に低迷する。これに対して、事業主負担は漸増傾向を見せ、被保険者拠出もかなりのテンポで上昇を続けている。

産業界にしてみれば、せっかく企業課税や所得税などの負担抑制に成功しても、玉突き式に事業主負担が増えては元も子もない。保険方式を採用するにしても事業主負担をいかに抑えるかが関心事となる。たとえば、厚生年金の基礎年金部分を消費税などの税方式にすべきだという提言は、事業主負担を軽減しようとする要求に他ならない。

もっとも、日本の産業界がグローバル化を乗り切るために、その抑制の必要性を強調する事業主負担の水準は、実は、ヨーロッパ諸国と比べて著しく低い。表4-4で、社会保険料の事業主負担の対GDP比率を見ると、日本の五・五七%はイギリス七・九〇%より低く、ドイツ、フランス、スウェーデンには遠く及ばない。

収支ギャップを放置したまま国民負担率、とりわけ租税負担率を抑制し、社会保障給付水準を削減・抑制してきた構造改革の継続は、福祉国家財政がその本質的特徴として具備する所得再分配機能に重大な変容をもたらしている。表4-5は、厚生(労働)省が三年ごとに公表している「所得再分配調査」からとったものである。高齢

表 4-4　主要国の社会保障財源の対 GDP 比（EUROSTAT 基準，1998 年）

（単位：%）

	社会保険料	事業主拠出	被保険者拠出	税	目的税	一般税	その他	合計
日本	10.69 (61.6)	5.57 (32.1)	5.12 (29.5)	4.27 (24.7)	— (—)	4.27 (24.7)	2.38 (13.7)	17.34 (100.0)
イギリス	15.03 (51.4)	7.90 (27.0)	7.13 (24.4)	13.99 (47.9)	0.04 (0.2)	13.95 (47.7)	0.21 (0.7)	29.23 (100.0)
ドイツ	19.94 (66.1)	11.29 (37.5)	8.65 (28.7)	9.32 (30.9)	— (—)	9.32 (30.9)	0.89 (3.0)	30.15 (100.0)
フランス	20.31 (66.4)	14.22 (46.5)	6.09 (19.9)	9.38 (30.7)	4.97 (16.3)	4.41 (14.4)	0.89 (2.9)	30.58 (100.0)
スウェーデン	17.52 (48.3)	14.17 (39.1)	3.35 (9.3)	16.60 (45.8)	— (—)	16.60 (45.8)	2.13 (5.9)	36.25 (100.0)

注：1)　(　) 内は，合計に対する構成比 (%).
　　2)　原表は，ヨーロッパ諸国については，EUROSTAT, *Social Protecition Expenditure and Receipts*. 日本については，EUROSTAT 基準により国立社会保障・人口問題研究所が算出したもの.

出所：浅野 (2001)，104 頁.

者世帯、母子世帯、被保護世帯などを一定の割合で含むサンプル調査で、所得階層別に当初所得、拠出（税金、社会保険料）、受給（年金・恩給などの現金給付、医療などの現物給付）を調査している。

まず特徴的なのは、一九九〇年代に入って、「税」（社会保険料を除く）による再分配効果が著しく低下していることである。この間の所得課税における累進性の緩和と逆進的な消費課税の拡大が影響しているものと考えられる。一方、「社会保障」による再分配効果については、たしかに「改善度」は高まっている。しかし、再分配の結果は悪化の一途をたどっていることも事実である。結局、当初所得の不平等度が一九八〇年代から一貫して大きくなり、「税による再分配」機能の弱化が重なって、「社会保障による再分配」機能をもってしても、不平等度の拡大傾向を抑えきれない状況に至っているのである。

所得再分配機能の変容は、日本福祉国家財政の特徴の一つである地域産業政策や政府間財政関係を通じた地域間所得再分配システムのゆらぎからも生じつつある。一九九七年五月産構審産業立地部会中間答申では、「これまでの産業立地政策は、国内における地域間格差是正、大都市圏への集中是正

表 4-5　税・社会保障による所得再分配の推移（日本）

	当初所得	再分配所得		税による再分配所得（当初所得－税金）		社会保障による再分配所得*	
	ジニ係数 A	ジニ係数 B	改善度 $\frac{A-B}{A}$(%)	ジニ係数 C	改善度 $\frac{A-C}{A}$(%)	ジニ係数 D	改善度 $\frac{A-D}{A}$(%)
1984	0.3975	0.3426	13.8	0.3824	3.8	0.3584	9.8
1987	0.4049	0.3382	16.5	0.3879	4.2	0.3564	12.0
1990	0.4334	0.3643	15.9	0.4207	2.9	0.3791	12.5
1993	0.4394	0.3645	17.0	0.4255	3.2	0.3812	13.2
1996	0.4412	0.3606	18.3	0.4338	1.7	0.3721	15.7
1999	0.4720	0.3814	19.2	0.4660	1.3	0.3912	17.1

注：1)　＊は，（当初所得＋医療費＋社会保障給付金－社会保険料）.
　　2)　再分配所得は，＊から税金を差し引いた値.
出所：厚生省「平成 8 年所得再分配調査結果」，厚生労働省「平成 11 年所得再分配調査結果」.

といった国内的な視点から政策展開が図られてきたが、企業活動のグローバル化の進展のなかで、国際的な立地競争力の強化を図る」必要があるとする。要するに地方分散を促進する地方振興政策は停止し、大都市圏など「既存の産業集積」を重視し、これを支援していこうというのである。実際、一九九八年三月の「二一世紀の国土のグランドデザイン」では、地方分散の考え方は消え、「地域連携軸」を提起して「地方の自立の支援」を掲げた。さらに、高度技術工業集積地域開発促進法（テクノポリス法）、頭脳立地法が一九九八年一二月に廃止され、代わって新事業創出促進法が公布された。中央政府の地域産業政策は、大都市再生の重視へと向かうことになる。

さらに、二〇〇〇年春頃から政府税制調査会などを舞台として財務省サイドからの地方交付税批判が始まった。二〇〇二年一〇月、地方分権改革推進会議の報告「事務・事業のあり方に関する意見――自主・自立の地域社会をめざして」と、財政制度等審議会が同年一一月に発表した「平成一五年度予算の編成等に関する建議」は、地方交付税がある限り「地方の自主性、自立性は育ち得ない」とか、地方にモラルハザードをもたらしている地方交付税の財源保障機能を廃止すべきだと主張している[17]。実際、地方交付税の総額抑制や小規模自治体の地方交付税削減などが具体化され、将来の縮小に備えて財政力貧弱自治体の合併への動きが加速されつつある。

以上のように、構造改革の具体化が進みつつある一九九〇年代後半から二〇〇〇年代初頭にかけて日本福祉国家財政は、経済実体の不平等化の進行を抑えるだけの再分配効果を発揮することができず、また、日本社会の安定性を支えてきた地域間所得再分配機能の弱化を意識的に進めようとしている。さらに、社会保障給付水準の抑制を前面に掲げつつ、国際的に見て未だ著しく低い水準での国民負担率の、これ以上の上昇を極端に恐れ、収支ギャップを放置したまま財政再建の展望を持てずにいる。グローバル化対応を旗印とする構造改革の結果は、日本の福祉国家財政に深刻なゆらぎをもたらしていると言わねばならない。

五 おわりに

グローバル化対応を至上命題として展開する構造改革は、その政策目的に沿ってみても、諸課題の間で軋轢をもたらしており、ゆらぎに独特の色合いを加えている。

第一に、中長期的に労働力を確保しようとする政策と、現下の失業者の滞留との摩擦である。二〇〇〇年代に入っても、再定義された福祉・労働政策は、しっかりと引き継がれている(18)。しかし、失業率が高止まりの状況で、既婚女性と高齢者に経済的ディスインセンティヴを加えて労働市場に送り出そうとする政策は、失業率を高め、賃金を押し下げる作用を及ぼす。特に新卒求職者との摩擦が深刻化し社会問題化しつつある。

第二に、社会保障制度の構造改革が、本当に経済発展や雇用創出に寄与しているかである。たとえば、民間有料老人ホームは、苦情や訴訟が相次ぎ社会的信用を得ることができなかった。結局、安心できる福祉サービスを民間事業者が提供するためには、しっかりした公的システムの中で活動せざるをえない。効率性や選択性の重視を標榜して民間活力の導入を図ろうとしても、一方で公的枠組みを維持しつつ、既存の公的組織の民営化、独立行政法人化、ＰＦＩの利用、アウトソーシングの採用などに依存するしかない。その結果は、公的セクターの雇用が民間セクターの雇用に、公的負担が料金負担に代わったに過ぎず、国民経済全体の成長に積極的に貢献していない。むしろ、社会支出の「社会的目的」が「利潤動機」に変換したことのデメリットが懸念されるし、公的部分をいじれば民間部門に雇用を奪い取れるという、ある種のレントシーキングが横行しつつあると言える。

最後に、再び指摘しなければならないのは、租税負担率を低下させ続け社会保険料の増徴で辻褄を合わせてきた社会保障財源確保の政策が、いよいよ限界に近づいてきたことである。事情は保険方式をとる年金、医療、介護とも同様である。年金制度は、二〇〇四年までの間に租税の形態で「安定した財源」を確保しなければ財政的に破綻すると宣言されている。医療についても二〇〇二年健保改正で公費を四％ずつ増加させるとされたことは、これもすでに見たとおりである。介護にしても半分は公費に依存しており、費用の増大は公費負担の増大に直結する仕組みとなっている。

現行の給付水準の維持のためにすら租税負担率の引き上げは不可欠なのであり、その新たな水準への「転位」が図られねば、日本福祉国家財政の「ゆらぎ」は「倒壊」にまで至る可能性がある。かりに「転位」が実現するとしても、その性格が問題となる。福祉・労働政策の再定義を堅持しつつグローバル化対応を金科玉条とする支配的資本の意向に沿ったものとなるのか、生存権を守り子育て・介護の社会化を進展させるという福祉施策理念の再生を図りつつ、担税力ある者が進んで負担し国民諸階層が能力に応じて支え合うかたちになるのか、国民の選択が問われることになろう。

注

（1）グローバリズムや市場原理主義が強まるなかで福祉施策のあり方をどう構想すべきかについては、神野直彦、金子勝らによる一連の精力的な研究がある（たとえば、神野・金子編（一九九九、二〇〇三など）。しかし、グローバル化のもとでの構造改革が福祉・労働分野でどのような論理で展開されているかの検証は、課題として残されているように思われる。なお、『海外社会保障研究』第一三四号（二〇〇一年）が「グローバル化と社会保障」という特集を組んでいるが、主として国際労働移動と社会保障の国際化に関心が向けられている。

（2）審議会等の報告書類については、特に断りのない限り『ニューポリシー』、各省庁webサイトのホームページによる。引用頁数については繁雑になるので省略した。

（3）日米構造協議と日本の経済政策、特に公共投資の動向との関係については、金澤編著（二〇〇二）、第一章（編者注―本書第三章）参照。

（4）たとえば、一九九五年四月に経済審議会経済社会展望部会グローバリゼーション・ワーキンググループ報告書では、グローバリゼーションを経済的側面から「様々な経済主体の効率性の追求が全地球規模で行われるようになること」と定義し、その「メリットを享受し我が国経済を発展させていくためには、高い調整能力を備えた労働市場と効率性を重視したスマートな政府を実現することが必要であり、そのためにも財政・社会保障制度改革を成功させ、一人当たり負担の上昇を抑えなければならない」と述べている。

（5）たとえば、タクシー業界のように経済的規制さえなければ実質的な参入障壁がほとんどない分野を規制緩和の対象とし、大企業から人員整理された者の雇用の受け皿を創出するというのが政策目的と考えられる。結局、大企業は、効率性の大義名分をかざしながら、中小企業の既得権を奪いつつ、自らのセーフティネットを作り上げていると言ってよい。

（6）製造業の海外生産シフト、流通部門の変化と高コスト構造是正の関係について、詳しくは、明石芳彦「低価値競争の広がりと製造業の構造変化」（大阪市立大学経済研究所・植田編（二〇〇三）を参照されたい。

（7）たとえば、政府の「産業構造改革・雇用対策本部中間とりまとめ」（二〇〇一年六月）では、「新たな市場・雇用創出」として「健康市場の創出」「環境・エネルギーの成長エンジンへの転化」にほとんどのスペースが割かれている。

（8）大蔵省主計局「中期財政運営関連資料」、「諸外国の財政健全化に向けての取り組みについて」（財政制度審議会財政構造改革特別部会資料）（一九九六年三月）（『ニューポリシー』一九九六年四月号所収）。もう一つ、高い債務水準のために、財政が外的ショックを受けやすくなっており、また、財政の持続可能性が脅かされており、従属人口比率の上昇による年金、医療支出などの財政需要が増加する前に債務残高の水準を下げるべきとしている。

（9）一九九六年五月橋本首相は、「我が国経済社会の活力を維持するためには、税と社会保障負担の二つを合わせた国民負担の水準をどの位に置くべきか等について、四審議会（経済審議会、財政制度審議会、税制調査会及び社会保障制度審議会）がそれぞれ問題意識を持って取り組んでもらうとともに、審議会の壁をこえて連携を取るようにお願いしたい」と指示していた（経済審議会『構造改革のための経済社会計画――活力ある経済・安心できるくらし』の推進状況と今後の課題」一九九六年一二月）。

(10) Atkinso, A.B.（1995）を参照。

(11) 介護保険の制度設計上の論点とその前提となる公共財、現物給付などにかかわる理論的問題については、金澤（二〇〇〇a）（編者注―本書第一章）も参照。

(12) 一九九九年九月二九日、第一回介護関連事業振興政策会議における根本厚生政務次官のあいさつ。

(13) 児童手当の動向については、健康保険組合連合会編（二〇〇三）、一四六～一五一頁、子育て支援については、国立社会保障・人口問題研究所編（二〇〇二）を参照。

(14) この点について詳しくは、勝又（一九九二）、浅野（二〇〇〇）を参照。

(15) ＯＥＣＤ作成の社会支出（Social Expenditure）の定義については、ヴィレム・アデマ（一九九九）を参照。社会支出とは、「社会的目的」を有する公的給付及び私的給付のことである。後者の範囲の線引きは容易ではないが、たとえば、企業年金は含まれ、個人年金は含まれないというように、公的部門が直接担当していないけれども「社会的目的」の程度が高いものは含まれることになる。なお、ここでの社会支出は、厳密には、課税前の社会給付のみの「粗社会支出」概念であり、課税後の社会給付に「社会的目的」を有する租税優遇措置を加えた「純社会支出」概念とは異なる。

(16) OECD, Source OECD による。一九九〇年と二〇〇〇年の数値を見ると、アメリカ一二・二%、一四・六%、イギリス一三・八%、一四・五%、フランス七・四%、一一・三%、スウェーデン二一・五%、二二・四%である。

(17) この点については、金澤（二〇〇〇b、二〇〇三（編者注―本書第九章））を参照。

(18) たとえば、二〇〇一年三月、経済財政諮問会議が発表した「社会保障と経済財政」と題された報告では、「社会保障制度の役割」として「保育や介護を理由として離職又は働くことができなかった人々の労働力化と社会参画を促進し、社会の支え手を増やす」ことと、「医療分野や福祉サービス分野は成長分野として経済発展や雇用創出に寄与」することと定式化している。

参考文献

浅野仁子（二〇〇一）「社会保障費の国際比較――基礎統計の解説と分析」『海外社会保障研究』第一三四号。

ヴィレム・アデマ（一九九九）「純社会支出　第二版」国立社会保障・人口問題研究所　勝又幸子・山野篤裕訳、ＯＥＣＤ雇用・労働・社会問題委員会提出『労働市場・社会政策特別報告書』第五二号。

大阪市立大学経済研究所・植田浩史編（二〇〇三）『日本企業システムの再編』東京大学出版会。

勝又幸子（一九九一）「社会保障給付費「その他」の中の雇用関係給付と家族関連給付を除いた残りの支出」社会保障研究所『諸外国の社会保障制度の財政構造に関する研究〈先進五か国の横断的比較〉』一九九一年六月。

金澤史男（二〇〇〇ａ）「福祉国家財政と現金給付・現物給付」神野直彦編『分権型税財政の運営』（分権型社会を創る6）、ぎょうせい。

金澤史男（二〇〇〇ｂ）「地方分権の推進と自治体の独自課税・地方交付税の見直し」『税経通信　臨時増刊』第五五巻第一二号、二〇〇〇年九月。

金澤史男編著（二〇〇二）『現代の公共事業』日本経済評論社。

金澤史男（二〇〇三）「日本型財政システムの形成と地方交付税改革論」『都市問題』第九四巻第一号、二〇〇三年一月。

健康保険組合連合会編（二〇〇三）『社会保障年鑑　二〇〇三年版』。

国立社会保障・人口問題研究所編（二〇〇一）『海外社会保障研究』第一三四号（特集「グローバル化と社会保障」）。

国立社会保障・人口問題研究所編（二〇〇二）『少子社会の子育て支援』東京大学出版会。

神野直彦・金子勝編（一九九九）『「福祉政府」への提言――社会保障の新体系を構想する』岩波書店。

神野直彦・金子勝編（二〇〇二）『住民による介護・医療のセーフティネット』東洋経済新報社。

福島利夫（二〇〇〇）「社会保障・社会福祉の日本的構造」岩井浩・福島利夫・藤岡光夫編著『現代の労働・生活と統計』統計と社会経済分析Ⅳ、北海道大学図書刊行会。

Atkinson, A.B. (1995), *Incomes and the Welfare State*, Cambridge University Press.

第五章　現代財政と公私分担の再編

はじめに

本章の課題は、現代資本主義の構造変化のなかに現代財政と公私分担関係の変容を位置づけ、さらに、そのなかで日本における公私分担関係の再編の特質を明らかにすることである。そのため、まず、現代資本主義とプライヴァタイゼーションの関係に留意しつつ、その再編の段階的意義を明らかにする。さらに、各国の変容の個性について、エスピン-アンデルセンによる福祉レジームの類型論を手掛かりとしながら、主要国の動向との対比において日本の特有の位置を解明する。以上を踏まえて、日本における公私分担関係の具体的再編の展開について、とくに官製市場の開放と新市場創出、公社・公団の民営化、地域・地方財政分野の再編に焦点を当てて検討する。その際、経済政策を軸とする公共政策の変容とそれを規定した経済構造の変化に着目する。最後に、「公」と「私」にまたがる公共性をいかに再生させるかについて、その基本的視点を提示してむすびとする。

一　公私分担関係と現代資本主義の構造変化

(1)　プライヴァタイゼーションの視点からする問題領域

公私分担関係の態様について、それを一方で規定する政府のあり方は、ケインズ政策への批判、「小さな政府」への志向、さらにグローバリゼーションのもとで大きく変容してきた。どのように変容してきたか、たとえば、OECDが二〇〇五年に公表した報告書「現代化する政府」[1]は、公共部門改革の内容として、①「開かれた政府」の実現、②業績に基づく予算と公共経営、③説明責任とコントロールの現代化、④分権化、民営化、エージェンシー化などの組織再編、⑤アウトソーシング、官民パートナーシップ、バウチャーなど市場型メカニズムの活用、⑥公務員雇用の削減と民間方式の適用の六点が最近二〇年間、先進国において、程度の差はあれ共通に進展していると指摘している。

こうした動向の基本線は、第一に、行財政に関する過程の透明化や説明責任の強化など財政民主主義や公共経営の高度化の進展であり、第二に、「政府は、サービスの直接提供から、民間および非営利の主体のより大きな税制と市場規制の拡大へと移行しつつある」という現象の二つに括ることができる。

このうち公私分担関係の再編に直接関わるのが後者であり、広い意味での民営化、すなわち公共部門のプライヴァタイゼーションの進展の結果として表れている現象である。公共部門のプライヴァタイゼーションは、さしあたり次の三つの局面からとらえることができる。第一は、所有権の移転による公企業・公営企業の民営化である。第二は、所有権を移転せず一定期間民間に事業を委託するなどによって民間活力を活用する方式の導入である。さらに、第三に、政府部門拡充の抑制や既存公共サービスからの撤退など「小さな政府」をめざした具体的な措置も、広い意味での民営化と言うことができる。

石井陽一は、右の第一を所有権移転型とし、さらにそれを「トレードセール」と呼ばれる直接売却型、一般株主に広く活用する株式公開型、民営化される企業の経営陣や従業員に売却する方式に分類している。また、第二の局面に重なる部分に位置する民間委託方式について、委託手数料ベースの外注方式である民間運用委託契約とコンセッション方式に二分し、さらに後者について、官民パートナーシップ（PPP：Public Private Partnership）と民間資金等活用事業（PFI：Private Finance Initiative）に分離し、PFIとしてBOT、BOO、アウトソーシング、PFI手法（官民の能力に応じたリスク分担）などを挙げている(2)。

石井は、民営化が普及したのは一九七〇年代からであり、その後一九九〇年代に「世界的ブームを迎えた」とした。内容的には、所有権移転型からコンセッション方式へと重点が移行しているとしたうえで、民営化の動機と理由を次のように整理している。すなわち、第一に、市場の創設や独占の排除など経済の効率化と発展、第二に、企業の対外競争力の育成やイノベーション促進など企業の効率性と発展、第三に、財政負担の軽減や新規税収源の創出などによる財政再建、第四に、幅広い株主層育成による大衆民主主義の促進や従業員持株制度の奨励など所得の分配または再分配、第五に、公的セクターの規模の縮小や特定政党・労働組合の影響力削減などの政治的配慮、である。

公私分担関係の再編をプライヴァタイゼーションの視点から俯瞰した場合、およそ以上のような道具立てと構図が問題領域を構成することになる。かかる問題領域について、さらに理解を深めるためには、プライヴァタイゼーションと現代資本主義の構造変化との関係が検討されねばならない。

(2) 公私分担関係再編の歴史的位置

プライヴァタイゼーションと現代資本主義の関係について、主要国の実証研究を重ねながら、系統的に考察してきたのが加藤榮一である。加藤は一九八〇年代に発表した一連の論稿において、石油危機以降、先進国経済はスタグフレーションを基調とするようになり、その結果、財政と公企業は構造的赤字を抱え、その再編が課題となる。そこで公共部門に可能な限り市場原理を導入し、その規模を必要最小限に抑制するとともに、残る分野についても効率化の実現が不可避となると述べる。さらに、公企業の民営化や行政のアウトソーシングは、一方で労働組合の影響力を弱め、他方で従業者持株制度を普及させ、それまで福祉国家システムを支えてきたコーポラティズムの弱体化をもたらすことが指摘されている。より長期的視野で見れば、社会主義的要素を「結晶化」して形成されてきた二〇世紀福祉国家システムが、それを許容しえた戦後経済成長という物質的基盤を失ったとき、その社会主義的要素を「システムの外に排斥する試み」の典型として公企業の民営化が位置づけられている。さらに、住宅、社会保障、教育、行政一般で進展するプライヴァタイゼーションは、それらを従来の政府部門の中核から押し出し、「福祉国家システムの周縁に拡がる公と私の中間領域に位置づける試み」と総括されている。(3)

これに対して一九九〇年代の世界的動向を踏まえた二〇〇〇年代の論稿においては、一九八〇年代から二〇〇〇年代初頭にかけてのイギリス、アメリカの社会保障制度改革、および二〇〇〇年代初頭のスウェーデン、ドイツの年金改革が検討されている。クリントン政権が実施したＡＦＤＣ（Aid to Families with Dependent Children）からＴＡＮＦ（Temporary Assistance for Needy Families）への切替えに象徴されるように、アメリカ、イギリスにおける社会保障制度の改変によってターゲティングやワークフェア原理が普遍主義的原理にとって代わり、そうした新自由主義的改変は、グローバリゼーションのもとで、それまで強固な福祉国家システムを維持していたドイツ、スウェーデンにも波及し、総体として二〇世紀福祉国家の解体が宣告されるのである。(4)

ニクソン・ショックと石油危機を起点とする資本主義の構造変化が先進資本主義国家の変容をもたらし、ベルリンの壁崩壊とソ連邦解体以降に奔流となって進展したグローバリゼーションのもとで、その傾向が決定的になるという捉え方は、世界的に見てもひとり加藤だけのものではない。たとえば、カナダのＲ・ミシュラは、社会主義体制の崩壊と信頼に足る社会民主主義の後退によって新自由主義が活力を増し、従来の福祉国家を変容させていると指摘する。[5] その結果、国民国家によるマクロ経済的管理の自律性は弱まり、また福祉施策の体系は重大な後退を余儀なくされているとする。ただし、先進国では、完全雇用と相対的に高賃金の正規労働は崩壊しつつあるが、大衆民主主義によって貧困層に対する保護制度はなんとか維持されている。他方、WTOや世界銀行を活用しながら内外での規制緩和が推し進められ、主要国内部での所得格差の拡大、先進国と途上国での貧富の差の拡大が進行していると述べられている。

グローバリゼーションによって決定づけられた現代資本主義国家の変容をどのように総括するか、この点について、加藤が援用したのがN・ギルバートの「支援国家」論である。[6] これはイネイブリング・ステイト（the Enabling State）の訳語で「条件整備国家」とも訳される。ギルバートによれば、二〇世紀福祉国家が目標とした普遍主義による社会保障原理は、グローバル化のもとで大きく変容しつつあると述べる。福祉国家から支援国家への転換の主要な傾向は、表5-1のとおりだが、その要点は、国家は直接、財や福祉サービスを供給することをやめ、その分野で働く意欲を持つ経済主体に対して、それが可能となる条件を整える機能への転換が進んでいるというのである。その内容は、「私的責任に対する公共の支援」、あるいはその裏面である「公共責任の暗黙の放棄」とも特徴づけられてい

表5-1　福祉国家から支援国家への転換の主要な傾向

福祉国家	支援国家
公共の直接サービス	民営化
公共機関による提供	民間機関による提供
サービスの形態での移転	現金又はヴァウチャーでの移転
直接支出中心	間接支出の増加
労働保護	就労促進
社会援助	社会復帰
労働の脱商品化	労働の再商品化
無条件の給付	誘因と制裁の活用
普遍主義的権利付与	選択的目標の設定
スティグマの回避	社会的衡平の回復
市民権に基づく連帯	帰属意識に基づく連帯
共通の権利による探求心	共通の価値観と市民義務による探求心

注：原表は，Neil Gilbert, *Transformation of the Welfare State, The Silent Surrender of Public Responsibility*, Oxford : New York, 2002, p. 44.
出所：加藤榮一「二十世紀福祉国家の形成と解体」加藤榮一・馬場宏二・三和良一編『資本主義はどこに行くのか』東京大学出版会，2004年．

る。

ギルバートの「支援国家」論は、先に引照したＯＥＣＤの報告書において、政府がサービスの直接提供を縮小し民間や非営利部門の役割が増大しているとの指摘と符合しており、現代国家の全般的傾向として世界的に認知されつつある。問題は、こうした現象がたんなる傾向ではなく、現代資本主義国家の新たな段階を示すものかどうかである。

これをめぐる論点については、すでに岡本英男が周到に整理しているので[7]詳細は省略するが、要点のみを示せば次のようになる。新段階説の代表が加藤榮一である。加藤は、すでに紹介したように、普遍主義とエスピン－アンデルセンの言う脱労働力商品化によって特徴づけられる二〇世紀福祉国家は、グローバリゼーションのもとでターゲティングとワークフェアを基本理念とする福祉制度改革によって確実に修正され解体されつつあり、「支援国家」化の傾向を強めているとし、それは単なる「バックラッシュ」ではないと主張する。

他方、林健久は、岡本が紹介しているように、所得再分配を強く要求する理念も、逆にそれを最小限に抑えて国際競争力を優先する理念も、「実は福祉国家財政を支える二つのイデオロギーなのであって、負担、給付とも拠るべき規準のない福祉国家財政は、この二つのポールの間をゆれ動く政策イデオロギーに導かれて左右にゆれ動くことこそ、その本質なのである」[8]と述べる。要するに、サッチャリズムやレーガノミックスに基づく改革もグローバリゼーション下の新自由主義的改革も、福祉国家をとりまく内外環境の変化への対応であって、福祉国家の解体を示すものではないというわけである。これも十分に踏まえるべき議論だと考えられる。

これに対して岡本は、公的扶助制度を中核とする社会保障制度の体系である「狭義の福祉国家」と、公企業、経済的規制、労使関係、完全雇用を目的とする国民国家レベルのフィスカル・ポリシーなどを含む「広義の福祉国家」の二層構造でとらえ、「広義の福祉国家」は、「一九七〇年代半ば以降相当な転換を遂げた」ものの、「狭義の福祉国家」は、「八〇年代の新保守主義の攻撃に耐え抜いたし、九〇年代以降急速な展開をみせた経済のグローバル化によっても解体することはない」と述べる。前者の「相当な転換」の内容としては、公企業の民営化、規制緩和による「隠れた社会保護」の解体、連帯的賃金政策の弱化などの労使関係再編、インフレ的ケインズ政策の終えんなどが挙げられている。鋭い捉え方と考えられるが、「狭義の福祉国家」における「支援国家化」をどう位置づけるか、逆に一九七〇年代以降フィスカル・ポリシーないし成長政策が基本的に消滅したと言えるかなどいくつかの点で検討の余地がある。

以上の先行研究を踏まえ、試論的な小括を示せば次のようになる。まず、各国資本主義のあり方を規定する世界経済システムの時期区分としては、一九九〇年代から新たな段階に入ったと言うべきであろう。第一次大戦後の資本主義は、社会主義体制と対峙しつつ二次の総力戦と大恐慌を契機に組織化・現代化を進め、社会主義的要素を自らに取り込み福祉国家システムとして体系化してきた。

世界的経済成長によって福祉充実と経済成長の良好な関係が形成されたものの、その過程に内包されていたアメリカの軍事負担の累増を一因とする経済的地位の低下、資源ナショナリズムの高揚がもたらされ、ドル・ショック、石油危機に帰結し、そこから資本主義の本格的な構造転換が始まった。変動相場制のもとで資本主義諸国は、過剰資本を整理し新たな生産力編成をめざす激烈な競争へと導かれていった。そのなかでアメリカは、一九七〇年代に規制緩和による競争的市場への再編を遂げた。情報技術（ＩＴ）分野、通信ネットワークおよびそうした情報通信技術を駆使して資金運用を図る国際金融資本の活動などの分野において主導的地位を築き、ワシントン・コンセンサスや「戦略的通商政策」を武器にアメリカン・スタンダードを経済のグローバル化の基調とする流れを作り上げていった。他方、政治的経済的に硬直化した社会主義体制は、資本主義競争の激化がもたらした技術革新や消費欲望の刺激をはじめとするグローバル化のインパクトの総体に耐えきれず、ベルリンの壁崩壊、ソ連邦の解体に至った。

社会主義体制の崩壊により、レスター・Ｃ・サローの言葉を借りれば「一九億人が資本主義になだれ込んできた」[9]のであり、中国も市場経済化を加速させていく。国際経済の枠組みでは、WTOの設立によるサービス貿易、知的財産権保護を含めた多国間貿易ルールが確立される一方、グローバル化に対抗する自由貿易協定の拡大や地域経済統合の動きが進展している。

一方、先進資本主義国にあっては、「対抗文化としての福祉国家[10]」が、社会主義体制の崩壊によって、対抗すべき勢力を失い、新自由主義的イデオロギーが再生産され、それに適合的な制度化を迫る圧力が継続する世界史的条件が形成された。およそ以上の意味で、世界経済システムは、新たな段階に入ったと言えるのである。

この世界経済システムのダイナミズムに規定されて、先進資本主義国家のあり方は、全般的に変容した。まず、基幹産業や公営事業分野の公企業の民営化が世界を一巡した。また、民間部門と併存する年金・保険分野では、民営化あるいは民間とのハイブリット型への移行が開始される。また、これらの動きと連動して労働組合の弱体化が進み、コーポラティズム的労使関係が変容した。フィスカル・ポリシーは、変動相場制の定着と資本自由化の進展、さらに基軸通貨とそれ以外の通貨の非対称性の顕在化、地域経済統合による主権制限などの要因によって政策選択の幅が著しく狭められることになった。

一九九〇年代における変化はそれだけではない。公企業や年金・保険部門のプライヴァタイゼーションの定着を前提とし、福祉国家の根幹をなす租税に支えられた強制獲得経済としての一般政府部門に構造的な変化が及んできたのである。それがギルバートの指摘した「支援国家」化の傾向である。その定性的内容は表5-1のように、ギルバートが整理したとおりだが、定量的に確認することは容易ではない。この点、OECDは、前述の報告書で、アウトソーシングの近似値として中央政府による外部業者からの財・サービス購入比率を算出し、その七五~八〇%がアウトソーシングとしている。その値が歳出全体に占める比率はイギリス六〇%弱、アメリカ五〇%弱、ドイツ三〇%前後、フランス二〇%弱となり、アメリカは、二〇〇〇年代初頭までの一〇年間でアウトソーシングが三三%増加したという推計が発表されている[11]。アングロ・サクソン系諸国の突出した水準が印象的であるが、世界的傾向として進展していることは明らかである。

第一次大戦から一九八〇年代まで資本主義体制と社会主義体制が併存した世界経済システムのもとに形成、確立、発展、変容してきた資本主義国家を二〇世紀型福祉国家と定義するならば、一九九〇年代以降の資本主義国家は、世界経済システムの転換に照応した新たな理念型を形成しつつあると言える。

公私分担関係に着目して、その形態的特徴を端的に述べれば、国家が公共財・サービスの直接供給者としての役割を後退させ、民間事業者、NPOなど多様な供給主体を支援する機能、あるいはそれらの主体が公共財・サービスの供給を十分に担える条件を整備する機能に重点を移行しつつあることである。ここで重要なことは、こうした「支援国家」化は、福祉ミックス論や小さな政府論が想定する政府機能総体の縮小に直結するのではなく、国家と民間の間に新たなグレーゾーンを形成し、福祉国家の中核を取り巻く広大な中間領域を生み出していることである。公企業に関しては、民営化や採算部門と不採算部門の分離というかたちで外形上はグレーゾーンの縮小が進んでいるが、他方で新たなグレーゾーンの拡大が並行して進展しているのである。

資本主義国家の新たな理念型は、意識的な制度改革の積み重ねのなかで形成されてくる。そうした改革を正当化する理念の特質は、第一に、グローバリゼーションへの対応を明示することであり、市場原理の活用による国際競争力の維持が目的とされることである。しかし、それだけでなく、R・J・ベネットが「ポスト福祉国家」のパラダイムとして強調した基準[12]、すなわち公共財、サービスを含む財・サービスの消費者としての国民に対して、いかにそのニードに適合したかたちで供給するかを、もう一つの理念の特質として挙げなければならない。ベネットの「ポスト福祉国家」は、「ポスト二〇世紀型福祉国家」と言い換えられるべきものであり、消費者としての国民のニードが基本とされる限り、ただちに福祉国家が解体するわけではない。資本主義国家の新たな理念型とは、二〇世紀型福祉国家と対比される新たな段階の福祉国家を意味する。

新たな段階の福祉国家の内容を規定するのは、基本的には大衆民主主義の質と成熟度である。むろん、政治的軍事的国際関係、経済的国際関係や国内の経済構造に規定された政策選択の制約も重要であるが、普通選挙に基づく民主制国家である限り、究極的には国民の選択の問題である。新しい国家の正統化原理のうち大衆民主主義の状況によって第一の原理が自己目的化する場合もあるだろうし、むしろ第二の理念を実現する手段としてそれが位置づけられる場合もあろう。「支援国家」化の進展の影響についても、ギルバートは「公共責任の暗黙の放棄」を指摘しているが、そのような場合もあるだろうし、国家による必要にして十分なコントロールが用意される場合もあろう。

新しい理念型の形成という全般的傾向のもとで、大衆民主主義の質と成熟度に応じて国家機能の具体的内容は国によって多様化する可能性を想定しなければならないのである。かかる質と成熟度の意味内容の一端については、第五節で言及する。

二　福祉国家の類型論と財政支出の動向

公私分担関係の再編をもたらす政府機能の変容は、主要国の具備する個性とどのように関連しているのであろうか。政府機能の全般的変容と類型論との関係という問題である。この点、手がかりとなるのは、エスピン-アンデルセンによる福祉レジームの類型論である。周知のように、アンデルセンは、国家、市場、家族などの組み合わされ方に着目し、労働力の脱商品化の進展度、階層化の状況、社会権のあり方などを指標として、福祉国家レジームを三つの類型に分類している(13)。一応、その内容を確認すると次のようになる。

第一の類型は、自由主義的な福祉国家レジームであり、アメリカ、カナダ、オーストラリアを典型とする。ここではミーンズテスト付きの扶助、最低限の普遍主義的な所得移転と社会保険プランでシステムが構成されている。これを規定しているのが、最小限の脱商品化効果、実質的に抑制された社会権、福祉受給者である低所得者と能力に応じて市場から福祉サービスを受給可能な多数派市民との二重構造が形成されている。

第二の類型は、保守主義的な福祉国家レジームであり、オーストリア、フランス、ドイツ、イタリアを典型とする。ここでは社会権などの諸権利が階級や職業的地位に付随するものとして発達し、強度にコーポラティズム的な福祉国家が形成される。伝統的な家族制度が重視され、福祉給付や社会保険制度にもそうした特徴が見られる。

第三の類型は、社会民主主義的な福祉国家レジームであり、スウェーデンをはじめとするスカンジナビア諸国が典型である。ここでは、普遍主義の原理と社会権、労働力の脱商品化が新中間階級まで効果が及ぶよう制度設計されており、国家と市場、あるいは労働者階級と中間階級の間で二重構造が生み出されることが容認されていない。生涯を通じて家族が抱え込むコストは、普遍主義的に社会化されている。

こうした類型化が政府機能の特徴にどのように反映されているのか、そうした特徴は近年どのように推移しているのか、基本的な財政統計で確認しておこう。まず、表5-2で一九九〇年代における一般政府支出について、各国の特徴とその動向を見ると、総支出の水準は、第一類型のアメリカの三〇%台と第三類型のスウェーデンの六〇%前後が両極をなし、その中間に第二類型のフランス、ドイツが位置する。イギリスは、アメリカとドイツの中間である。規模の大小を想定しているのは、社会保護、健康に代表される社会保障分野の水準であり、事実、アメリカの一四%台に対してスウェーデンは三〇%前後であり、フランス、ドイツは二五~三〇%の水準となっている。

一九九六年から二〇〇四年までの変化を見ると各国とも、横ばいないし漸減傾向を示すものの、一路小さな政府に向かっている状況は確認できない。スウェーデンの場合、一九九〇年代前半のバブル崩壊によるGDPの減退が、政府支出の対GDP比水準を押し上げた側面が強く、二〇〇四年は八〇年代半ばの水準に復したという点には留意しておきたい。
それでも総じて政府支出は抑制基調であることは事実であり、各国とも一般サービスや公債費の削減に努め、また、ドイツやスウェーデンでは公的資本形成の削減などが目立つ。こうした削減分は、目的別にみた健康・社会保護や性質別でみた社会保障給付の確保に充てられたと見ることができる。

政府規模の大きさを規定する公的社会支出の推移を示したのが表5-3である。やはり第一類型のアメリカが一五%前後であり、第三類型のスウェーデンが三〇%前後で、両者が両極をなし、第二類型のフランス、ドイツは二〇%台後半で中間に位置している。次に時系列変化に着目してみると、すべての国で一九八五年から九五年にかけて上昇しており、二〇〇三年においてもわずかに減少したスウェーデンを除く各国で微増していることである。

ところで、このように見てくると、財政統計上においては、第二類型は、第一類型と第三類型の中間に位置するにすぎないようにも見える。しかし、結論から述べれば、第二類型には財政統計上からもたんなる中間型ではない独自の特徴を見出すことができる。第一に、高齢、遺族、保健の水準が高く、老齢年金、医療保険など社会

推移

(単位：%)

スウェーデン			日　本		
1996	2000	2004	1996	2000	2004
64.8	56.8	56.7	36.8	38.7	36.9
11.7	10.2	7.6	6.9	7.1	5.4
2.5	2.4	1.9	0.9	0.9	1.0
1.4	1.3	1.4	1.4	1.4	1.4
4.9	4.1	4.8	5.3	4.9	3.9
2.8	1.2	1.1	2.8	2.6	2.0
6.6	6.3	7.0	5.5	6.4	7.0
8.9	7.9	8.4	4.3	4.3	4.1
25.9	23.5	24.3	9.7	11.0	12.0
17.0	15.6	16.3	6.3	6.5	6.4
21.7	19.9	20.8	13.4	15.6	17.4
3.5	2.9	3.0	6.4	5.2	3.9
6.5	4.0	1.9	3.5	3.4	2.7

1994-2004, 2006.

(単位：%)

スウェーデン			日　本		
1985	1995	2003	1985	1995	2003
8.3	9.9	10.1	3.9	5.2	8.0
0.7	0.7	0.7	1.0	1.1	1.3
4.6	5.1	6.0	0.6	0.6	0.7
7.8	6.3	7.1	4.7	5.6	6.1
4.1	3.8	3.5	0.4	0.4	0.7
2.1	2.2	1.3	m	0.3	0.3
0.9	2.3	1.2	0.3	0.4	0.4
0.7	1.1	0.6	a	a	a
0.6	1.0	0.7	0.2	0.2	0.2
29.7	32.5	31.3	11.2	13.9	17.7
15.0	16.8	15.5	6.1	7.4	9.7
12.6	13.5	14.5	5.0	6.2	7.7

表 5-2　一般政府支出（目的別・性質別）（対 GDP 比）の

		アメリカ			イギリス			フランス			ドイツ		
		1996	2000	2004	1996	2000	2004	1996	2000	2004	1996	2000	2004
総支出		36.5	34.2	36.4	43.0	39.8	43.3	54.5	51.6	53.2	49.3	45.1	47.0
目的別	一般サービス	6.5	5.6	4.7	5.7	4.8	4.7	8.4	7.6	7.3	6.7	3.9	6.1
	防衛	3.8	3.2	4.2	2.9	2.8	2.6	2.6	2.1	1.9	1.3	1.2	1.1
	秩序・安全	1.9	2.0	2.1	2.1	2.2	2.5	1.2	1.2	1.3	1.7	1.6	1.6
	経済	3.5	3.7	3.7	2.9	2.4	2.9	3.6	3.3	3.0	4.4	4.1	3.6
	環境・住宅	0.7	0.5	0.6	1.3	1.1	1.4	2.1	2.4	2.6	1.7	1.6	1.6
	健康	6.7	6.3	7.5	5.7	5.7	6.9	6.7	6.6	7.3	6.4	6.2	6.1
	文化・教育	6.3	6.3	6.6	5.3	5.4	6.2	7.6	7.4	7.6	5.2	4.9	4.8
	社会保護	7.2	6.6	7.1	17.0	15.5	16.1	22.1	21.2	22.1	22.0	21.5	22.2
性質別	人件費	10.2	9.6	10.3	10.7	10.1	11.2	13.8	13.3	13.3	8.7	8.1	7.7
	社会保障給付	11.6	10.7	12.0	14.8	12.6	13.1	22.9	22.1	23.2	26.5	25.8	26.9
	粗資本形成	2.4	2.5	2.5	1.5	1.3	2.0	3.2	3.1	3.1	2.1	1.8	1.4
	公債費	4.6	3.6	2.6	3.7	2.8	2.0	3.6	2.9	2.7	3.5	3.2	2.8

注：目的別支出は内訳．性質別支出は掲出項目以外のその他支出があるが省略．
出所：OECD, *General Government Accounts, National Accounts of OECD Countries Volume IV*

表 5-3　公的社会支出（対 GDP 比）の推移

	アメリカ			イギリス			フランス			ドイツ		
	1985	1995	2003	1985	1995	2003	1985	1995	2003	1985	1995	2003
高齢	5.4	5.4	5.5	4.5	5.6	5.9	8.5	10.6	10.5	10.1	10.4	11.3
遺族	1.0	1.0	0.8	1.6	0.4	0.2	2.0	1.6	1.8	0.7	0.5	0.4
障害，業務災害，傷病	1.0	1.2	1.3	1.5	3.0	2.5	2.8	2.1	1.7	1.9	1.9	2.0
保健	4.1	6.1	6.7	4.9	5.8	6.7	6.2	7.2	7.6	7.0	8.2	8.0
家族	0.6	0.6	0.7	2.3	2.4	2.9	2.7	2.7	3.0	1.8	1.9	1.9
積極的労働政策	0.1	0.2	0.1	0.7	0.4	0.5	0.6	1.3	1.1	0.7	1.2	1.1
失業	0.4	0.3	0.5	1.8	0.9	0.3	2.3	1.6	1.8	1.0	1.7	1.8
住宅	a	a	a	1.3	1.8	1.4	0.7	0.9	0.8	0.1	0.2	0.2
その他の社会政策	0.4	0.6	0.5	0.9	0.2	0.2	0.0	0.3	0.3	0.4	0.6	0.5
合計	12.9	15.4	16.2	19.6	20.4	20.6	25.8	28.3	28.7	23.6	26.6	27.3
うち現金給付	8.1	8.3	8.4	11.6	10.9	10.2	17.3	17.1	17.3	14.9	15.5	16.3
うち現物給付	4.7	6.8	7.7	7.2	9.0	9.9	7.9	10.0	10.3	8.0	9.8	9.9

出所：OECD, *Source OECD*, *Social Expenditure Database*, Date：28/06/2007.

図 5-1　国民負担率の内訳の国際比較

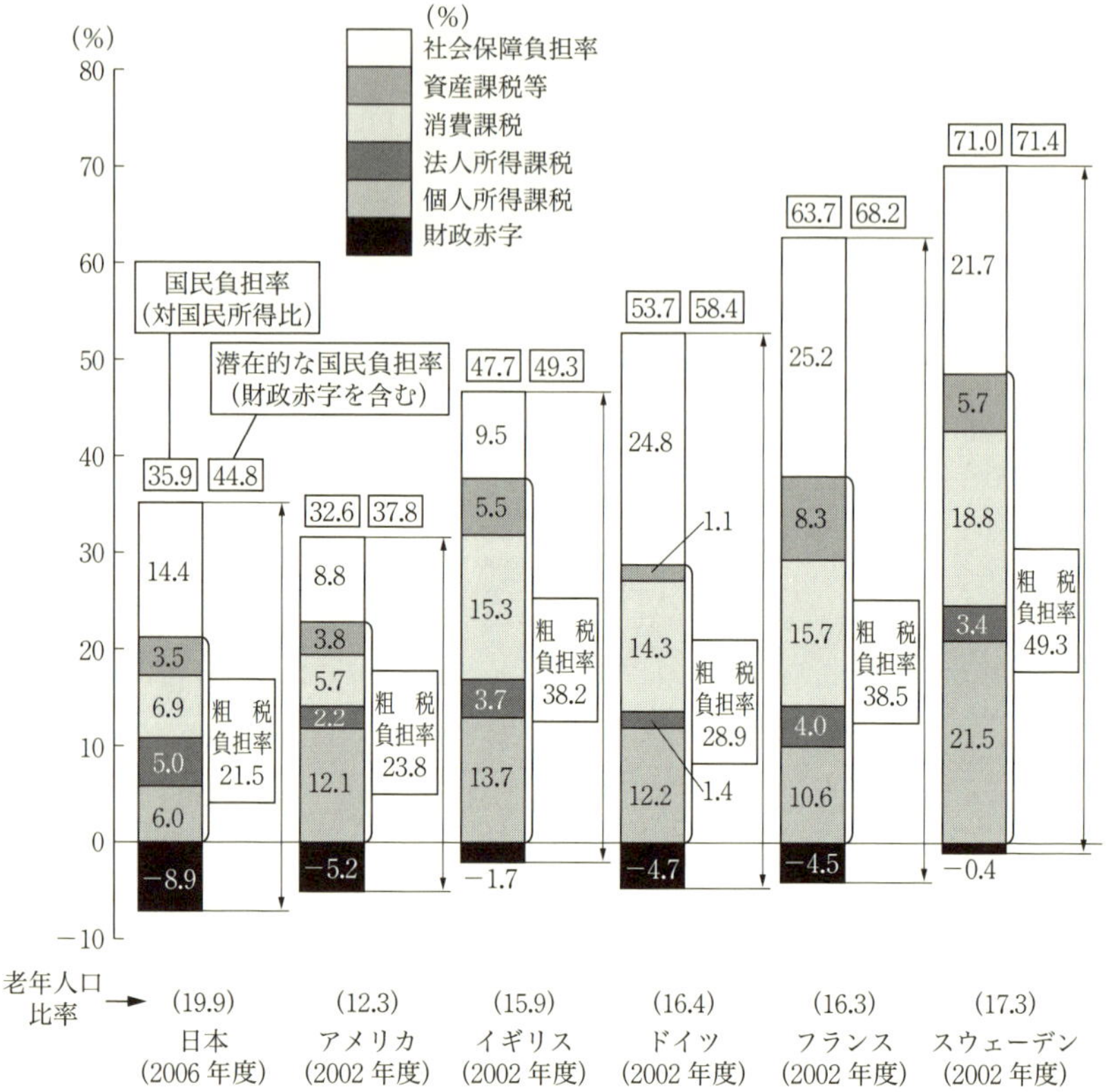

注：1)　原表資料は，日本について，平成 17 年度（2005 年度）予算ベース，諸外国について，OECD“Revenue Statistics 1965-2003”および同“National Accounts 1991-2002”等.

2)　租税負担率は国税および地方税合計の数値．所得課税には資産性所得に対する課税を含む.

3)　財政赤字については，日本およびアメリカは一般政府から社会保障基金を除いたベース，その他の国は一般政府ベース.

出所：財務省ホームページ（http://www.mof.go.jp/jouhou/syuzei/siryou/020.htm）.

保障制度で構成される部分の比率が高くなっている。第二に、このことは、財源面でみた特徴と表裏の関係にある。図5-1によって国民負担率の構成をみると、ドイツ、フランスは租税負担に対して、社会保障負担の割合が高く、対国民所得比においてもスウェーデンを上回っている。第三に、家族の割合が相対的に高い。表5-3では現金給付と現物給付に分けて表示しているが、その点を確認すると、(14) 同じく家族の割合が高い水準のスウェーデンの場合は、家族への現物給付の方が比率が高いのに対して、フランス、ドイツでは現金給付が優位となっている。第四に、公的社会支出の全体について、現物給付に対して、現金給付の比率が高い。この点については、両者の水準が拮抗している第一類型（アメリカ）、第三類型（スウェーデン）の両類型と異なる特徴となっている。

以上を要するに、まず、スウェーデンに代表される第三類型においては、エスピン-アンデルセンの言う「連帯主義、普遍主義を実現し脱商品化効果を有する福祉体制を維持する膨大なコスト」(15) が公的社会支出の突出した水準として明示的に表れ、なかでも必要に応じて供給される現物給付が発達し、公共福祉サービスの充実が、高い国民負担率を受容するという相互依存関係が定着していく状況を読み取ることができる。

他方、アメリカに代表される第一類型では、「競争的個人主義」を根底に持つ自由主義理念が支配的であり、国家の責任はワークフェア原理に基づく最低限の福祉となる。そのことが、さしあたり、公的社会支出の低水準に反映されるかたちとなっている。さらに第二の類型は、職業集団を基礎としながら社会秩序を維持し、福祉要求の高度化に対応する方途としてコーポラティズムが形成されてきたが、そのことが社会保険制度の比重の高さに示されている。また、家族を含めた既存秩序を前提として、それで満たせないニードに対応するという国家機能の特徴が、現金給付の比率の高さに反映されている。

さて、ここで問題となるのは、アメリカに代表される第一類型において、国民の享受する福祉水準をどう評価するかである。国民負担率や公的社会支出の対ＧＤＰ比を見る限り、スウェーデンさらにはフランス、ドイツとアメリカとの差は著しく大きい。第一類型と第二・第三類型との差異は、絶対的な福祉水準の差としても表れていることは自明のようにも見える。この点に関連して、飯野靖四は早くから国民負担率の概念は、分母が国民所得のため間接税収入が引かれており、間接税収入比率の高い国が国民負担率も高い数値となること、公債発行額も負担に含めるべきこと、租税による社会保障制度すなわち租税支出を考慮すべきことなどを指摘していた(16)。

二〇〇〇年前後、ＯＥＣＤの雇用・労働・社会問題委員会は、社会支出の水準を総合的に把握し、正確な国際比較が可能となる統計処理の方法を検討した。その要点の第一は、給付について、現金給付に課せられる租税・社会保障負担を差し引き、社会保障目的の税制優遇措置（租税支出）を加算し、「純社会支出」という概念を明確にしたことである(17)。第二の要点は、公共部門による社会支出だけでなく民間部門が提供する社会支出についても算出していることである。この民間部門社会支出は、政府によって義務づけがされている義務的民間部門社会支出と義務づけされていない任意的民間部門社会支出に分類される。また、民間部門の社会支出についても粗概念と純概念が区別される。

表5-4は、こうした方法によって公私両部門の社会支出を試算し、対ＧＤＰ比で示したものである。いま、アメリカとスウェーデンに注目すると、通常、公的社会支出（public social expenditure）として扱われる（粗）公共部門社会支出（①）は、アメリカ一五・八％に対してスウェーデン三五・七％と約二〇ポイントもの差がある。しかし、（純）公共部門社会支出（⑤）で見ると、アメリカ一六・四％に対してスウェーデン二八・五％と一二ポイントほどの差に縮小する。さらに、民間部門による社会支出を加えると、アメリカ二四・六％、スウェーデン三〇・六％にまで接近し、両者の差は高齢人口比率（図5-1の「老年人口比率」参照）でほぼ説明可能な数値となる。

スウェーデンの純社会支出水準を引き下げているのは、給付に対して直接税・間接税課税、社会保障負担が差し引かれることが主な原因となっている。他方、アメリカの場合、当初の粗公共部門社会支出の水準を大きく変

表 5-4　公私両部門の社会支出（対 GDP 比）

（単位：%）

		アメリカ	イギリス	オーストラリア	ドイツ	スウェーデン	韓国	日本
①	(粗)公共部門社会支出	15.8	23.8	18.7	29.2	35.7	4.4	15.1
②	(控除)給付への課税(直接税)・社会保障拠出	0.4	0.4	0.3	1.3	4.4	0.0	0.2
③	当該給付からの消費に対する間接税負担	0.4	2.3	0.8	2.3	2.8	0.2	0.5
④	(加算)社会目的の税制優遇措置	1.4	0.5	0.3	1.6	…	0.4	0.4
④′	＊うち私的年金に対する社会目的の税制優遇措置	1.2	0.2	0.0	0.0	…	0.0	0.0
⑤	(純)公共部門社会支出 (①−②−③+④)	16.4	21.6	17.9	27.2	28.5	4.6	14.8
⑥	(粗)義務的民間部門社会支出	0.4	0.4	1.2	1.3	0.4	2.5	0.5
⑦	(控除)当該給付からの消費への課税(直接税・間接税)社会保障拠出	0.1	0.2	0.3	0.6	0.1	0.4	0.0
⑧	(純)義務的民間部門社会支出 (⑥−⑦)	0.3	0.3	0.9	0.7	0.2	2.1	0.5
⑨	(純)義務的総社会支出 (⑤+⑧)	16.8	21.9	18.8	27.9	28.7	6.7	15.3
⑩	(粗)任意的民間部門社会支出	8.4	3.8	3.4	1.1	3.0	1.9	0.4
⑪	(控除)当該給付からの消費への課税(直接税・間接税)社会保障拠出	0.6	1.0	0.3	0.2	1.0	0.0	0.0
⑫	(純)任意的民間部門社会支出	7.8	2.9	3.1	0.9	1.9	1.9	0.4
⑬	(純)民間部門社会支出 (⑧+⑫)	8.1	3.2	4.1	1.6	2.2	4.0	0.9
⑭	(純)総社会支出 A (⑤+⑬)	24.6	24.8	21.9	28.8	30.6	8.6	15.7
⑮	(純)総社会支出 B (⑭−④′)	23.4	24.6	21.9	28.8	30.6	8.6	15.7

出所：Willem Adema, *Net Social Expenditure, 2nd ed. OECD Labour Market and Social Policy Occasional Papers No. 52,* 2001.

化させ、それを押し上げているのが任意的民間部門社会支出である。同表では明示されていないが、その大部分は公的医療プログラム以外の民間医療保険を通じた給付と推察される。アメリカの民間医療保険の大部分は、雇用主が提供する団体医療保険である。この団体医療保険は、強制加入制をとっているだけでなく、非営利団体を含む民間保険会社が病院側との契約内容の交渉力などを競い雇用主を顧客とする市場原理が働いている点で公的医療保険制度とは異なる。しかし、危険選択抑止や料率設定などに関して連邦、州のかなり厳しい規制が存在し、労使双方が保険料を負担するもので、加入率は一九九〇年代六三～六七%で推移している。いわば準公的医療保険と言ってよい内容なのである。[18]

要するに、アメリカ福祉国家の特質は、国民経済に占める社会支出水準の絶対的な低位性に求めるべきではなく、民間部門からの給付と租税優遇措置の比率が大きいという点に、言い換えれば社会支出の公私分担関係における独特の構造にそれを見出さねばならないのである。

アメリカ社会福祉国家の特質について急いで付け加えねばならないのは、スウェーデンに引けを取らない水準の社会支出が、著しい階層性を持って配置されていることである。この点、岡本英男は、W・C・ピーターソンを援用しながらアメリカにおける「福祉国家の三層構造」と定式化している。[19] ピーターソンによればその三層とは「貧困者向けの福祉国家」、「ミドル・クラスの福祉国家」、「富裕者向けの福祉国家」である。

実は、エスピン-アンデルセンも自由主義型福祉国家レジームの階層化を検討するなかで、それは、「主にスティグマを伴う救済に依存する下層集団、社会保険の主たる対象者である中間集団、および市場から主要な福祉を入手できる能力をもつ特権的集団の三者によって構成される[20]」と指摘し、競争的個人主義に基づく自由主義的な理念に基づく制度設計が、必然的にそうした階層化をもたらすことを強調している。また、こうした国際比較の結果について、公的規制の分析なしに福祉を市場に委ねても問題ないという認識に直結させることはできない。

さらに、アメリカでは四千万人以上の医療無保険者が存在したり、近年低所得者への負担転嫁の傾向が表れていることも指摘しておく必要がある。

しかし、それにしても、アメリカの福祉水準は、国民負担率の低さに印象づけられる絶対的な低位という理解は正確ではなく、むしろ公民双方を供給主体とする福祉サービスという点では、スウェーデンに匹敵する高水準の福祉システムを構築しているのである。両者の相違は、福祉サービス供給における公私分担関係の違い、そして分配におけるスウェーデンの普遍主義と、自由主義理念に基づきその結果として鮮明な階層化に帰結しているアメリカという違いに求めねばならないのである。

以上の検討によって明らかになったことは、第一に、一九九〇年代以降における主要国の一般政府支出およびその中核をなす公的社会支出の水準は、エスピン-アンデルセンの言う第一類型、第二類型、第三類型という昇順の序列を崩すことなく従来の規模が維持され、多くの国では社会保護や社会支出の増大すら見られることである。第二に、公的社会支出やその裏面である国民負担率に関して、三類型間に見られる量的差異は、国民の享受する福祉サービスの水準を直接的に示すものではなく、特に第一類型（アメリカ）、第三類型（スウェーデン）における差は供給主体の公私分担関係の特質に由来しているという点である。

三　日本の位置――福祉国家システムの弱体化

日本における公私分担再編の特質について、国際比較の数値に基づいて主として公共部門の側から検討していこう。まず、前掲表5-2で一般政府支出の対GDP比の推移を見ると、一九九〇年代後半から二〇〇〇年代前半にかけて、総支出はアメリカとほぼ同水準で横ばい状況である。目的別では、社会保護、健康、性質別では社会保障給付が増加を続けている。その増大圧力を目的別の一般サービスと経済、性質別の粗資本形成の削減で緩和している。この動きは世界的傾向と軌を一にしている。次に増大圧力の要因となっている公的社会支出の対GDP比の推移を表5-3で見ると、これもアメリカとほぼ同じ水準とテンポで増大していることがわかる。もっとも、他国と比べると、その水準は低く、アメリカとともに高齢と健康に偏重した構成という点で、エスピン-アンデルセンの三類型のうち、第二、第三類型と異なる特徴を示している。

問題は、表5-3の二〇〇三年の数値が日本一七・七%、アメリカ一六・二%となっており、このことから日本の社会保障水準がアメリカよりも高いと言えるかである。この点、表5-4で検証してみよう。すでに確認したように、アメリカの場合、粗公共部門社会支出は、一五・八%とスウェーデンと約二〇ポイントの差があるが、民間部門社会支出を加え純概念で比較するとかなりの程度両者は接近する。これに対して日本は、粗公共部門社会支出は一五・二%とアメリカとほぼ同水準だが、これに民間部門社会支出を加え純概念に変換しても一五・七%とほとんど変化しない。民間部門社会支出がアメリカに比して格段に低いこと、社会目的の税制優遇措置が社会保障給付への課税を上回るほど大きくないことが原因である。

要するに、日本の公共部門を歳出面から見た場合、その中核をなす社会支出は、高齢と健康の分野に偏重するという特質を保持しながら、その増大圧力を一般サービスと公共事業の削減で吸収、緩和していることが確認できる。しかし、その水準は、民間部門社会支出を加えた純概念で見るとアメリカに比して八~九ポイントも低位となる。この結論は、表5-4の日本の数値が正確であるか、二〇〇〇年以降の介護保険制度が含まれていないなどの問題を留保しなければならないが、国民負担率のみの判断がミスリーディングであることは明らかであろう。

他方、租税、社会保障負担の側面から近年の動向を見てみよう。表5-5は、租税負担の対GDP比（A）、社会保険料負担のそれ（E+F）を示したものである。Aの数値は二〇〇〇年から〇四年にかけてすべての国で減少している。ただし、過去一〇年ないし二〇年に上昇した水準を調整した側面も強いこと、社会保険料負担は維

表 5-5　租税・社会保険料負担の対 GDP 比

（単位：%）

		アメリカ	イギリス	フランス	ドイツ	スウェーデン	韓　国	日　本
総　税　収 (A)	1980	20.6	29.3	23.1	24.6	33.4	17.1	18.0
	1990	20.5	30.3	23.6	22.3	38.4	17.9	21.4
	2000	23.0	30.9	28.4	22.7	38.7	19.6	17.6
	2004	18.8	29.3	27.3	20.6	36.1	19.5	16.5
個人所得課税 (B)	1980	10.3	10.3	4.7	11.1	19.2	2.0	6.2
	1990	10.1	10.7	4.5	9.8	20.3	4.0	8.1
	2000	12.5	10.9	8.0	9.4	17.5	3.4	5.7
	2004	8.9	10.3	7.4	7.9	15.8	3.4	4.7
法人所得課税 (C)	1980	2.8	2.9	2.1	2.0	1.1	1.9	5.5
	1990	2.4	3.6	2.2	1.7	1.6	2.5	6.5
	2000	2.6	3.6	3.1	1.8	4.0	3.3	3.7
	2004	2.2	2.9	2.8	1.6	3.2	3.5	3.8
消　費　課　税 (D)	1980	4.7	10.3	12.2	10.2	11.2	10.8	4.1
	1990	4.8	11.3	12.0	9.5	13.2	8.8	4.0
	2000	4.8	11.9	11.4	10.5	12.9	9.0	5.2
	2004	4.7	11.5	11.1	10.1	13.0	8.9	5.3
社会保険料（雇用主負担）(E)	1980	3.1	3.6	11.4	6.9	12.9	0.2	3.8
	1990	3.5	3.6	11.5	6.8	13.7	0.7	3.7
	2000	3.5	3.6	11.0	7.1	11.5	1.8	4.4
	2004	3.4	3.7	11.0	6.9	11.3	2.1	4.5
社会保険料（従業員負担）(F)	1980	2.4	2.3	4.5	5.7	0.0	0.0	2.6
	1990	3.0	2.4	5.6	5.8	0.1	0.3	3.1
	2000	3.1	2.5	4.0	6.4	2.8	2.2	4.0
	2004	3.0	2.8	4.0	6.1	2.8	3.0	4.3
(C)＋(E)＝(G)	1980	5.9	6.5	13.5	8.9	14.0	2.1	9.3
	1990	5.9	7.2	13.7	8.5	15.3	3.2	10.2
	2000	6.1	7.2	14.1	8.9	15.5	5.1	8.1
	2004	5.6	6.6	13.8	8.5	14.5	5.6	8.3
	2004/1980	(△ 0.3)	(0.1)	(0.3)	(△ 0.4)	(0.5)	(3.5)	(△ 1.0)
(B)＋(F)＝(H)	1980	12.7	12.6	9.2	16.8	19.2	2.0	8.8
	1990	13.1	13.1	10.1	15.6	20.4	4.3	11.2
	2000	15.6	13.4	12.0	15.8	20.3	5.6	9.7
	2004	11.9	13.1	11.4	14.0	18.6	6.4	9.0
	2004/1980	(△ 0.8)	(0.5)	(2.2)	(△ 2.8)	(△ 0.6)	(4.4)	(0.2)

出所：OECD, *Revenue Statistics Special Feature : Taxes Paid on Social Transfers, 1995-2006*, 2006.

持か増加していることなどに留意すべきである。いずれにせよ今後の動向を注視していかねばならないが、ここでは一九八〇年と二〇〇四年との対比で各国の特徴を検出してみよう。負担率が減少しているのがアメリカとドイツである。他方、イギリスは同水準、フランスとスウェーデンは上昇している。

これに対して日本は、一九八〇年一八・〇%から二〇〇四年一六・五%に減少している。ただし、社会保険料負担は六・四%から八・八%に上昇している。租税負担の減少と社会保険料負担の上昇というパターンは、アメリカと同じであるが、日本の場合、総税収について、一九九〇年にはアメリカを上回っていた水準が、二〇〇四年にかけて約五ポイントも急落していることが目立っている。

もう一つ、法人所得課税と社会保険料の雇用主負担を合わせて企業負担(G)とし、個人所得課税と社会保険料の従業員負担を合わせて個人所得負担(H)とし、両者の動きを見ると、双方減少しているのがアメリカ、ドイツ、双方上昇しているのがイギリス、フランス、企業負担が上昇し個人所得負担が減少したのがスウェーデンである。これに対して日本は、企業負担が減少し個人所得負担が上昇している唯一の国となっている。個人所得負担の上昇幅はわずかだが、その内訳を見ると、緩和されたとは言え累進性を持つ個人所得課税が一・五ポイント減少し、比例所得税に近い負担構造を持つ社会保険料の従業者負担がそれを上回る上昇を示している。

さらに、総税収中の国税、地方税の内訳を見ると地方税が安定的に推移しているのに対して、国税が一九九〇年から二〇〇〇年代にかけて急減している。二〇〇二年、OECD諸国の租税負担率を見ると、日本の国税は一二・五%で二八カ国中最下位であり、地方税は九・〇%で七位と上位になっている。

以上のように、負担面で見た日本における公共部門の特質は、社会保険料負担の増大と対比される租税負担の急激な減少であり、それは国税、なかでも所得税、法人税での顕著な減少という独特な要因によってもたらされたものであった。そこでもう一度表5-5で法人所得課税について、国際比較に着目してみると、この表の限りでは日本の水準が最も高くなっている。日本における近年の企業負担の軽減は、国際的な水準に接近しているに

図 5-2　企業負担の国際比較（対 GDP 比）

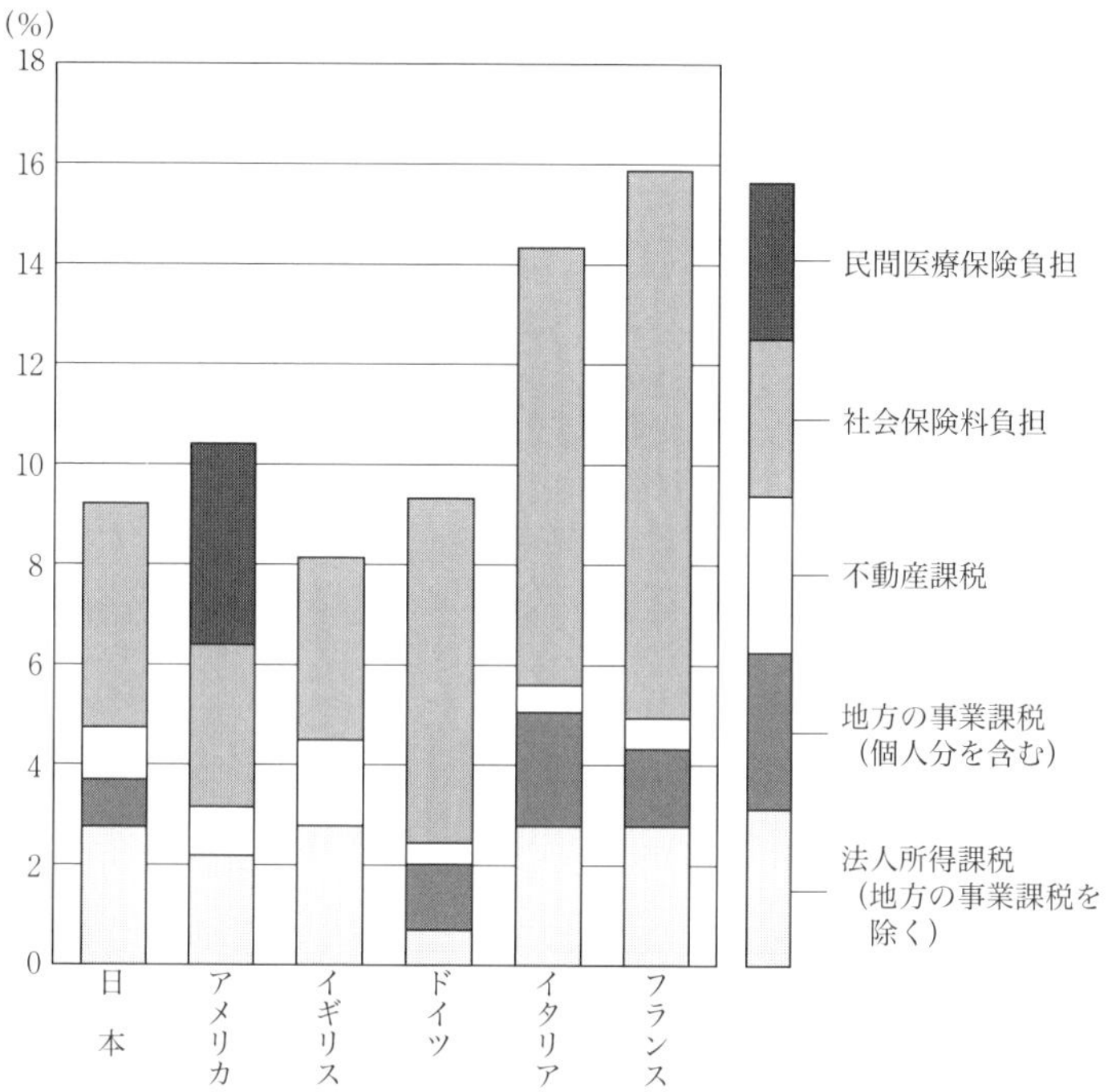

出所：神奈川県地方税制等研究会ワーキンググループ『地方税源の充実と地方法人課税』，2007 年 6 月．

すぎないのか、さらなる検討が必要である。

主要国の企業負担の全体像をできる限り実態に即して把握するために作成されたのが図5-2である。その際、留意すべき点は次のとおりである。まず第一に、国税だけでなく地方税の負担を反映させる必要がある。日本の統計では地方税の事業税負担が法人所得課税に明確に位置づけられるため、当然これが算入される。ところが、政府税制調査会の資料などでは、たとえばイギリス（ロンドン）、フランス（パリ）などの場合、地方税での負担はないものとされる。しかし、フランス、ドイツなどでは、自営業者の比率が高く、これには外形標準課税の営業税が課されている。また、イギリス、アメリカでは、企業の固定資産課税が重要な企業課税の方法となっている。イギリスでは、かつて非居住用レイト（non-domestic rate）が地方税の企業課税としての役割を果たしていたことを想起すべきであろう。そこでドイツの営業税、イタリアの生産活動税、フランスの職業税などを含め、また、不動産課税の法人負担分を推計して計上することとする。

留意すべき第二の点は、すでに検討してきたように、社会保険料の雇用主負担を対象に含めねばならないことである。さらに、アメリカについては、民間医療保険の雇用主負担は準公的制度と言える内実であることは、すでに確認したとおりである。したがって、アメリカの場合、これを含めて比較する必要がある。

以上を踏まえて、あらためて図5-2を見ると、日本の企業負担は、ドイツとほぼ同水準であり、イギリスよりは一ポイントほど高いが、イタリア、フランスよりもかなりの程度低い。さらに注目すべきなのは、アメリカよりも二ポイント近く低いことである。国際競争力を保持するため国際的に高い日本の企業負担を引き下げねばならないという主張が根強く側聞されるが、そうした議論の前提となる事実が成り立っていないのである。

支出、負担の両面におけるこのような日本の特質は、公共部門のあり方に特有の困難をもたらしている。第一に、他の先進諸国に比して突出した水準で財政赤字が累積していることである。アメリカ、EU諸国は公的債務の対GDP比率が二〇〇〇年代にかけて六〇〜七〇%の水準に収斂しているのに対して、日本は一九九九年にイタリアを抜いて最大となり一二〇%前後まで到達している。

その最大の原因は、一九七五年以降四半世紀にわたって、他の主要国に比して対GDP比で二〜五ポイントも上回る公共投資を継続したことである。そうした条件のもとで、さらに、一九九〇年代以降社会保障関係費増大の圧力が加わっているにもかかわらず、本格的な財政再建プログラムが提示されず、逆に累進性緩和による所得税減税、国際競争力強化を目的とする法人減税が実施され、OECD諸国で最も貧弱な国税へと転落し、それが放置されていることに起因している。

第二は、その結果、財政の所得再分配機能が継続的に弱化していることである。表5-6の所得再分配調査の

表 5-6　税・社会保障による所得再分配の推移（日本）

	当初所得	再分配所得		税による再分配所得（当初所得－税金）		社会保障による再分配所得*	
	ジニ係数 A	ジニ係数 B	改善度 $\frac{A-B}{A}$ (%)	ジニ係数 C	改善度 $\frac{A-C}{A}$ (%)	ジニ係数 D	改善度 $\frac{A-D}{A}$ (%)
1984 年	0.3975	0.3426	13.8	0.3824	3.8	0.3584	9.8
87	0.4049	0.3382	16.5	0.3879	4.2	0.3564	12.0
90	0.4334	0.3643	15.9	0.4207	2.9	0.3791	12.5
93	0.4394	0.3645	17.0	0.4255	3.2	0.3812	13.2
96	0.4412	0.3606	18.3	0.4338	1.7	0.3721	15.7
99	0.4720	0.3814	19.2	0.4660	1.3	0.3912	17.1
2002	0.4983	0.3814	23.5	0.4941	0.8	0.3917	21.4

注：1)　*は，（当初得得＋医療費＋社会保障給付金－社会保険料）．本文あとの注 21 も参照．
2)　再分配所得は，*から税金を差し引いた値．

出所：厚生省「平成 8 年所得再分配調査結果」，厚生労働省「平成 11 年所得再分配調査結果」，同「平成 14 年所得再分配調査結果」．

時系列変化がそのことを示している。まず前提として当初所得の不平等度が一九八〇年代から二〇〇〇年代にかけてかなりの程度高まっている。これは市場経済に基づく民間部門領域の格差拡大を物語っている。これに対して、税と社会保障による再分配の結果、不平等度は、改善を見せるものの再分配後の不平等度は上昇し続けている。「改善度」は上がっているものの、それを上回って当初所得の不平等度が上昇しているからである。公共部門の再分配機能としては、税による改善度が著しく縮小していることが特徴的である。ジニ係数の国際比較によれば、かつて相対的に不平等度が低いグループに属していた日本は、一九九〇年代以降、急速にそこから離脱し、不平等度の中位のグループに移行し、さらに上位をうかがう形勢となっている(21)。

実体経済の格差拡大が続くなかで財政赤字が累積し、公共部門の所得再分配機能が劣化しているにもかかわらず、実効性ある財政再建プログラムが提示されず、逆に国際競争力強化を掲げた減税政策が進展していくという状況は、日本の福祉国家システムの基盤を揺るがすものとなっている。むろん、それは、ただちに福祉国家の解体を意味するものではないが、二〇世紀型福祉国家から新たな理念型への移行が進むなかで、福祉国家機能の弱化を伴う特殊日本的な移行形態と言える。エスピン－

アンデルセンの類型論に即して見れば、日本は、保守主義型の第二類型から自由主義型の第一類型へのシフトのようにも位置づけられる。しかし、国民負担率の中位の第二類型から低位の第一類型へという転換ではない。繰り返し述べているように、アメリカを代表とする第一類型は、たんなる低福祉ではない。強烈な階層化を伴いながらも、民間部門で高い当初所得水準を保持し、公共部門とそれが制御する準公的部門が、総量で言えば日本よりもずっと高い水準の給付を実施し、中間層以上は独特の福祉国家システムによる手厚い恩恵に浴している。

これに対して、日本の福祉国家システムでは、民間部門の格差拡大が急速に進み公共部門の役割が決定的に重要になっているにもかかわらず、再分配機能の強化の課題よりも国際競争力を至上命題とする負担軽減が優先される状況が続いている。これに公的債務の累積が重なり、福祉国家システムの基盤は、とりわけ租税制度の側面から崩れかけようとしている。二〇世紀型福祉国家に対比される新たな段階への日本福祉国家は、グローバリゼーションへの対応、市場原理の活用による国際競争力の維持が、国家理念として自己目的化の度合いを強めており、さらにのちに見るように特定階層の利点に著しく傾斜した政策が展開されつつあると言える。それを反映して公私分担に関する政策理念と具体的な政策がどのように展開しているか、その骨格を次に検討しよう。

四　日本における公私分担再編の展開

(1)　経済政策体系の変容

一九八〇年代から九〇年代にかけて進行した世界経済システムの転換と並行し、それと影響し合いながら、日本における公私分担関係の再編が進展していった。その再編のあり方を規定したのが経済政策体系の変容である。この変容の基本線は、一九九〇年代初頭から半ばにおける構造調整政策から構造改革路線への転換、二〇〇〇年代における構造改革政策の本格的な具体化の過程であった。

一九八五年プラザ合意から一九九〇年代半ばまでの経済政策の基調は、一九八六年四月に公表された「経済構造調整研究会報告」（いわゆる前川レポート）に示されたように、内需拡大によって輸入増加を図り、貿易収支を拡大均衡させることであった。巨額の貿易黒字を計上し続ける日本に対して、アメリカをはじめとする先進諸国からの批判が高まり、そうした貿易摩擦に対処することが国際経済協調の要点とされたのである。

内需拡大のためにあらゆる手段が動員された。「前川レポート」が提起した「住宅政策と都市再開発を民活によって行い投資需要を作り出し、労働時間短縮による消費生活の充実によって消費需要拡大を行う」という構想は、一九八六年「民間事業者の能力活用による特定施設整備促進に関する臨時措置法」（いわゆる民活法）、八七年「総合保養地域整備法」（いわゆるリゾート法）、八八年都市再開発法・建築基準法の改正などで具体化された。

こうした政策は、民活型成長路線と呼ばれ、民間事業者の開発行為を公共性あるものとして認証し、それに対して公共部門が財政的支援や規制緩和の便宜を図るものであった。一九八六年日本電信電話公社の民営化に伴い、社会資本整備特別措置法（一九八七年）によってＮＴＴ株売却収入を原資とする無利子融資制度が創設され、民活政策の財源として活用されていった。さらに、一九八九年日米構造協議に基づく公共投資基本計画に基づいて、九〇年からの一〇年間に当初四三〇兆、のち六三〇兆円に及ぶ莫大な規模の公共事業実施が対米公約となり、連年消化されていった。「前川レポート」は市場原理を強調し、積極的な海外進出や後進部門の輸入代替を求めたが、他方、内需主導型経済への転換によって、産業空洞化をある程度食い止めようとする姿勢も見られた。

しかし、一九九〇年代に入ると様々な審議会において生産拠点の海外移転、輸入の代替による産業空洞化を容認し、グローバル化に積極的に対応しようとする方向が鮮明になってきた。一九九四年六月産業構造審議会総合部会では、貿易収支の不均衡の調整ではなく、「産業構造のグローバルな意味での最適化」が重要とし、一九九七年経済同友会が発表した「市場主義宣言―二一世紀へのアクション・プログラム」では、「真の空洞化の危機とは、我が国が経済活動の舞台として世界から見向きをされなくなること」とした。この「市場主義宣言」は、国内産業の「高コスト構造の是正」とそのために外資を活用すること、公的部門のスリム化とそれに対応する住宅、医療・福祉、生活文化、環境などの分野に民間企業が参入できる条件を整備することが提言された。まさに公共部門の「支援国家化」が要求されたのである。そして、これらの提起は、一九九五年一二月成立した橋本内閣のもとで六つの分野(高度情報通信、物流、金融、土地・住宅、雇用・労働、医療・福祉)での経済構造改革および財政構造改革法の制定(一九九七年一一月)として具体化、体系化されていった。

注目すべきなのは、構造調整から構造改革へという経済政策の転換が、国家の正統性原理とも言うべき政策理念の転換を伴っていたことである。それを端的に示しているのが、一九九九年に閣議決定された「経済社会のあるべき姿と経済新生の政策方針について」である。これは、戦後長く続いた「経済計画」に相当するものである。[22]

そこでは、「『あるべき姿』の経済社会を実現し、維持され、適切に運営される根底には、常に世の中の動く方向を選ぶ基準としての価値観が必要」と述べ、戦後日本社会で重視された価値観としては、効率、平等、安全の三つがあったが、今後は、自由が加わり、「好みの選択と間断なき競争によるイノベーションが強く支持される」と述べる。「平等」については、「結果としての平等」は事実上放棄され、「機会の平等」や形式的な「選択の自由」が強調され、「安全」については、「人々が自らの判断によってリスクを取ること」が必要とした。そして、自由と競争を通じて達成される効率こそが、生産性の向上や経済成長の維持を可能にする「基本的正義」とされるのである。

以上のように、市場原理に基づき、自由と競争で律せられる「民」にこそ効率を生み出す積極的な価値が存するのであり、これを最大限引き出すことに「公」の制度設計の拠るべき基準があるという理念が、国家の経済政策を方向づける「経済計画」において、定立されたのである。

構造調整から構造改革へと経済政策体系とそれを支える政策理念が大きく変容した背景には、日本経済自体の構造転換があった。特に注目される第一の点は、主要な製造業の生産拠点が海外へと大きくシフトしたことである。(23) 一九八〇年代に数パーセントにすぎなかった国内全法人ベースの海外生産比率は、一九九〇年代初頭にかけて急増し、一九九六年一〇・四%、二〇〇一年一四・三%、〇五年一六・七%と上昇した。海外進出企業ベースでは、同じ年に二一・八%、二九・〇%、三〇・六%に達している。また、産業別(全法人ベース)では、輸送機械が九八年には三〇%を超え、電気機械が二〇〇〇年に二五%に到達している。

国内生産とその輸出を基本とする編成から、本社、研究所、一部の主力工場を国内に残し、量産型工場を海外展開するという編成への転換が基幹産業で進み、その結果、貿易摩擦の緩和を主目標とする経済政策の重要性が薄れ、「グローバルな視点からの最適化」を主目標とする経済政策への変化が促されていった。進出地域も一九八〇年代はほとんどが欧米であり貿易摩擦緩和の役割を果たしたが、九〇年代にはアジアが急増し、二〇〇〇年代にはそのなかでも中国の比重が高まっている。

産業構造の変化としてもう一つ注目されるのは、産業別有業構造の動向である。表5-7を見ると、第一次産業が一貫して減少しているなかで、一九八七年から九二年、バブル景気を含む時期に雇用拡大を吸収したのは、主として増加率一八・三%を示したサービス業、同一一・〇%の建設業であり、金融・保険業、卸売・小売業、飲食店、製造業も六~七%の増加率を示した。しかし、一九九二年から九七年にかけての時期になると、製造業、金融・保険業が減少へと転じ、雇用増の受け皿となったのは、もっぱら増加率一〇・〇%の建設業と同一一・〇%のサービス業となった。さらに、二〇〇二年にかけては、建設業がマイナスに転じ、製造業が一四・〇%の減少率を示すなどサービス業以外のほとんどの産業がマイナスを記録するに至った。増加を続けるサービス業のなかでも、医療・保健衛生、放送・情報サービス、事業サービス業の急増は目を引くものがある。

こうして、一九八〇年代から九〇年代を通して経営資源のサービス業への集積が進んだ。これと交差してまず製造業がマイナスに転じ、二〇〇〇年代にかけて建設業が大きなマイナスとなり、総数でも減少へと転じた。こ

表 5-7　産業別有業者数の推移

（単位：千人，（　）内%）

	1982	1987	1992	1997	2002
第 1 次産業	5,721	5,009 (△ 12.4)	4,262 (△ 14.9)	3,661 (△ 14.1)	3,026 (△ 17.3)
建設業	5,470	5,621 (2.8)	6,241 (11.0)	6,867 (10.0)	6,086 (△ 11.4)
製造業	14,255	14,699 (3.1)	15,610 (6.2)	14,452 (△ 1.4)	12,425 (△ 14.0)
電気・ガス・熱供給・水道業	347	355	396	389	377
運輸・通信業	3,576	3,604	3,938	4,156	4,112
卸売・小売業，飲食店	12,886	13,550 (5.2)	14,567 (7.5)	14,961 (2.7)	14,669 (△ 2.0)
金融・保険業	2,207	1,906	2,055 (7.8)	1,975 (△ 3.9)	1,798 (△ 9.0)
不動産業		635	757	817	860
サービス業	11,193	12,977 (15.9)	15,358 (18.3)	17,043 (11.0)	18,410 (8.0)
生活関連サービス業・旅館・その他の宿泊所	—	2,162	2,375 (9.9)	2,356 (△ 0.8)	2,441 (3.6)
娯楽業	—	—	830	851	833
整備・修理業	—	590	629	688	660
医療・保健衛生	1,690	2,068 (22.4)	2,381 (15.1)	2,840 (19.3)	3,285 (15.7)
放送・情報サービス，事業サービス業	1,684	2,259 (34.1)	3,097 (37.1)	3,687 (19.1)	4,052 (9.9)
教　育	—	2,012	2,108	2,160	2,152
その他のサービス業	—	1,054	3,938	4,461	4,987
公務（他に分類されないもの）	1,996	1,928 (△ 3.4)	2,048 (6.3)	2,082 (1.6)	2,174 (4.4)
総　　数	57,888	60,502 (4.5)	65,756 (8.7)	67,003 (1.9)	65,009 (△ 3.0)

注：（　）内は前回調査年次からの増減率.

出所：総務庁統計局『日本の就業構造』昭和 62 年，平成 4 年，平成 9 年，総務省統計局『日本の就業構造』平成 14 年.

うした変化は、国内の経済政策がサービス業の支援に重点を移行させていく動きの基底をなすものであった。

(2) 官製市場の開放と新市場創出

バブル景気をはさんで急成長したサービス業は、一九九七年には有業者数で製造業を上回るに至った。製造業の海外展開が既定路線であり、公共事業を軸とする内需拡大も先細りとすれば、産業政策はサービス業の成長促進を大きな柱とせざるをえない。実際、一九九四年六月産業構造審議会総合部会基本小委員会報告書「二一世紀の産業構造と新しい産業政策のあり方」においては、新規・成長分野として、①住宅、②医療・福祉、③生活文化、④都市環境、⑤環境、⑥エネルギー、⑦情報・通信、⑧流通・物流、⑨人材、⑩国際化、⑪ビジネス支援、⑫新製造技術が挙げられ、これを支援するため、高コスト構造の是正、産業金融の円滑化、労働市場の流動性強化などが提起された。

また、一九九六年一一月に発表された産構審基本問題小委員会の「中間取りまとめ」では、私的な年金や医療・介護・保育分野における民間事業者の一層の活用など公私役割分担の見通しや民間活力の活用による効率化、介護・育児対策の充実による女性、高齢者の就労円滑化が強調された。

さらに、一九九六年、経済審議会の雇用・労働や医療福祉分野の報告書では、権利の視点からする福祉・労働政策の必要性を説く議論は「福祉のための福祉」と批判され、「福祉分野の規制緩和を進めることにより、民間マーケットの拡充が期待」できる点や少子社会の下で育児・介護サービスの充実が女性や高齢者の労働力供給を確保するという役割が第一義的に重要とされた。そうした福祉・労働政策は、産業政策であり、あるいは「橋や道路と同じで産業基盤の性格」を持つとされた。これは構造改革政策における福祉・労働政策の再定義と言うことができる。

社会保障分野で構造改革政策を具体化する実験場となったのが介護保険制度の創設である。一九九六年一一月、社会保障関係審議会会長会議「社会保障構造改革の方向」（中間まとめ）では、改革の基本方向として、公私の適切な役割分担と民間活力の導入の促進が掲げられ、「国民的な合意の下で強制的な負担を伴う公的分野と個人の自由な選択による私的分野の役割分担を整理し明確にしつつ、規制緩和等を進めることにより民間活力の導入を促進する」とした。

具体的な制度設計に当たっては、受益と負担が見えやすい保険方式が選択され、またコスト意識を強めるため利用者負担、高齢者保険料の重課、経費水準を反映した市町村ごとの保険料の設定などが組み込まれた。また、介護サービスに関する措置制度が撤廃され民間事業者の参入を前提とし、当事者の契約による関係でサービスを受給することとされた。厚生政務次官は、導入準備に際して「今回の介護保険制度の導入に伴い、民間事業者がどんどん参入する分野ですから、いいサービスが提供できるように、という観点も踏まえながら、産業政策的な目でもこの分野を捉え直して、……取り組んでいきたい[24]」と述べている。

要するに、介護保険制度は、介護サービス市場を「公」が創出し、そこで「民」が参入し供給主体となりうる条件を整備する産業政策として明示的に位置づけられていたのであり、「民」の収入を「官」が保険料として強制的に徴収する制度として創設された側面を持っていたのである。

二〇〇一年四月小泉内閣成立以降、構造改革路線は本格化していった。介護保険制度の発足に当たっては、新たな市場の創出が課題であったが、小泉内閣の下では、公共部門が担当している公共サービスのプライヴァタイゼーションが主要な目標とされた。従来、行政改革推進本部に設置されていた規制緩和委員会が、一九九九年規制改革委員会に改称され、さらに二〇〇一年四月内閣府に総合規制改革会議が設置された。同会議は総理大臣の諮問会議とし、宮内義彦オリックス会長を議長として発足し、規制緩和の「個別要望への対応」から「システム全体の改革へ」をスローガンに官製市場の開放を推進した。

その理念は、二〇〇一年七月に公表された「重点六分野に関する中間とりまとめ」によく示されている。すなわち、「システム全体の変革」の重要性について、「規制改革は、供給主体間の競争やイノベーションを通じて、生活者・消費者に安価で質の高い多様な財・サービスを供給することを可能とする」ものであり、また、「ビジネスチャンスを拡大し、社会全体としての生産要素へ最適配分を実現することによって経済を活性化する」としている。第二に、生活者向けサービス分野の改革の重要性について、同分野（いわゆる社会的分野）は、「需要と雇用の拡大余地の高い分野であり、起業家精神の旺盛な個人による創業、迅速な事業展開が期待」できることを挙げている。

同会議は、二〇〇三年度末までに「具体的指摘事項数」約九〇〇、うち約七六〇を改革し、二〇〇二年度には経済効果を消費者メリット増加額約一四兆三千億円と試算した。二〇〇四年四月、同会議は規制改革・民間開放推進会議に引き継がれたが、そこでは特に官民競争入札制度の創設が取り組まれた。この制度は、市場化テストと呼ばれ、二〇〇五年度に三分野八事業が指定され、二〇〇六年五月には、「競争の導入による公共サービスの改革に関する法律」（いわゆる市場化テスト法）として制定された。その理念は、「民でできるものは民で」を基本とし、「官から何らかの関与をする必要がある事務、事業であっても、サービスの質の維持など必要な要件を定めた上で、極力民間に行わせるべき」、とした。また、「公務員が事務・事業の実施を担うことの妥当性については、官がその立証責任を負うべき」とされた。

こうした規制改革の結果、幼児教育・保育を一元化した総合施設の導入、医薬部外品販売の範囲の拡大、一定の条件下で株式会社等の農地取得の解禁、職業紹介事業の地方公共団体、民間事業者への開放促進、製造現場への労働者派遣の解禁、指定管理者制度（二〇〇三年九月）による公共施設管理運営の民間事業者への開放、駐車違反対応業務の民間委託などが次々と実施されていった。

これらの規制改革は、社会分野の規制をすべて撤廃するものではなかったが、政策意図としても、効果としても、サービス業を主体とする民間資本に新たな市場を提供する産業政策としての役割を果たしたことは明らかである。高度成長期において製造業に物的インフラを供給し、バブル経済期において建設業、開発業者、金融機関に民活事業を用意した「民」と「官」の関係は変容し、平成不況下において、製造業を凌ぐ就業者を抱えるに至ったサービス業という「民」に対して、「官」は、「官製市場」を開放するという手法を取ってその収益獲得の場としての新市場を提供することになったのである。

(3) 公社・公団民営化の性格転化

戦後日本の公企業を代表する三公社が民営化されたのは一九八〇年代のことである。八〇年代初頭、第二次臨時行政調査会は、三公社について、競争による自己制御のメカニズムに欠け効率的経営が阻害されているとして、その民営化を提起した。実際、日本専売公社は一九八五年に日本たばこ産業株式会社(JT)に、日本電信電話公社は八六年に日本電信電話株式会社(NTT)に民営化され、さらに日本国有鉄道は八七年六つの旅客鉄道(JRグループ)、貨物鉄道会社、日本国有鉄道清算事業団に分割・民営化された。

石油危機以降、世界的潮流となった公企業の民営化について、OECDの報告書は、通信部門など新たな技術革新による「自然独占」の変容、「市場の失敗」を矯正するための政府介入が、むしろ「政府(規制)の失敗」に陥ったことを背景に挙げている[25]。他方、イギリスでは株式所有を国民に広げて「大衆資本主義」を推奨することと、フランスではパリ証券市場の地位向上をめざすことなど、各国特有の動機も働いている。

日本の場合、経営効率化によるたばこ税収入増、NTT株売却による政府財源の獲得、国鉄の赤字ローカル線の切り捨てなど財政面での動機が強かったことが特徴の一つとなっている。また、電電公社に関しては、一九七〇年代後半からアメリカの資材調達門戸開放の要求が年々強まり、同社が要求に応じなければ対日差別規制の導入などの対抗措置をとるという圧力がかけられていた。さらに貿易自由化の圧力は、たばこ市場にも及び、経営陣として民営化による競争力強化以外に道はないとの判断に追い込ませる役割を果たした[26]。

こうして見ると、一九八〇年代における三公社の民営化は、高度成長期に肥大化した公企業を安定成長期に適合させるべく、経営効率化しつつ、財政再建に質する財源を獲得し、さらに、当時焦眉の課題となっていた対米貿易摩擦の緩和を目的としていたことがわかる。その意味で、この時期の公社民営化は構造調整政策としても位置づけられるものであった。

これに対して、小泉内閣のもとで実現した道路公団と郵政事業の民営化は新たな性格が付与されることになった。二〇〇二年六月、道路関係四公団民営化推進委員会の発足によって本格的な検討が始まり、その後紆余曲折はあったが、結局、〇四年六月に民営化法案が成立し、〇五年一〇月に以下の六社が設立された。すなわち、日本道路公団を東日本、中日本、西日本の三社に分割・民営化し、首都高速道路、阪神高速道路の両公団はそれぞれ株式会社に改組され、本州四国連絡橋公団は四国の高速道路を含む本州四国高速道路株式会社に改組された。他方、高速道路の保有と債務返済は独立行政法人日本高速道路保有・債務返済機構が担当することになった。

道路公団民営化のポイントは、推進派が株式上場できる会社作りをめざしたのに対して、反対派が料金収入で採算の取れない路線の建設ができるよう求め、両者の妥協の産物となったことである。上場できる企業作りという点では、既存債務や不採算路線の切り離し、独立行政法人所有とすることによる租税負担の回避、社債に対する政府の債務保証などが用意された。また、新規路線の建設については、新会社の裁量を広く認め採算性を優先しうることが担保される一方、不採算が見込まれる路線についても、国が四分の三、地方自治体が四分の一を負担する「新直轄方式」が設定され、建設を可能とする道が開かれた。

次に郵政民営化について見ると、二〇〇三年四月、郵政事業庁を引き継いだ日本郵政公社であったが、〇五年一〇月の郵政選挙の後、郵政民営化関連六法が成立し、〇六年一月持株会社としての日本郵政株式会社が発足した。また、独立行政法人郵便貯金・簡易生命保険管理機構が創設され、既存の郵貯・簡保を旧勘定として取り扱うことになった。当初、日本郵政株式会社は、全株式を保有するが、郵便貯金銀行、郵便保険会社の株式は段階的に放出し、一七年一〇月までに全株式の売却を完了することになっている。

一般にあまり注目されていないが、道路公団・郵政民営化の指針となったと考えられるのが、民営化後のJR、NTT、JTの経営状況である。表5-8は、三企業について、国際機関による格付、株主構成、取引銀行の概要を示したものである。これによると、いずれも国際的格付で高い評価を得ており、外国株式比率も二〇~三〇%となるなど、対日投資の受け皿となっていることがわかる。公社形態の民営化後も最終的な政府の支えが担保されている、こうした企業が外資に選好されているのである。

すでに指摘したように、外資の活用による高コスト構造の是正や金融市場の活性化は、構造改革政策の柱の一つとなっていた。小泉内閣は二〇〇一年六月アメリカのブッシュ大統領との間で「成長のための日米経済パートナーシップ」のもとに「日米投資イニシアティブ」を発足させ日米双方の投資環境改善に取り組むこととした。小泉内閣は二〇〇三年一月、五年間で対日直接投資残高を倍増するという目標を掲げ、五分野七四項目からなる「対日投資促進プログラム」が策定され、その具体化が取り組まれた。「日米投資イニシアティブ」の具体的内容は、「日米規制改革および競争政策イニシアティブに基づく要望書」(略称「年次改革要望書」)や「日米投資イニシアティブ報告書」などで知ることができる。これらは、日米双方が改善点を出し合うという形式になっているが、その実態は、金融、保険、電気通信、医療・教育など広範な分野において、アメリカ資本の利害に基づく具体的要求を日本の政策形成の中枢に反映させる恒常的なシステムとなっていることが指摘されている。[27]

郵政民営化は、実は二〇〇四年度の「年次改革要望書」に盛り込まれ、期限も区切られていた。アメリカのねらいのひとつは、「三四〇兆円の郵貯・簡保の資金の国家保証を外して、海外流出、特に対米流出を誘導すること」[28]と言われる。これに加え、逆にヘッジ・ファンドなどの優良な投資先を創出することも期待されていると考えられる。

もう一つ表5-8で注目されるのは、株主構成において政府所有のない段階のJR東日本で金融機関の占める

表 5-8　民営化 3 企業の格付・株主・構成・取引銀行

		日本電信電話	東日本旅客鉄道	日本たばこ産業
格付	SP	AA	AA^{-}	A^{+}
	M	Aa1	Aa2	Aa3
株主	政府公共団体	6,342（40.6）	0	1,001（50.1）
	金融機関	2,248（14.4）	1,753（43.9）	300（15.0）
	証券会社	42（ 0.3）	36（ 0.9）	15（ 0.8）
	その他法人	259（ 1.7）	187（ 4.7）	22（ 1.1）
	外国人	2,762（17.7）	1,294（32.4）	473（23.7）
	その他	3,961（25.4）	727（18.2）	189（ 9.5）
	合計	15,614	3,997	2,000
	外国株主比率	20.5%	32.1%	29.0%
	主な外資系企業	モクスレイ&Co.（3.2%），ステート・ストリート・バンク&トラスト（0.9%），メロンバンク・トリーティ・クライアンツオムニバス（0.6%）	ステート・ストリート・バンク&トラスト（2.1%）	ステート・ストリート・バンク&トラスト（2.1%），モルガン・スタンレー・アンド・カンパニー（1.1%），ステート・ストリート・バンク&トラスト（1.0%），UBS ロンドン IPB セグリゲイテッド・クライアント（0.9%），チェース・マンハッタン・バンク（0.8%）
	主な金融機関	日本トラスティ信託口（3.5%），日本マスター信託口（3.1%），日本トラスティ信託口（1.2%），住友信託銀信託 B 口（0.6%）	日本マスター信託（5.8%），日本トラスティ信託（5.5%），三菱東京 UFJ 銀行（3.1%），三井住友銀行（2.6%），みずほコーポレート銀行（2.5%），日本生命保険（2.0%），第一生命保険（1.7%）	日本マスター信託口（1.7%），みずほ銀行（1.3%）
主な取引銀行		みずほコーポレート，三井住友，三菱 UFJ	みずほコーポレート，三菱 UFJ，三井住友	みずほ，農林中金，三菱 UFJ

注：1）『会社四季報』は 2007 年 3 月期決算ベース，『会社年鑑』は 2004 年 4 月～2005 年 3 月期を最新とする決算期．株主構成は『会社年鑑』，外国株主比率は『会社四季法』による．
　　2）格付は，SP がスタンダード&プアーズ，M がムーディーズ・ジャパンによるもの．
出所：『会社四季報』東洋経済新報社，2007 年 3 集，『会社年鑑』全国上場会社版，日本経済新聞社．

比率が四〇％を超え、他二社でも一五％程度と相対的に高い比率を示していることである。金融機関との強い利害関係の存在を看取できる。周知のとおり、公社・公団の民営化は財政投融資制度の改革と連動している。財投の入口、出口の双方が民営化されれば、新会社は、いずれも莫大な投資資金を必要とする業種であるから、新会社の社債発行による民間金融市場の活性化とともに、金融機関の大口融資先としても期待できるのである。

外資の対日投資の受け皿となり、あるいは、金融機関の融資対象になるには、民営化後の新会社が優良企業として持続し、すみやかに株式上場を果たさねばならない。従来の公社・公団は、政府出資、財投制度、内部補助制度に支えられながら、租税による一般政府と民間企業の中間領域を構成していた。そこで、これを採算分野と不採算分野に切り分けて、前者を民間会社に再編し、後者は租税や住民による負担が可能な範囲でのみ存立させるという方法が取られた。その原型は、既存債務を切り離し、赤字ローカル線を切り捨て、整備新幹線建設時の在来並行線廃止などによって採算性を確保する国鉄民営化とその後のＪＲの経営方針に見出すことができる。こうした再編のあり方は一種のクリーム・スキミングと言える。クリーム・スキミングとは、一般に、公共的サービスの規制緩和で参入する新規事業者が、もっぱら収益性の高い分野に事業対象を集中することをさす。しかし、国鉄民営化とその後の経営方針をモデルとした道路公団、郵政事業の民営化と共通の志向が反映している。いわばクリーム・スキミング型民営化と表現することができる。公共的サービスにおけるクリーム・スキミングは、常にユニバーサル・サービスの実現と衝突する。グローバル化への対応、市場原理の活用から始まった道路・郵政の民営化であったが、外資、金融機関の要請に応えるという文脈のなかで具体化されていくなかで、クリーム・スキミング的性格を強く刻印されることになったのである。

(4) 地域・地方財政分野の再編と「支援国家」化

地域・地方財政分野における公私分担関係の再編について、まず地域政策から見ていこう。一九九七年五月、産構審産業立地部会中間報告では、「これまでの産業立地政策は、国内に於ける地域間格差是正、大都市圏への集中是正といった国内的視点から政策展開が図られてきたが、企業活動のグローバル化の進展のなかで、国際的な立地競争力の強化を図る」ことが必要と述べる。そして、地方分散を促進する地方圏の振興政策よりも、国際競争を勝ち抜ける可能性を持った大都市圏などの「既存の産業集積」を重視し、これの支援に経済政策を動員していくことになった。

実際、大都市を適用除外していた「特定中小企業集積に関する臨時措置法」（一九九二年施行）は、大都市をも対象とする「特定地域産業集積活性化に関する臨時措置法」（一九九七年施行）に改正された。一九九八年三月に公表された「二一世紀の国土のグランドデザイン」では、地方分散の考え方は消え、「地域連携軸」が提起される一方、国土の均衡ある発展ではなく、「地方の自立の支援」に重点が移行した。さらに、高度技術工業集積地域開発促進法（いわゆるテクノポリス法）、「地域産業の高度化に寄与する特定事業の集積の促進に関する法律」（いわゆる頭脳立地法）が、一九九八年一二月に廃止され、都市、地方圏を問わない新事業創出促進法が公布された。かくて、中央政府の地域政策は、地方分散促進策から基本的に撤退することになった。

地方財政、国と地方の政府間財政関係の再編も公私分担関係の変容を伴いながら進展した。公共投資基本計画に基づく公共事業の実施主体としてフル動員された地方財政であったが、その公共事業も一九九八年に再評価システム（時のアセスメント）が導入され見直しが図られ、二〇〇〇年代に入ると公共事業関係費の削減が実施されていった。三位一体の改革でも公共事業関係補助金のスリム化＝削減が重点の一つとなった。

二〇〇二年になると地域政策における「地方の自立論」と相呼応して、財政の視点からする「地方の自立論」が提唱されるようになる。すなわち、同年一一月に公表された財政制度等審議会の「平成一五年度予算の編成等に関する建議」では、地方の財政運営にモラルハザードをもたらしている地方交付税の財源保障機能を廃止し、税収の偏在に伴う財政格差を是正する機能に限る仕組みとす」べきことが強調された。また、一〇月に公表された地方分権改革推進会議の報告「事務・事業のあり方に関する意見―自主・自立の地域社会をめざして―」では、設定された目標値が達成されると新たな目標値が再設定され、国が補助金や地方交付税で支援するというサイクルが続いてきたのであって、それでは「国と地方の明確な役割分担に基づいた地方の自主性、自立性は育ち得ない」とし、国の財源保障の抜本的な縮小を提言した。

二〇〇四～六年度を「改革と展望」の期間として取り組まれた三位一体の改革では、たしかに地方自主税源の強化をもたらす所得税の一部地方移譲が三兆円規模で実現した。しかし、それと引き換えに約四・二兆円の国庫補助負担金が削減され、地方交付税は地方受け取りベースで約五・一兆円縮小された。小泉内閣成立当初に提起された「地方の自立論」に基づく国の財源保障の縮減は、確実に実行されたのである。

以上の再編を日本の福祉システムの展開過程に位置づけると次のようになる。高度成長期以降の日本は、国の地域分散政策、地方交付税制度、全国均一運賃体系の国鉄路線網の拡大、食糧管理制度、国庫負担に支えられた国民健康保険制度などを通じて、地域別所得再分配機能を発達させ、「一般政府」による所得再分配機能の不十分性を補ってきた。これらは時代順に見ると、一九八七年、国鉄民営化、九四年食管制度廃止、九八年地方分散政策の停止と続き、国保制度は福祉システムの中核部分として存続しているものの、二〇〇〇年代に入ってナショナル・ミニマムを担う地方交付税の大幅な削減まで再編が及んだのである。

こうした再編の背景として指摘できるのは、第一に、大都市の本社―大都市周辺の研究所と主力工場―地方の大量生産工場という都市―地方の連関が、海外生産比率の上昇に見られる大量生産工場の海外への重点移行によって弱まり、有力企業の地方への関心を希薄化させたことである。第二に、右の変化が進むなかで、欧米との貿易摩擦緩和を眼目とする内需拡大の必要性が薄れ、対米公約であった公共投資基本計画も一九九九年には終了することから、もっぱら地方を動員した公共事業消化の意義が減退したことである。

中央政府の地方分散政策からの撤退、「地方の自立論」が提起される状況のもとで、地域振興政策に地方自治

表 5-9　PFI による実施方針策定事業数の推移

（単位：件）

	1999 年	2000	2001	2002	2003	2004	2005	2006	2007	計
国				7	8	6	9	3	7	40
都道府県	1	5	9	7	11	12	10	8	3	66
政令指定都市	2	3	2	4	6	6	6	6	4	39
市町村		2	16	15	18	17	14	18	10	110
事務組合		2			3		2		2	9
特殊法人その他公益法人			1	14	2	9	2	2	1	31
計	3	12	28	47	48	50	43	37	27	295

注：1)　PFI 基本方針策定以降，実施方針が公表されたものの件数.
　　2)　公表以降，実施が断念されたものは含まない.
出所：PFI 推進委員会ホームページ.

体が責任を持つべきとの流れが定着してくる。また、国から地方への財源保障の縮減のもとで、事務事業の移譲という行政分権の受け皿としての役割、あるいは広域行政の担い手としての役割が重圧となり、多くの市町村が合併に追い込まれていった。

以上の事情は、地方自治体に強烈な行政合理化・効率化圧力を加えた。その結果、指定管理者制度の導入やＰＦＩ法の制定などに後押しされながら民間委託化、アウトソーシングが進展している。総務省が二〇〇三年、〇四年に調査、公表した「事務の外部委託の状況」[29]によれば、「外部委託を実施した理由」としては、「事務の効率化や経費削減が図れるため」が最も多く、逆に、「未実施の理由」としては、「外部委託の方が経費が割高であるため」がかなりの割合となっている。選択基準がもっぱら経費節減の有無に置かれていることがわかる。また、「外部委託化によるメリット」として「専門性等を活かしたサービスの実施」と並んで「職員の負担の軽減」が多い。累次の人員削減のなかで、職員がやるべきことでも、やろうとしてもできない状況が垣間見える。

さて、表５-９は、公共団体におけるＰＦＩ事業の推移を見たものであり、公共部門の民間委託化、アウトソーシングの進展の一端を知ることができる。これによれば、ＰＦＩ採用は二〇〇一年頃から本格化していること、国よりは地方で具体化が進展していることがわかる。その事業内容は、教育と文化（文教・文化施設）九六件、生活と福祉（職業訓

表 5-10　地方団体別性質別歳出における移転的な経費

（単位：百万円）

	1984 年（昭和 59）			1994（平成 6）			2004（平成 16）		
	合 計	県	市町村	合 計	県	市町村	合 計	県	市町村
歳出合計	56,574	28,963	27,610	99,332	50,145	49,188	97,451	48,193	49,258
物件費	3,590	981	2,609	6,837	1,832	5,005	7,926	1,669	6,257
うち賃金*	166	27	140	320	44	275	443	41	401
役務費*	245	113	132	427	197	229	450	153	298
委託料*	1,051	248	804	2,893	616	2,277	4,027	720	3,307
普通建設事業費	15,613	7,671	7,942	31,015	15,941	15,074	17,185	9,292	7,892
補助事業費	8,413	4,799	3,615	11,807	7,614	4,194	6,887	4,422	2,465
補助金*（その他に対するもの）	359	196	163	710	395	316	610	304	306
単独事業費	6,278	2,303	3,975	17,371	7,221	10,150	8,621	3,649	4,972
補助金*（その他に対するもの）	276	89	187	696	260	435	639	252	387
人件費	17,211	10,657	6,554	25,273	14,970	10,303	25,613	15,218	10,395
補助費等	4,418	2,892	1,525	9,145	6,150	2,995	11,977	8,593	3,384
補助交付金*	2,806	2,273	533	5,928	4,905	1,023	7,966	6,689	1,277
その他*	1,349	533	816	2,589	977	1,611	2,602	940	1,662

注：＊印の付いたものが移転的な経費．ただし，扶助費，公債費は除く．
出所：『地方財政統計年報』各年度版．

練・福祉施設）一四件、福祉と環境（医療・保健衛生・廃棄物処理施設等）五三件、産業（農業・工業振興施設・漁港）一四件、まちづくり（道路、公共交通、空港、河川、公園、公営住宅等）三五件、あんしん（警察・消防・防災・行刑施設）一七件、庁舎と宿舎三二件、その他（複合施設等）二九件となっている。

地方財政における民間委託化やアウトソーシングの全体像を計測できる統計は整備されていない。そこで試みに、地方歳出のうち公債費及び社会保障給付の性格を持つ扶助費を除いて、他の経済主体の活動に対して資金を移転する性格の強い費目を抽出してみたのが、表5‐10である。すなわち、①物件費のうちの賃金、役務費、委託料、②普通建設事業費のうち地方公共団体以外に補助金を支出して行わせるもの、③補助費等のうち、負担金・寄附金、加入団体に対する還付金を除いた部分である。①が物件費に占める比率は一九八四年四〇・九％から九四年五三・二％、二〇〇四年六二・一％と顕著に増加している。②の普通建設事業費全体に占める比率は、同じ年次に、四・一%、四・五%、七・二%と漸増傾向が見られる。③については、補助費等に占める比率は、上昇していないが、歳出全体に対する比率を上昇させている。①②③の合計が歳出全体に占める割合は、同じ年次に一〇・六%、一三・六%、一七・三%と推移しており、確実に上昇していることが確認できる。

日本の政府間財政関係は、国が国庫補助負担金や地方交付税を通じて財源の大規模な再配分を行い、多くの事業で地方自治体を実施主体と位置づけるシステムを形成してきた。その意味で、中央政府の支援国家的な性格は国—地方の関係を通じて早くから具備されてきたと言ってよいが、構造改革政策のもとで、事業の多くを直接担う地方自治体の支出形態においても、支援国家化の進行を確認できるのである。

五　公私分担再編の帰結と展望

(1) 日本における公私分担関係再編の帰結

日本における公私分担関係の再編は、構造調整から構造改革への経済政策体系の変容のなかで、グローバリゼーションへの対応を標榜しながら、地方分散政策からの撤退、公共事業削減による財政負担の軽減、地方を動員した官製市場の開放によるサービス業への需要創出、外資の投資先と金融機関の融資先を創出する道路公団・郵政事業の民営化などのかたちで具体化され、新たな成長路線として定着していった。

その帰結は、本章第三節であらかじめ基本線を示したように、第一に、実体経済の格差拡大が続くなかで財政赤字を累積させ、公共部門の所得再分配機能の顕著な劣化をもたらしたことである。民間委託化、アウトソーシングの推進は、「官民コスト格差」論を根拠としており、より劣悪な労働条件による事業への切り替えを促進する作用を及ぼし、正規就業層と不安定就業層との格差拡大をもたらす原因となってきたことも付け加えなければならない。第二に、それにもかかわらず実効性ある財政再建プログラムが提示されず、逆に国際競争力強化を至上命題とする減税論が勢いを増すという状況が続いていることである。その結果、日本の福祉レジームは、その中核を支える租税基盤の動揺が、とりわけ国税領域で生じつつある。

「公」における実効ある財政再建プログラムが提示されてこなかったのは、そうしたプログラムを実行しようとする意思が、経済界たる「民」とその意を受けた政府・与党のなかで形成されてこなかったからである。第一に、「政府の失敗」が必然である「官」から市場原理に基づく効率的な「民」へという命題や国際競争力の強化の視点から公的負担を抑制することが「民」全体の強い意思となっていた。第二に、公的負担の抑制が優先され増税を含む財政再建策が回避され続けた結果、国債の大量発行が継続することになるが、国債の大量発行自体を民間金融機関が必要としていたことである。金融ビックバンに対応して、ＢＩＳ規制をクリアするためには、資金運用において企業貸出を抑制し、自己資本比率を高める手段として国債保有は必要不可欠だったのである。第三に、財政赤字のもとで歳出削減が強調され、「官」による事業、とりわけ新規事業の実施が困難という状況は、「官」による公共サービスの民間委託化、アウトソーシング化、市場化テストによる官製市場の民間開放のバネとなったことである。

かくて財政赤字の放置は、租税負担の軽減・抑制を求めるビックビジネスをはじめとする産業界全体、資金運用先として国債発行を求める金融界、公共部門の充実を攻撃し官製市場開放を求めるサービス産業界の三者の利害が一致した、いわば「鉄のトライアングル」を形成することになる。こうした構造が形成されたのは、グローバリゼーションへの対応のもとで進行した経済政策体系の変容が、バブル崩壊から平成不況の長期化へと推移するなかで進展したことと関係している。景気回復の前提として不良債権問題の処理と金融システムの再建が緊急課題となり、そのためにゼロ金利政策から量的緩和政策を含む超低金利政策が継続され、かなりの期間大量国債発行を可能とする条件が作り出されたからである。バブル崩壊と不良債権問題の深刻化のもとでグローバリゼーションに対応しなければならないという非常事態のもとで形成された経済政策が、「鉄のトライアングル」として構造化し、既得権益化していった構図をそこに見ることができる。

グローバル化への対応を標榜する多国籍企業、ビックビジネス、金融機関、大手サービス業などの利害に基づく政策が構造化し既得権益化していく傾向を促進し固定化させたのが、政策形成過程の変容である。一九九九年七月省庁改革関係法が成立し、二〇〇一年一月新府省庁が発足した。政治主導の行政運営を実現するとして内閣府が設置され、内閣総理大臣の補佐体制が強化された。さらに内閣府に重要審議会として、経済財政諮問会議、総合規制改革会議、総合科学技術会議、男女共同参画推進会議などが置かれ、重要施策を首相が直接指揮する体制が整えられた。こうした変化は、官と族議員の介入を排して首相の指導性を発揮するものとして評価されることもある。しかし、重要審議会の委員は首相近辺の学者と外資を含む大手企業人で固められ、国民諸階層間での利害調整を行わず、ビックビジネスや外資系会社の利害がストレートに反映されるシステムとして機能している。

二〇〇三年一二月、総合規制改革会議「第三次答申—活力ある日本の創造に向けて—」は、「規制改革の推進は、必然的にこれまで規制に守られてきた既得権益勢力との衝突を招くことが多い。当会議は、民間の委員・専門委員で構成される中立的な第三者機関という立場ゆえ、聖域なく困難な課題に取り組むことができた」と自画自賛している。しかし、国民諸階層の利害調整をへて形成されてきた経済的ルールや社会的規制をすべて既得権益と決めつけ、その緩和によって利益を得る当事者が首相近辺に集まって権力を奪っているのが実相であり、自らを「中立的な第三者機関」とは白を黒と言いくるめるものと言っても過言ではない。さすがに世上でも、こうした状況を「規制緩和ビジネス」、「現代の政商」、「企業エゴ」と批判する向きも現れている。実際、個別具体的な規制緩和を要求、実現し、自らが関わる企業、NPOがそれを受託する、そのための贈収賄が次々と摘発され始めている。グローバリゼーションに対応した構造改革政策と新成長路線が、国民諸階層の福祉充実を目標とする手段に位置づくのではなく、政策形成に直接関与しうる特権階層の利害を守ることを目的としている状況が、ここに反映されている。

(2) 公共性再生の展望

公私分担関係再編のあり方を探るうえで重要なのは、効率性の視点からする「福祉ミックス」論に収斂させる方向ではなく、「公」と「私」それぞれにおいて、また公私関係の総体のなかにいかに公共性を再生させるかという方向に見出すことである。さらに、それを実現する前提として公私分担関係をどのように制度設計するかの政策形成過程において、財政民主主義をいかに取り戻すかが重要となろう。

R・J・ベネットの提起した「二つの分権化」、すなわち「官から民へ」「国から地方へ」を検討した宮島洋は、この概念から抽出すべき点として「消費者・住民主権から乖離に起因する非効率や画一性を是正するため、福祉国家の形成・発展過程で中央政府に集中した資源配分権限と行政・財政権限を市場と地方への権限移譲によって制御すること[30]」としている。ここでは、「二つの分権化」がたんなる民営化や事務・事業の地方移譲という形態の問題ではなく、消費者主権や住民主権の実質が問われねばならないことが示唆されている。

ところが、日本の政策形成過程の変容のなかで生じた事態は、「民」を大手サービス業界、ビックビジネスや金融機関、外資などが独占的に代表し、既得権益を守る「官」を攻撃するという対抗図が意図的に仕立て上げられたことである。消費者主権、住民主権を含む国民諸階層との利害調整を省略した政策形成とその実施を優先させる状況は、ビックビジネス、寡占企業の利害に著しく傾斜し、もっぱらその経済的自由を保障するコーポレート・リベラリズムと特徴づけることができる。

コーポレート・リベラリズムの世界的な台頭について、P・ブルデューは「新自由主義の侵略[31]」と呼び、ワシントン・コンセンサスに基づく構造調整政策として途上国において典型的に展開されていることが指摘されている。それでも多くの主要先進国では、コーポレート・リベラリズム批判の蓄積があり、それを克服してきた歴史を有している。すなわち、思想家で言えばドウォーキン、ノージック、ロールズらが、「共通善」「基本財」「公共性」などの概念を案出し、「個人主義から正義論へ」という文脈のなかで、「個の自由」の社会性や自由を保障する実質的条件を重視する議論を展開してきた。さらにそれらの不十分性を批判したA・センにあっては、パレート原理による自由概念を批判し、個々人が真に自由を獲得するためには、潜在能力を現実化する「人間生活の改良の手段」としての福祉の重要性が強調された[32]。こうした一連の議論を「現代リベラリズム」と呼ぶならば、その理念は、エスピン-アンデルセンの第三類型のスカンジナビア諸国における社会民主主義勢力の政策に具体化され、また第一類型のアメリカにおけるアファーマティブ・アクションやイコール・オポチュニティの制度化に反映されてきたと言ってよい。これに対して、前述した日本の「経済社会のあるべき姿と経済新生の政策方針について」や「市場主義宣言」では、市場至上主義が前面に出て、コーポレート・リベラリズムの問題点を予防しようとする「現代リベラリズム」の考え方は著しく希薄である。コーポレート・リベラリズムに陥らず、「現代リベラリズム」に支えられた二一世紀にふさわしい「公」の再生が求められるのである。

しかし、そうした「公」の再生は、中央集権的な二〇世紀型福祉国家の再建ではありえない。EUを構築し、グローバリゼーションに対応しようとするヨーロッパでは、社会政策について、①労働者保護から労働者参加へ、②移転型福祉国家から参加型福祉社会へ、③社会権から市民権へをスローガンとし、社会的排除の根本的改革に取り組んでいる[33]。グローバリゼーションによる租税競争を所与の前提とせず、条件不利地域への支援を含めEUレベルでのセーフティネットの充実で福祉レジームの強化を模索しているのである。こうした動向をも参考にするならば、公共部門を再生する道は、市民、労働者、消費者、住民の参加を保障する財政民主主義の徹底を通じて、市民の自由を保障する実質的条件を「公」と「私」のあらゆる領域で整備していく方向以外にない。

その際、かかる方向が現実性を持つためには、財政民主主義を直接間接に担う能動的で一定程度組織化された市民、労働者、消費者、住民の存在が不可欠である。こうした着眼点は、国家と市場との中間領域における市民的活動の重要性を強調するという立論と関わる。たとえば、B・R・バーバーは、「巨大な政府と全体が民間のものである商業市場という両極端の間に存在する市民的領域でだけ、私たちは公と私、共同体と個人、公的な共同体の権力と私的な個人の自由を媒介できる[34]」とし、市民的領域の活動こそが「『商人』たちに礼節を守り、野放図でないようにさせると同時に政府に正当な地位を与える」と論じている。また、R・D・パットナムは、P・ブルデューの社会関係資本の概念を発展させ、「人々の協調行動を活発にすることによって社会の効率性を改善できる、信頼、規範、ネットワークといった社会組織の特徴」をソーシャル・キャピタルと定義し、制度改革の推進に当たって、「市民的積極参加の水平的ネットワーク[35]」の決定的重要性を指摘している。これらの議論では、コーポレート・リベラリズムの貫徹を抑止し、公共部門を市民の付託に応える参加型福祉システムに改革していくためには、自立した「市民的領域」の確立、あるいは、「市民的積極参加の水平的ネットワーク」の形成が不可欠の要素であることが示唆されている。

もう一つ留意すべきなのは、現代国家における支援国家化の進展が、福祉国家システムの中核部分を取り巻く周辺において、公共サービスを担う公益法人、NPO、指定民間業者など「公」と「私」の交錯する膨大な中間領域（グレーゾーン）を形成していることである。ギルバートは、そのことをもって「公共責任の暗黙の放棄」と特徴づけているが、支援国家化がただちに公共責任の放棄や公共性の喪失につながるわけではない。公共部門が中間領域の主体を実効ある手段によって制御し公共性を担保する可能性を否定すべきではない。また、公共部門と中間領域の総体における公共性を担保する根底的な力は、コーポレート・リベラリズムと集権的官僚支配の双方に批判的視点を持つ能動的な市民、勤労者のネットワークであろう。

近年の日本においても、従来の「公」と「私」を超えた公共性を構築しようとする試みが政府サイドからも提唱されている。二〇〇五年三月、「分権型社会に対応した地方行政組織運営の刷新に関する研究会」が「分権型社会における自治体経営の刷新戦略―新しい公共空間の形成を目指して―」という報告書を発表した。そこでは、「国の指揮監督の下にあったこれまでの自治体運営を、住民に開かれた別の原理に転換」すべきとの考えに立ち、「住民を顧客と見るNPM［ニュー・パブリック・マネジメント―引用者］の考え方を超えて、自治体の行政を地域の戦略本部と位置づけ、住民やNPO、民間企業など多様な主体と協働して自治体を運営していくことができないか」という視点を提示している。また、〇五年八月内閣府経済社会総合研究所は「コミュニティ機能再生とソーシャル・キャピタルに関する研究調査報告書」を発表し、「個人の信頼・ネットワーク・社会活動」の重要性を提起している。

このなかで先の「刷新戦略」自体は、効率性のみを追求しがちなNPMをも批判的に捉え、能動的市民のネットワーク形成をめざす方向にも踏み込んだ画期的な内容と言える。しかし、これを具体的施策にした同年三月の総務省「新指針」では、民間委託や指定管理者制度によるアウトソーシングの必要性について、コスト削減や地方自治体の手の回らない領域を補完するという視点が目立つようになっている。

「刷新戦略」の理念の本格的な具体化は今後の課題と言えよう。支援国家化の最前線に立つのが地方自治体・地域のレベルであり、膨大な中間領域をはじめとして「公」と「私」の交錯する領域において、いかに「公共空間」を構築していくのかが問われている。その際には、イギリスのコンパクトや地域別戦略的パートナーシップなどの動き、あるいはアメリカのNPO活動における公共性の確保の歴史などが参考にされるべきであろう。

注

（1）OECD (2005), *Modernising Government : The Way Forward*,（平井文三訳『世界の行政改革―二一世紀型政府のグローバル・スタンダード』明石書店、二〇〇六年）。
（2）石井陽一『民営化で誰が得をするのか』平凡社、二〇〇七年。
（3）加藤榮一『福祉国家システム』ミネルヴァ書房、二〇〇七年、主として「第Ⅰ部形成から再編へ」の諸論稿を参照。

（4）加藤榮一、前掲書、「第II部再編から解体へ」の各論稿を参照。また、同「二〇世紀型福祉国家の転換」（日本財政学会編『グローバル化と現代財政の課題』財政研究第一巻、有斐閣、二〇〇五年）も参照されたい。

（5）Ramesh Mishra, *Globalization and the Welfare State*, Edward Elgar Publishing, 1999.

（6）Neil Gilbert, *Transformation of the Welfare State, The Silent Surrender of Public Responsibility*, Oxford, 2002.

（7）岡本英男『福祉国家の可能性』東京大学出版会、二〇〇七年。

（8）林健久『財政学講義』東京大学出版会、一九七八年。同第二版、一九九五年、同第三版、二〇〇二年でも、この命題は踏襲されている。

（9）レスター・C・サロー（山岡洋一・仁平和夫訳）『資本主義の未来』TBSブリタニカ、原書とも一九九六年。

（10）林健久『福祉国家の財政学』有斐閣、一九九二年。

（11）W. Eggers and S. Goldsmith (2003), "Networked Government", *Government Executive*, Vol. 35, Issue, Executive Publications, Washington DC. (OECD, 前掲『世界の行政改革』一七四頁)。

（12）Robert J. Bennett, "Decentralization, Intergovernmental Relations and Markets: Towards a Psot Welfare Agenda ?" R.J. Bennett ed., *Decentralization, Local Governments, and Markers : Towards a Post-Welfare Agenda*, Clarendon Press, 1990.

（13）Gøsta Esping-Andersen, *The Three Worlds of Welfare Capitalism*, Polity Press, 1990. 邦訳は、岡沢憲芙・宮本太郎訳『福祉資本主義の三つの世界』ミネルヴァ書房、二〇〇一年。

（14）たとえば、金澤史男「日本における福祉国家財政の再編―グローバル化と構造改革」（林健久・加藤榮一・金澤史男・持田信樹編『グローバル化と福祉国家財政の再編』東京大学出版会、二〇〇四年）（編者注―本書第四章）の表7-2を見よ。一九九〇年家族への現金給付はドイツ一・一九、フランス二・一〇、スウェーデン二・一五に対し、現物給付は、それぞれ〇・四四、〇・三二、二・三八である。この傾向は、一九九八年の数値でも同様である。

（15）邦訳版、三一頁。

（16）これらについて、比較的最近まとめたのが、飯野靖四「社会保障政策における政府」（慶應義塾大学経済学部現代経済学研究会編『経済学による政府の役割分析』慶應義塾大学出版会、二〇〇一年）。

（17）この点、宮島洋による詳細な紹介と論点整理がなされている（宮島洋「課税と社会保障―新たな論点」『財政と公共政策』第二六巻第二号、二〇〇四年一〇月）。

（18）アメリカの民間医療保険制度については、中浜隆『アメリカの民間医療保険』日本経済評論社、二〇〇六年、参照。雇用主提供医療保険の加入率は、同書、二四四頁。
(19) 前掲、岡本『福祉国家の可能性』七六～七七頁。
(20) 前掲、エスピン-アンデルセン『福祉資本主義の三つの世界』邦訳版、七二頁。
(21) この点、橘木俊詔『格差社会—何が問題なのか』岩波新書、二〇〇六年参照。なお、厚生労働省「平成17年度所得再分配調査」では、税・社会保障による「改善度」の定義が変更されている。この点の検討は別の機会に行いたい。
(22) 経済企画庁編『経済社会のあるべき姿と経済新生の政策方針』一九九九年(同年七月八日閣議決定)。
(23) 経済産業省経済産業政策局「我が国企業の海外事業活動」(二〇〇七年七月)、経済産業省『中小企業白書』など参照。
(24) 一九九九年九月二九日、第一回介護関連事業振興政策会議における根本厚生政務次官のあいさつ。
(25) OECD, Regulatory Reform, Privatization and Competitive Policy, 1992.
(26) この点、前掲、石井陽一『民営化で誰が得をするのか』平凡社、二〇〇七年、参照。
(27) さしあたり、関岡英之『拒否できない日本—アメリカの日本改造が進んでいる』文藝春秋社、二〇〇四年、本山美彦『売られ続ける日本、買い漁るアメリカ—米国の対日改造プログラムと消える未来』ビジネス社、二〇〇六年、を見よ。
(28) 石井、前掲書、七四頁。もっとも、新会社が国際競争力を備えてアメリカの銀行・保険・貨物分野を圧迫することを懸念し、それを予防するための法案修正協議をしたり、移行期に設置される民営化委員会に外資系保険会社の委員を加えるよう要求したと言われる。
(29) 都道府県・政令指定都市における事務の外部委託の状況(平成一四年一二月一日現在)」二〇〇三年四月一六日公表、「市町村における事務の外部委託の実施状況(平成一五年四月一日現在)」(二〇〇四年三月二五日公表)。
(30) 宮島洋「グローバル経済下の日本の社会保障改革」(日本財政学会編『グローバル化と現代財政の課題』財政研究第一巻、有斐閣、二〇〇五年)。
(31) ピエール・ブルデュー監修(加藤晴久訳)『市場独裁主義批判』藤原書店、二〇〇〇年。
(32) この点、吉崎祥司『リベラリズム—〈個の自由〉の岐路』青木書店、一九九八年、参照。
(33) 濱口桂一郎『EU労働法の形成』増補版、第三版、日本労働研究機構、一九九八年、参照。
(34) ベンジャミン・R・バーバー(山口晃訳)『〈私たち〉の場所—消費社会から市民社会をとりもどす』慶應義塾大学出版会、二〇〇七年(原書一九九八年)。
(35) ロバート・D・パットナム(河田潤一訳)『哲学する民主主義—伝統と改革の市民的構造』NTT出版、二〇〇一年(原書一九九三年)。

参考文献

岩田規久男・宮川努編『失われた一〇年の真因は何か』東洋経済新報社、二〇〇三年。

G・エスピン-アンデルセン編（埋橋孝文監訳）『転換期の福祉国家―グローバル経済下の適応戦略』早稲田大学出版部、二〇〇三年（原書一九九六年）。

加藤榮一『現代資本主義と福祉国家』ミネルヴァ書房、二〇〇六年。

加藤榮一『福祉国家システム』ミネルヴァ書房、二〇〇七年。

神奈川県地方税制等研究会ワーキンググループ『地方税源の充実と地方法人課税』二〇〇七年。

金澤史男編『現代の公共事業』日本経済評論社、二〇〇二年。

金澤史男「日本における新自由主義の二〇年―経済政策理念と財政問題を中心に―」（『土地制度史学』第一七一号、二〇〇〇年四月）。

金澤史男「日本型財政システムの形成と地方交付税改革論」（『都市問題』第九四巻第一号、二〇〇三年一月）（編者注―本書第九章）。

金澤史男「三位一体改革から分権改革のサード・ステージへ」（『地方財政』第四五巻第二号、二〇〇六年二月）（編者注―本書終章）。

金澤史男「『新しい公共空間の形成』は実現するか―財政危機下の地方行革」（『地域政策』第二〇号、二〇〇六年六月）。

金澤史男「持続可能な社会保障制度―財政分野の論点―」（『社会福祉研究』第九九号、二〇〇七年七月）。

田代洋一・萩原伸次郎・金澤史男編『現代の経済政策〔第三版〕』有斐閣、二〇〇六年。

橘木俊詔・浦川邦夫『日本の貧困研究』東京大学出版会、二〇〇六年。

塚本一郎・古川俊一・雨宮孝子編『NPOと新しい社会デザイン』同文舘出版、二〇〇四年。

林健久・加藤榮一・金澤史男・持田信樹編『グローバル化と福祉国家財政の再編』東京大学出版会、二〇〇四年。

宮本憲一『公共政策のすすめ―現代的公共性とは何か―』有斐閣、一九九八年。

第二部　地方分権改革の歴史的意義

第六章　地方分権の日本的文脈

はじめに

　周知の通り、わが国では一九九五年五月に「地方分権推進法」が成立し、これに基づいて七月に「地方分権推進委員会」が総理府のもとに設置され、すでに一九九六年三月には「分権型社会の創造　地方分権推進委員会中間報告」（以下、たんに「中間報告」と略す場合がある）が発表されている[(1)]。また補助金・税財源検討グループの「中間まとめ」も一九九七年六月に発表される予定といわれる。日本の近現代史上で地方分権が国政の争点となったことは、今回が初めてではなく、その時々に個性的な事情が働いている[(2)]。

　小論の課題は、そうした歴史過程を念頭に置きながら、地方分権が日本で現在なぜ、どのように問題になっているかを検討することである[(3)]。言い換えれば、現在における地方分権の日本的文脈とでもいうべきものの一端を明らかにすることである。そこで、まず第一に、地方分権論の時代的な背景を、国際的条件、日本的な条件に分けて検討する。第二に、地方分権が異なる経済主体によって異なるイメージで捉えられている状況を検討する。第三に、経済主体のうち中央政府に着目し、その主導性を規定している財政危機の様相と政府間財政関係への影響について、一九七〇年代にまでさかのぼり、それ以降の経緯を追跡する。第四に、日本的行財政システムの何が問われているのかについて、「融合」システム、ナショナル・ミニマム、均一の地方税率の三点に絞って検討する。

一　地方分権論の背景

(1)　内外情勢との関連

いまなぜ日本で地方分権が政策争点のひとつになっているか、について地方分権推進委員会の「中間報告」が、さしあたり標準的と思われる解答を与えている[4]。そこでは、「何故にいまこの時点で地方分権か」とみずから問い、その答えを二段構えで提示している。周知のことと思われるが、行論の必要上その論旨を確認しておこう。まず第一段として「中央集権型システムの制度疲労」を指摘する。曰く、その日本的なシステムは「権限・財源・人間を中央に過度に集中させ、地方の資源を収奪し、その活力を奪う。全国画一の統一性と公平性を重視するあまりに、地域的な諸条件の多様性を軽視し、地域ごとの個性ある生活文化を衰微させる」と。そして、「国際・国内の環境変化」がそのシステムを「制度疲労」に陥らせている。この「国際・国内の環境変化」の説明が第二段であり、以下の四点を指摘している。第一は「変動する国際社会への対応」、第二は「東京一極集中の是正」、第三は「個性豊かな地域社会の形成」、第四は「高齢社会・少子化社会への対応」である。

ここでは、二段構えで説明されているなど工夫がみられるし、また指摘されている諸要素が、それぞれ今日の地方分権論の背景をなしていることは、よく理解できる。しかし、「日本的文脈」を一層鮮明にするためには、諸要因を羅列的に挙げてその必要性を論じるという叙述方法から、さらに踏み込んだ検討が必要である。

ひとつめの留意点は、世界史的な動向との関連をどう認識するかである。先進国に共通する背景として、まず次の二点を指摘できると筆者は考える。すなわち、第一は、成熟社会に到達しつつあることである。石油危機以降、大量生産・大量消費による生産・生活スタイルが限界となり、ハードよりもソフト、量よりも質が重んじられる傾向が強まった。公共財についても、住民に密着したレベルで供給される、より質の高い、よりきめ細かなサービスに人々の関心が移ってきている。第二は、社会の高齢化・少子化のインパクトである。高齢化が進むと、年金・保険による所得保障などナショナルなレベルでの制度整備が必要となる。しかし、それだけでなく在宅ケアをはじめとする対人福祉サービスや余暇対策・雇用の確保など地域レベルで解決していかざるをえない課題が増加する。歴史的な順序で言えば、まず前者での制度整備が進み、ついで後者への取り組みが本格化してくる。

この二点は、「中間報告」の上記の第三「個性豊かな地域社会の形成」と第四「高齢社会・少子化社会への対応」にほぼ対応している内容である。これらは、フォード的蓄積体制が限界に到達するという資本主義の構造転換期に対応して顕在化しつつある現象であり、その意味で先進国に共通の歴史的な傾向ということができる。

第三に、世界的な動向との関連で指摘すべき背景は、冷戦終結の影響である。むろん、この点には多くの論者が言及しているものの、その意味内容は一様ではない。実際、「中間報告」の論旨もやや特異なものとなっている。そこでは「冷戦の終結」を起点とし、「経済活動のボーダレス化」の進展、「地域レベル・市民レベルの国境を越えた交流」の活発化が進んでいるが、そのなかで「国が担うべき国際調整課題があらゆる行政分野にわたって激増」しており、「国にしか担い得ない国際調整課題への国の各省庁の対応能力を高めるためにも、地方分権を推進し、国の各省庁の国内問題に対する濃密な関与に伴う負担を軽減することを通して、これを身軽にしその役割を純化し強化していくべきである」としている。ここでは、国の「国際調整課題」の機能強化の必要性を媒介にして、「冷戦の終結」といわゆる国の「身軽論」が結び付けられているが、やや一面的であろう。

むしろ筆者は、次の点に注目すべきであると考える。すなわち、米ソの冷戦時代には、東西両陣営の対立からくる緊張関係が国民の要求を国家レベルで押え込むことが比較的容易であったが、冷戦後その力は弱まり、地域、自治体、民族、個人レベルでそれらの多様な要求が噴出している。冷戦の終結が国民国家の相対化を促し、地域、自治体、民族、個人レベルにおける自己決定を重視する傾向が生まれ、その制度的な保障の一つとして地方自治や地方分権が焦点になっているのである。

こうした影響は、成熟化や高齢化がまだ顕著に表れていない先進国以外の地域にも及んでいる。[5] ロシア・東欧地域では、従来の国家に対する民族の自立が前面に出ている。中国では、デタントから冷戦終結のなかで進展した市場経済化と絡み合いながら地方分権化が進んだ。一方、途上国では、冷戦体制下において東西どちらかの勢力と軍事的、政治的、経済的に深く結び付いた開発独裁型の政権が数多く存在した。財政構造からみれば、軍事費と開発事業費を中心とする中央政府財政の規模が圧倒的に大きく、地方財政も国の厳しい統制のもとに置かれていた。ところが、冷戦の終結とともに、そうした状況が変化の兆しをみせ、地方政府が担当する民生的サービスの重要性の高まりが、地方分権の原動力として作用している。[6]

以上のように、地方分権を求める流れは、石油危機後の先進国に共通し、また冷戦終結後の世界全体に共通の傾向ということができる。高度に集権的に組織されてきたと言われる日本的システムは、そのインパクトをより強く受けた国の一つといえよう。むろん、地方分権の傾向は、他面で、その要求の無秩序な噴出を抑えようとする新たな国家統合の動きを誘発することも事実である。しかし、「自己決定権」を重視しようとする傾向は社会の発展方向に合致していると考えられるのであり、その意味で、わが国でも地方分権のあり方が問われ続けていくであろう。

(2) 地方分権推進主体の多様性

地方分権の背景をより深く理解するうえで留意すべきふたつめの点は、現在日本で争点となっている「地方分権」が、様々な経済主体によって異なるイメージで捉えられていることである。そこには少なくとも四つの主要な経済主体が登場する。

第一に、中央政府である。日本財政は石油危機以降の国債発行のツケがたまり、巨額の債務を抱え、「財政再建」が至上命題となっている。他方、政府は日本の国際的な地位を確保するために、対外援助や防衛費を増加させようとしている。そこで内政の責任を地方に委譲し、中央政府は身軽になろうという要求、すなわち「中間報告」にもやや変形したかたちで現れていた「身軽論」が出てくることになる。この点については、のちにやや詳しく検討することにしたい。

第二は、大都市自治体とその住民である。日本の財政システムでは、現在所得税・法人税・酒税の三二%、消費税の一九・二%、たばこ税の二五%が地方交付税の原資となり、大都市部から得た国税のかなりの部分が農村的な地方に再配分されている。他面、大都市自治体は、政府の財源再配分、特に地方交付税に依存する割合が小さく、さらに教育、社会福祉関係の補助金削減の影響を少なからず被っている(7)。そこで、大都市に潤沢なこれらの国税を地方財政調整制度の原資にせず自主財源とすれば、大都市は財政的に余裕ができることになる。そのうえで中央政府のコントロールから自立した行政を行うべきだという自治体・住民の声が高まり、事務事業・権限・自主財源の委譲を積極的に主張している。その際、「市民自治」論や「都市自治」論が、その理論的なバックボーンの一つとなっている(8)。

第三は、農村的な自治体とその住民であり、これらの地域は地方分権によって東京一極集中の是正や地域の活性化を求めている。「中間報告」の前出の「東京一極集中の是正」は、この点を代弁しているといえる。そこでは、「人口・産業・金融・情報・文化等の東京圏への過度の集中」の弊害を指摘し、「多極分散型の国土形成を実効あるものにするためにも、地方分権を推進し、まずは政治・行政上の決定権限を地方に分散し、これによって東京一極集中現象に歯止めをかけ、地域の産業・行政・文化を支える人材を地方圏で育て、地域社会の活力を取り戻させる必要がある」と述べている。

こうした論調においては、「地方分権」という言葉の中に経済諸力の分散の促進というイメージを抱くわけだが、かかる理解の妥当性は相当疑わしい。そもそも地方分権というのは、〈大都市―地方圏〉ではなく、〈中央政府―地方政府〉を軸とした概念装置である。地方政府には、当然大都市自治体も含まれるわけであるから、地方分権によって活性化するのは地方圏の自治体ばかりではない。地方分権は、自主性の増大を通じて、たとえば地域開発をめぐる自治体間競争を激化させ、その結果大都市への経済諸力の集中が一層進むということも想定できる。かりに他の条件をして一定とし、地方分権だけが進んだとしたら、東京一極集中が促進される可能性の方が高いと言えよう。しかし、それにしても日本の近現代史上に現れた「地方分権論」は、多かれ少なかれ「地方分散」のイメージが絡まり合っているのであって、最近の「地方分権論」も例外ではないのである。(9)

さて、第四は企業である。財界は国際競争の激化と不況の長期化のなかで、規制緩和の一環として「地方分権」を捉えている。財界の要求は、許認可権を握る中央官庁の規制を緩和しつつ、残った権限をできるだけ地方委譲させることとである。国と地方自治体とで幾重にもかぶせられた規制の網を整理合理化し、ナショナルなレベルでの企業活動を自由化し、ローカルなレベルでの活動は地方自治体との簡素化された折衝で処理しうるように行政システムを改革しようとするものと考えられる。

地方分権が国政の争点として押し上げられつつあった一九九〇年前後の時期において、各経済主体の要求がどのように多様であったか、表6-1がその一端を示している。(10) ここでは、神奈川県、自治労、経団連の具体的な要求項目を整理してあるが、神奈川県が地方自治体側の要求のひとつのタイプを代表している。ただし、「消費譲与税の『地方消費税』への改組」など自主財源の強化を具体的に提示していること、「大都市特有の財政需要の反映」や地方交付税の「不交付団体に対する義務教育費国庫負担金の財源調整装置の廃止」など大都市に特徴的な要求も目立つ。

表 6-1　地方行財政改革の具体的要求項目

項目		神奈川県	自治労	経団連
行政システム改革の推進	地方分権	・地方分権に関する大綱方針の策定 ・「地方分権推進基本法」の制定 ・地方制度調査会等の提言の実行 ・地方分権促進の第三者機関の設置	・地方分権の推進 ・参加型行財政システムの確立	・地方の自主性・創意を発揮できる環境作り ・権限委譲の受け皿としての自治体強化(市町村合併,都道府県連絡共同体の強化)
	事務配分・行政領域	・国が留保する許認可事務の地方委譲	・地方で処理可能な事務はすべて移譲(特にまちづくり,地域医療・保健,府県は広域事務,補完的事務) ・地方支分部局の整理 ・住民主導・民間の長所の活用を基本に,「地域づくり」への行政の積極的参画,公益的事業形態の活用 ・事務区分明確化のための「基本法」制定	・権限と責任の市町村委譲,国はナショナル・ミニマム,国防,外交,対外通商等に限定 ・国から都道府県への権限委譲 ・市町村への権限委譲 ・地方団体等の規制緩和 ・地方公営企業の民営化
	機関委任事務・許認可権限	・機関委任方式の廃止 ・機関委任事務に関わる情報の公開 ・許認可の権力的関与,事前協議など非権力的関与,附属機関,職員配置の義務づけなどの整理・合理化	・機関委任方式の全面的廃止 ・自治体への国の権力的関与の排除 ・行政機関,附属機関,職員配置等の国の法令による義務づけの自主化 ・国から自治体への一方的な「天下り人事」の廃止	・機関委任事務の整理 ・国の出先機関の抜本的整理・縮減 ・国の規制緩和(特に地方振興プロジェクトの円滑な推進,農政の改革が必要)
	地方の国政への参加	・地方制度調査会等の答申具体化への地方の意見の反映 ・企画立案段階からの地方参加を保障する制度 ・大規模プロジェクトへの参加 ・国の審議会への地方代表の参加を拡充 ・中央省庁に首長の意見交換する場の設定	・大規模プロジェクトへの参加 ・国の経済計画,総合開発計画への地方の参加 ・各種審議会への地方の参加 ・税財政関連事項の自治体との事前協議制度 ・地方財政審議会の改組,「地方財政委員会」の設置	

表6-1　つづき

項目		神奈川県	自治労	経団連
行政システム改革の推進	住民の参加		・行政モニター制度，調査公聴会システムの整備 ・都道府県行政への市町村の参加 ・情報公開制度の充実 ・住民への総合情報提供システムの整備 ・「統一的行政手続法」の制定 ・オンブズマン制度の議会への設置	・行革推進における情報の公開
補助金・分担金制度	国庫補助金制度	・国庫補助金の整理・合理化(統合メニュー化，総合補助金化) ・公共事業基本計画の実施における適切な地方財政対策	・補助金の総合化，統合化，できないものは廃止 ・手続きの簡素化，民主化 ・補助金等適正化法に要する浪費の改善 ・教育，福祉，雇用などは国の負担確保(全国的に一定の行政水準) ・建設事業費の負担金の一括交付方式の検討	・職員設置費等の定額交付金等は，原則，地方の一般財源化 ・集会施設等のハコ物補助金の原則廃止 ・地方団体事務として定着，零細補助金については原則廃止
	超過負担問題	・地方超過負担の完全解消	・数量差，対象差，認証差を含めた超過負担の解消	
	国直轄事業負担制度	・国直轄事業負担制度の見直し(事務費比率の削減，維持管理費負担の軽減)		
地方交付税制度	地方交付税交付金	・地方交付税交付金総額の確保 ・大都市特有の財政需要の反映	・地方交付税のリンク税目の拡大，交付税率の引上げ ・特別交付税の比率縮小，算定内容の公表 ・事業費補正等の改正(交付金の補助金化是正) ・基準財政需要算定の再検討 ・補正係数の法定	
	不交付団体の扱い	・不交付団体に対する義務教育費国庫負担金の財源調整措置の廃止		・不交付団体に対する国の補助金，地方譲与税の取分の調整 ・留保財源，超過財源等の均てん化の検討

表 6-1　つづき

項目		神奈川県	自治労	経団連
地方債制度	地方債許可制度		・地方債許可制度の廃止	
	公営企業金融公庫		・公営企業金融公庫の改組，国，自治体の共同出資による「地方団体金融公庫」の設置	
地方税源の充実	住民税	・個人住民税減税における税収補てん措置 ・個人所得課税の道府県への税源配分の拡充 ・株式等の譲渡所得に対する個人住民税の課税強化	・個人所得課税，法人所得課税の再配分 ・個人住民税の大衆課税的傾向の是正 ・法人住民税の均等割の引上げ ・住民税所得割における源泉選択の利子，配当所得の算入，総合課税方式の徹底	・法人住民税の負担増抑制
	事業税	・法人事業税の課税方式への外形標準課税の導入	・法人事業税の課税標準に外形標準採用	・法人事業税の負担増抑制，超過課税の引下げ
	事業所税		・課税団体規模の引下げ（人口 30 万以下へも）	
	土地課税		・土地に関する税金の地方委譲 ・固定資産税の償却資産に対する特例の廃止，土地，家屋における法人・個人の不均一課税の検討	
	消費税	・消費譲与税の「地方消費税」への改組		
	租税特別措置	・租税特別措置，非課税措置等の整理縮減	・法人税法，租税特別措置法の軽課措置の影響しゃ断措置	
	その他		・地方税比率の 50% 程度への引上げ	・地方財政のマクロ的好転 ・ミクロ的には団体間財政力格差の拡大への対処が重要 ・地方税の納税手続きの簡素化

出典：神奈川県は「平成 7 年度　国の施策・制度・予算に関する要望」（1994 年 7 月），自治労は，『新しい時代の自治のあり方』（1991 年），経団連は，同行革推進委員会「国と地方の関係等の見直しに関する意見メモ」（1989 年 5 月）より作成.

これに対し、経団連の要求は独特のものとなっている。まず「地方の国政への参加」や「住民の参加」にはほとんど関心は示されず、地方自主財源の強化にも触れられていない。後者については、むしろ「法人住民税の負担増抑制」など地方税への減税要求が前面に出ている。代わって強調されているのは、権限の地方委譲と「国はナショナル・ミニマム、国防、外交、対外通商等に限定」という事務配分の提唱と国と地方を通じた規制緩和である。また「権限委譲の受け皿としての自治体強化」が明記されている。「身軽論」「受け皿論」の発信先のひとつが財界サイドであることが確認できる。

一方、自治労は、権限委譲や「機関委任事務の全面的禁止」などのほか、補助金や地方交付税の改革、自主財源の強化について具体的な提言を行っている。また「国の経済計画、総合開発計画への地方の参加」や「行政モニター制度、調査公聴会システムの整備」など「地方の国政への参加」や「住民の参加」を重視していることがわかる。先の経済主体では取り上げなかったが、ここには住民サイドの要求が反映していると見ることができる。そこでは、団体自治の強化だけでなく、住民自治の強化、自治労の言葉で言えば、「参加型行財政システムの確立」が目標となる。

以上のように、地方分権の意味内容は経済主体によって様々であり、したがって、その政策目標も異なってくる。特に、それぞれの政策目標を財政問題に即してみた場合、多くの点で互いの主張は相反するものとなっている。地方分権をめぐるいわば「同床異夢」の状況と、それぞれの要求が形成されてきた一九八〇年代以降の状況こそ、地方分権をめぐる日本的文脈の一断面を明らかにしているのである。

二　中央財政危機と政府間財政関係

(1) 中央政府の主導性

現在日本で進行している「地方分権」の動きは、中央政府が自ら問題提起し、これに関する独自の強い要求を持っており、当初から中央政府が主導している地方分権だという点に最大の特徴がある。一九九一年七月の第三次行革審は、「国際社会に対する積極的貢献」を国が十分に行えるよう、新しい事務配分の原則を提唱した。すなわち、国が対外政策を担当し、地方が対内政策を担当するという分担原則である。

実際、国の対外政策費の動向を見ると、防衛関係費は他費目が強く抑制されるなかで一般会計に占める比率を増加させている。一九九二年には国連平和維持活動協力法案が成立し自衛隊の海外派遣が開始された。政府開発援助(ODA)についてみると、プラザ合意以降に著増し、一九八九年に金額で世界一位となり、その後も一～二位を争う水準を維持している。さらに政府は、ODAを対GNP比一%に近づけること、国際文化交流の推進、紛争の平和的解決への積極的参加、難民への援助の強化などを国際的に表明している。

こうした分野に関する国の財政支出を一層増大させるためには、内政分野を地方に移す必要があるというわけである。「中間報告」を冒頭で取り上げた際にも言及したように、一般にこの考え方は「身軽論」と呼ばれる。この「身軽論」を出発点とし、その手段として「地方分権論」が主張されてくるのである。

しかし、「身軽論」と連動した「地方分権論」が強く押し出されてくる背景は、たんに対外的な活動領域の増大だけではない。中央政府が地方分権を主導しようとしている規定的な要因は、むしろ中央政府の財政危機にあると見るべきであろう。一九七〇年代半ば以降の日本の国債依存度は他の諸国に比べて際立って高く、その結果、長期政府債務残高のGDP比は急激に増大し、いまやイギリスを抜き、アメリカと並ぶ水準になっている。また、公債費の歳出総額に占める割合もアメリカと並び、二〇%に近づきつつあり、財政の硬直化が進んでいる。財政危機の発生とその対策の展開は、地方分権論が改革の対象とする政府間財政関係を強く規定している。以下、時代をいったん一九七〇年代初頭にまでさかのぼり、その経緯を手短かに追い、中央政府のサイドから地方分権を推進しようとする動機を確認してみよう。

(2) 一九七〇年代——「膨張期」の財政動向

一九七〇年代の初めから、不況対策と対外的な円切上げ圧力の回避が経済政策の主要課題となり、財政政策のスタンスは積極化していった。ところが、石油危機の影響は税収を激減させ、収支ギャップが拡大し、この収支ギャップを埋めるために、大量国債が発行されることになった。国債依存度は一九七七～八〇年まで三〇%を超えており、この高水準の特異性は国際比較すれば明瞭となる。

この大量国債発行に支えられながら日本財政の規模は増大していった。GNPに対する財政支出（国と地方の純計）の比率は、一九七〇年の一九・〇%から一九八五年には二九・四%と約一〇ポイントの上昇を示し、一種の「転位効果」が生じた。(11) 財政膨張が継続した原因は、第一に公共投資を中心とするフィスカル・ポリシーが継続されたこと、第二に社会保障制度が成熟するなかで、「福祉国家」の実現がひとまず国家的政策の中軸にすえられたことである。福祉、教育、環境を重視して住民の支持を集めたのが「革新自治体」であったが、これに対抗して自民党政権が「福祉元年」を唱えたのが一九七三年であった。第三に高度成長の矛盾が各階層の諸要求として噴出し、「社会的緊張」が高まるなかで、国民的統合を図るために中小企業、農業、後進地域への財政支出を増大せざるをえなかったことである。たとえば、地域開発の目玉として新幹線を後進地域に延長する整備新幹線計画が策定されたのも一九七三年であった。

この時期の政府間財政関係の特徴の第一は、事務配分において、地方支出よりも国の支出の方が大きく伸びたことである。その要因として量的に重要なのは、①国の社会保障費の増大、②国債費の増大、③地方への財源再配分の増大である。このうち③は、もっぱら国庫補助金と地方交付税という二つのルートを通じて行われた。国庫補助金の増大は、主として社会福祉関連の補助金、地方圏での公共事業補助金などの伸張によるものである。

また一九六九年から一九七一年にかけて提起された摂津市行政訴訟を契機として、「超過負担」の改善がある程度進んだことも国庫補助金増大の要因となった。地方交付税は、原資である国税三税の停滞のなかで、「交付税及び譲与税配付金特別会計」の借入金などによる「地方財政対策」によって、原資を積増しする措置がとられ、地方財源保障機能の減退がくい止められた。

(3) 一九八〇年から八〇年代後半——「調整期」の財政動向

一九八〇年代にはいると、日本財政は地方財政、政府間財政間係を含めて様々な側面から「調整」「再編」の対象となる[12]。公債残高の対GDP比は、一九七四年七%から以後連年増加し一九八五年には四〇%を突破した。こうした状況のもとで、国債価格の下落、利率の上昇、クラウディング・アウトが懸念されてきた。さらに、財政支出に占める公債費の比率が増大していき、財政運営の機動性を失わせる「財政の硬直化」が表面化してきた。事実、国の一般会計に占める公債費の比率は、一九七五年三・四%から八〇年の一〇%に急伸し、八七年には二〇%を超えるまでに増大するに至った。

その結果、「財政再建」が財政政策の重要な課題となる。その具体的な目標は、「特例公債からの脱却」と設定され、目標達成年度として一九七六年に一回めが一九八〇年とされたものの実現できず、一九七九年に二回めの目標が一九八四年と設定されるが、これも再び断念されることになった。二回めの目標達成が絶望的となった一九八〇年代初め頃、政府は財政のあり方について本格的な再編構想を打ち出していく。

一九八三年一月に大蔵省は、①歳出面における行財政の守備範囲の見直しや受益・負担両面の見直し、②歳入面における国民負担の増加すなわち増税を提起した。一方、一九八二年七月、第二次臨時行政調査会は、行政の目標を「活力ある福祉社会の建設」と「国際社会に対する積極的貢献」と定式化し、さらに一九八三年三月、この二大目標を達成するために、国・地方・特殊法人等の行政主体相互間における「合理的機能分担」として、二つの基本方向を提起した。すなわち、ひとつは「官から民へ」、ふたつは「国から地方へ」という基本方向である。

公的部門と民間部門の分担のあり方について、臨調は国家介入の程度を押さえるためのガイドラインの設定を試みた。当初は一般政府総支出の対GNP比で「現状」維持の三五％とされたが、その後「現状」よりは上昇することを認めるに至った。しかし、それでもヨーロッパ諸国の五〇％前後よりは「かなり低位にとどめることが必要」とされた。実際、市場原理を強調する新自由主義に理論的基礎を求めつつ、「官から民へ」という基本方向にそった再編が一九八〇年代に展開された。三公社の民営化、事務事業の民間委託、公共サービスの受益者負担の強化などが、そうした政策手段の中心を構成した。

政府間財政関係の再編については、「国から地方へ」という上述の第二の基本方向に沿って、さしあたり次の三つが実行された。第一は、地方交付税の総額抑制である。地方交付税の原資を積増ししていた「地方財政対策」は、しだいに縮小され、しかもその中心的手段は「交付税及び譲与税配付金特別会計」の借入金から地方債の増発へと移行していった。第二は、一九八五年から本格的に開始された補助金の削減である。その影響は、おそらく多くの論者の想像以上に大きく、地方財政収入に占める補助金収入の比率を都道府県でみると、一九七七年のピーク時には二七・五％占めていたものが、八五年には二一・五％、九〇年には一六・八％にまで減少した。第三は、地方団体間での「財源の均てん化」である。これも臨調によって提起された方向であり、中央政府の財源ではなく、大都市など富裕団体の財源を利用し、これを財政力の弱い地方に回そうというものである。たとえば、法人事業税の分割基準を地方の工場に有利に変更したり、消費税導入の際に消費譲与税を設定したことなどに具体化された。

国家的プロジェクトとしての公共事業そのものも抑制基調へと転じた。たとえば、整備新幹線計画は、一九八二年にいったん凍結となった。こうした支出削減政策の結果、中央・地方の支出純計の対GNP比は微減へと転じ、この点で政府の政策目標は一応の成功を収めたといえる。

また、地方交付税と国庫補助金の削減政策の結果、国から地方への財源再配分が抑制される一方、国から地方への事務事業の委譲がある程度進んでいった。一九八二年五月の臨調第三部会報告では、地方自治が最も実現されやすい基礎的自治体である市町村にできるだけ事務が配分されるべきであるとされた。実際、事務事業の委譲がある程度進展した。たとえば老人福祉サービスでは、一九八六年福祉施設への入所措置権限が機関委任事務から団体委任事務化し、さらに九〇年には福祉六法が改正され在宅福祉サービスに係わる一連の事務権限が市町村に委譲された。しかし、自主財源の拡充につながる税制改革は、この間本格的には実施されずに推移した。

表6-2は、そうした事情が財政統計上にどう表れているかを社会保障関係費の事例で示している。[13] 中央、地方の事務配分は、両者がほぼ同規模となっているが、一九八六年以降は地方が上回り、以後地方の伸びが大きくなっている。内訳をみると中央政府の場合、社会保険が六割強を占めている。そこで租税収入による福祉行政サービスの事務配分の動向を知るために、中央から社会保険を除いて両者を比較してみる。すると、租税収入による福祉行政サービス全体に占める地方の比率は、一九八二年の七一・三%から漸増し一九九〇年には七三・六%となり、さらに一九九四年には七七・〇%にまで上昇している。また、地方支出の財源内訳をみると、国庫支出金の比率が一九八二年の三二・四%から一九九〇年の二一・五%まで減少し、逆に一般財源の比率が一九八二年の五三・〇%から一九九〇年の六五・〇%まで増大している。

要するに、国の補助金が削減されるなかで、支出ベースでみた地方への事務配分が増大し、それを支えるために地方の一般財源の比率が増大していることが判明する。筆者は、これを「財源保障なき事務事業の委譲」の進展と特徴づけている。[14]

こうした傾向は、政策的な矛盾というよりは、むしろ中央政府の戦略的な政策の帰結と言える。中央政府の求める「身軽論」が、実質的に実践されているのである。しかし当然の帰結として、この戦略的な政策は、次の二

表 6-2　社会保障関係費の事務配分

（単位：100 万円，%）

年　　度	1982	1986	1990	1994
中央政府				
生活保護費	10,457	11,101	11,087	10,524
社会福祉費	17,200	19,002	24,056	31,875
社会保険費＝①	55,169	59,640	71,947	82,886
保健衛生対策費	4,254	4,961	5,587	6,604
失業対策費	3,769	3,642	3,471	2,928
小　計＝②	90,849	98,346	116,147	134,816
②－①＝③	35,680	38,706	44,201	51,930
地方政府				
生活保護費	14,617	16,244	14,844	15,852
社会福祉費	11,796	14,900	21,722	30,037
老人福祉費	13,134	13,872	20,473	31,334
児童福祉費	17,771	20,348	25,135	31,230
災害救助費	135	85	106	2,289
保健衛生対策費	57,453	65,448	82,281	110,743
小　計＝④	88,674	100,542	123,297	174,271
総計（①を除く）＝⑤	123,354	139,248	167,498	226,201
④/⑤	(71.3)	(72.2)	(73.6)	(77.0)
地方財源内訳				
国庫支出金＝⑥	28,697	23,604	26,476	33,700
⑥/④	(32.4)	(23.5)	(21.5)	(19.3)
一般財源＝⑦	46,994	62,805	80,113	109,095
⑦/④	(53.0)	(62.5)	(65.0)	(62.6)

出典：大蔵省『国の予算』，自治省『地方財政白書』各年版.
注：決算額.

つの側面から地方自治体からの地方分権論を誘発する。第一に、「事務事業の委譲」に見合った権限の委譲の要求である。一九八〇年代から進展した「事務事業の委譲」は、機関委任事務の団体委任事務化にしても政令での縛りが残されるなど、必ずしも十分な権限の委譲になっていないことが背景となっている。第二は、「財源保障なき事務事業の委譲」に反発して地方自主財源の強化を求める要求が強まっていることである。このように、担当事務の増大に相応した権限と財源の分権要求が顕在化してくるのである。

(4)　一九八〇年代後半から一九九〇年代――「激変期」の財政動向

国の財政再建を至上命題とし、その一環として地方分権が政策課題となっていること、そうした「身軽論」に基づく具体的な政策が「財源保障なき事務事業の委譲」となっていること、かかる政策が地方側の地方分権要求を誘発していること――これこそ地方分権論の日本的文脈の主要な要素をなすものであり、これは一九八〇年代後半から一九九〇年代についても基本的に変化はないと思われる。

ただし、当然のことながら、そうした「文脈」は当該期の内外の条件に規定されて個性的なかたちで表れている。ここでは財政再建の必要性をめぐる状況の変転をみておこう。政府は、一九九〇年に特例公債依存から脱却するという目標を一九八三年の時点で設定していた。一九八〇年代後半からのバブル景気によって増加を続ける税収に支えられながら、実際に一九九〇年には特例公債の発行を回避しえた。しかし、一九九〇年三月の財政制度審議会は、引続き国債費の重圧による財政の硬直化が進展しているとの認識に立ち、進んで建設国債発行の縮小を図ることが必要と述べ、公債依存度を五%以下とすることを目標に掲げた。ところが一九九一年から逆に公債依存度は上昇へと転じ、一九九六年度当初予算ではついに三〇%を越えるに至っている。

その基本的原因は一九八〇年代後半からの積極的な財政運営による財政膨張の問題点が、バブルの崩壊によって収支ギャップというかたちで一挙に顕在化したことにある。まず、一九八五年以降の急激な円高の進展は、内需拡大を図る政策発動の必要性を迫り、結局、公債発行に依存した公共事業の展開という従来型のフィスカル・ポリシーを復活させた。

一九八六年四月の前川レポートは、黒字による対外経済不均衡を内需拡大によってバランスさせることを提唱し、従来型フィスカル・ポリシーが合理化された。さらに、そうした傾向を加速する役割を果たしたのが、一九八九年九月から開始された日米構造協議である。アメリカ側は、日本の公的資本形成を一九九一年以降GDP比一〇%に拡大するよう求めたが、日本側は対案として一九九〇年六月に公共投資基本計画を提示した。それによれば、一九九一年から二〇〇〇年に四三〇兆円の公共事業を行うこととしており、その後一九九四年一〇月には一九九五年から二〇〇四年まで六三〇兆円を実施するという改訂計画が決定された。一九八七年には整備新幹線計画の凍結が解除され、一九八九年から九三年にかけて新規着工された。また、経済大国化を実感できない国民の不満を背景に、生活基盤充実を売り物とした社会資本整備計画が公共投資基本計画に組み込まれていった。

対米公約を含むこうした財政計画は、財政運営のあり方を強く規定した。経常経費の抑制によって福祉、教育の伸びが抑えられる一方、公共投資の確保のためにあらゆる努力が重ねられた。特に、中央政府自身の実施する大型プロジェクトに限界がある以上、公共事業の多くを地方政府に消化させねばならない。ところが、国庫補助金を増大させて誘導する財源はない。そこで地方債の許可権限を利用し、公共事業のための地方債発行を積極的に認めていった。特に大都市は、バブル景気時には好調な税収に地方債収入を加えて、単独事業を積極的に展開した。要するに、財政政策の基調は、一九八〇年代初頭からの「調整」を推進する側面と行き過ぎた円高是正と対外経済均衡を図るために内需を拡大する側面との二つに重層し、後者の政策手段となったのが公共事業であった。

このようにして中央、地方を通じた公共事業偏重型の財政構造の枠組みが、一九八〇年代後半から一九九〇年代初頭にかけて形成されていたのである。それはバブル景気時には景気を過熱させる役割を果たした。バブル崩壊後も公共事業偏重型の予算編成は継続し、また着工・計画した事業の負担も引き継がれざるをえない。結局、かつてない収支ギャップが顕在化し、「自治体リストラ」が展開されている。

以上のように、中央政府の財政危機は、一九七〇年代以降のツケに、新たな要因による重圧を加えて再び深刻化し、それが「身軽論」の実施を促迫するという状況が続いている。他方、バブル景気時に多大の負債を抱え、継続する公共事業を抱え込んだ地方政府は、「財源保障なき事務事業の委譲」に一層警戒心を強めつつ、権限・財源の強化に帰結する地方分権の道を模索しているといえよう。

三　日本的文脈への制度論的アプローチ

(1)　問われる日本的システム

さて、以上の検討によって、地方分権の日本的文脈がある程度理解しえたと思われる。そこでは地方分権の背景の世界的要素と日本的な要素、経済主体の要求の多様性、中央政府の主導性を規定する財政危機の様相について一通り概観した。しかし、これだけでは不十分であって、地方分権の動きのなかで問われている行財政システムそのものの分析に進まねばならない。そこでは、政府間行財政関係を中心としながら、何が、何故、どのように問われているかを明らかにし、その歴史的な性格を解明することが求められる。

この点「中間報告」は、すでにふれたように、「中央集権型行政システムの制度疲労」という表現を使って議論を展開している。中央集権型行政システムは、明治以来徐々に形成され、戦後改革で「大きく変革」されたが、「機関委任事務制度の踏襲と拡張」など、それを完全に払拭するものではなく、高度成長期以降の「通達行政の濃密化と補助金行政の拡大」など「新しい形態の集権化」が進んだ。この制度は、「限られた資源を中央に集中し、これを部門間・地域間に重点的に配分して効率的に活用することに適合した側面」をもっていたが、いまやその条件は失われたとして、その改革を求めていることは本稿の冒頭で紹介した通りである。

たしかに、こうした理解は日本的システムが今日置かれている状況の一端を示している。オランダのジャーナリスト、ウォルフレンは、その近著で日本を「人間を幸福にしないシステム」と痛烈に批判している(15)。「中央集権型行政システムの制度疲労」という指摘もそうしたシステムの一側面に位置づけることが可能かもしれない。こうした議論において、その対極にあるのは「地域住民の自己決定権の拡充」である。

しかし、なぜ日本的なシステムが形成されてきたのかを解明することがまず求められよう。日本社会は、イギリス、アメリカなどのアングロ・サクソン系社会ともヨーロッパ大陸型の社会とも違った進化の過程をたどった特徴的な先進国の一つといえる。そうして形成された日本的システムには「日本的システムの論理」がある。そして、かつては合理的とされ国民的合意のもとにあった「日本的システムの論理」に疑問が投げかけられているのである。この課題に照らしてみると、「中間報告」の認識は多くの解明すべき課題を残しているといわざるをえない。その問題状況を検討することがわれわれの課題であるが、紙幅の都合もあるので、ここでは以下の三つの側面から何が問われているかについて、要点のみを指摘することにしたい。

(2) 「融合」型システム

第一の側面は、政府間行財政関係の編成の基本的なあり方に関する問題である。周知の通り、先進諸国間で政府間事務配分のあり方を比較すると、支出総額に占める各級政府支出の比率では、日本の地方の比率の高さが抜群に高い(16)。財源としては、一般補助金である地方交付税、特定補助金である国庫支出金が大きな比重を占め、財政調整的機能を果たしている。一方、財政の自主性を支える地方税の比率は、三〇〜四〇%台であり、この水準は、イギリス、フランスなどよりすでに高い。このように財政の支出・収入構成からみれば、日本は相当「地方分権」が進んでいるといってもよい。

では、なぜこのような日本であらためて「地方分権」が問題となるのか。政府間行財政関係を捉えるには、伝統的には〈集権—分権〉(〈centralization—decentralization〉)が分析軸をなしてきたが、近年、これに〈融合—分離〉(〈interfusion—separation〉)の分析軸を加えて、より立体的にそれを捉えようとする動きが世界的に広がっている(17)。〈融合—分離〉は、中央政府と地方政府の行政機能の分担の仕方を問題にし、中央政府の機能であってもその地域の課題であれば地方団体が実施すれば「融合」、別々に行われていれば「分離」となる。

日本の場合、中央政府は、多くの事務を地方自治体の首長や法人としての地方自治体に委任して実行させており、前者が機関委任事務、後者が団体委任事務と呼ばれ、これまで中央政府は、こうした事務の委任方式、すなわち「融合」型システムを通じて「大きな」地方自治体の事務事業をコントロールすることが出来た。「中間報告」では、この機関委任事務を原則的に廃止し地方自治体の「自己決定権」を尊重しようとする方向性が示されている。

ここで留意すべき論点は二つある。第一は、「融合」型システムを完全に払拭すること自体が合理的かどうか検討を要するという点である。第二は、「融合」型の改変を図るとき、事務事業の主体・権限・財源の委譲という方式以外に、中央政府の地方機関が主体となるという選択肢が存在していることである。

特に前者について補足すれば、一般にアングロ・サクソン系のシステムは、「横割型」の事務配分をとり、固有財源としての財産課税による支弁方法と行政水準については強い自主性を有するものと評価されてきた。そうしたシステムが〈集権―分権〉モデルの現実的背景をなしてきたといってよい。しかし、行政機能が膨大化、複雑化した現代にあっては、イギリス、アメリカなどアングロ・サクソン系の諸国でも、財産課税のみでファイナンスできる行政分野には限界があり、そうした分野の相対的な地位は顕著に減退してきた。代わって、「融合」型システム的側面が実質的に形成されつつある。そうした変化が、理論面での〈融合―分離〉モデルへの関心の高まりを促しているのである。いずれにせよ、こうした点を踏まえ、国と地方の協力共同のあり方が、少なくとも〈集権―分権〉〈融合―分離〉の両軸による検討を経たものとして再構成されねばならない。

(3) ナショナル・ミニマム

第二の側面は、ナショナル・ミニマムをめぐる問題である。ナショナル・ミニマムとは、さしあたり健康で文化的な生活をする上で最低限必要な公共サービスの水準のことと定義しておく。「中間報告」では、「ナショナル・ミニマム」が概ね達成されたことによって行政サービスに対するニーズは多種多様になってきた」とし、

「国の各省庁がそれぞれの行政分野においてナショナル・ミディアム又はナショナル・マキシマムというべき目標水準を立て、これをあたかもナショナル・ミニマムであるかのように扱い、全国画一にこの水準まで引き上げようとすることは慎むべきである」と述べる。そして、ナショナル・ミニマムを超える行政サービスは「地域住民の自主的な選択に委ねるべき」だとしている。

こうした考え方は、すでに第二次臨調によって提起されている。すなわち、ナショナル・ミニマムに相当する行政サービスを「基準行政」と呼び、全国的にほぼ達成されたという認識に立ち、その水準以上あるいはそれ以外の行政サービスを行いたい場合は、自らの「選択と負担」において実行せよ、というものである。一九八〇年代における地方交付税総額の抑制はこうした考え方によって合理化されてきた。

歴史的にみて、こうした一連の主張は「画期的」なものといえる(18)。ナショナル・ミニマムの保障が実質的に意識されたのは、一九一八（大正七）年の市町村義務教育費国庫負担法を嚆矢とする。そこでは財政力の格差にもかかわらず平均化した義務教育水準を保障しようとする目的で、財政力の弱い地方団体へ傾斜的に補助金を配分する制度がとられた。さらに一九三六（昭和一一）年臨時町村財政補給金制度をへて一九四〇年地方分与税制度で本格的に確立し、一九五〇年地方財政平衡交付金制度をへて、一九五四年以降地方交付税制度として定着する。地方交付税制度にしても、当初所得税・法人税一九・八七四％、酒税二〇％だった交付税率は連年増加し、一九六六年以降三二％となった。第一次世界大戦以降の日本財政の歴史は、いわば地方財政の財源保障機能を含む地方財政調整機能強化の歴史だったともいえるのである。そうした流れに歯止めをかけようとしているのが、第二次臨調と「中間報告」に共通する志向であり、それを「画期的」と呼んだゆえんである。

しかし、筆者の見解によれば、この志向には吟味すべきいくつかの点がある(19)。第一に、ナショナル・ミニマムは、いったん達成されたとしても維持していく必要があり、そのための財源をきちんと確保せねばならないということである。むろん「中間報告」は、周到にも「すべての行政分野でそのナショナル・ミニマムを達成しこれを維持していくことは、今後とも引き続き国の担うべき重要な役割である」と述べている。ただ一般の議論のなかでは、この点が思いのほか忘れられていることを否定できない。

第二に、ナショナル・ミニマムは固定的なものではなく、時代の変化に応じて革新していくべきものだという点である。経済の水準が高まれば、その水準が底上げされて当然である。また、それだけでなく新たな政策課題への対応も迫られている。たとえば「持続可能な発展」を支える環境保全型の社会システムの構築という課題をとってみれば、自然環境の保全、廃棄物処理とリサイクル、廃棄物に含まれる汚染物質の処理など、地方政府が担うべき行政サービスを「ネオ・ナショナル・ミニマム」とも言うべきものとして、従来のナショナル・ミニマムに組み込んでいかねばならない。こうした二一世紀へむけたナショナル・ミニマムの内容の再検討なしに、基本的に達成されたことのみを強調する志向は、一面的なものとなろう。

第三に、かりに「選択と負担」による「住民の自己決定権」が発揮されるにしても、その範囲は、ある程度限定されざるをえないという点である。「足による投票」の世界が、特に日本の現実と大きく乖離している以上、「選択と負担」のシステムが公共サービスの最適配分をもたらす保障はない。ナショナル・ミニマムを越える住民サービスのうち、市場を通じて供給されればよいものもあろう。逆説的に聞こえるかもしれないが、地方自治体の提供するサービスのかなりの部分は、その時々に国民が合意した「健康で文化的な生活をする上で最低限必要な公共サービス」を必要十分な水準で供給することを軽視せず、その制度化に万全を期すべきだということになる。

(4) 地方税率の均一性

第三の側面は、地方税率水準の均一性をめぐる問題である。これは、「選択と負担」の考え方を提起している問題のもうひとつの側面である。他の先進国、特にアングロ・サクソン系の諸国と比較して日本の地方財政の際立った特徴は、地方税の税率がほとんどの自治体で同一だということである。すなわち日本では、ほぼすべての自治体が政府の定めた標準税率を採用している。これに対し、地方自治体が税率を操作しうる「自己決定権」が議論の対象となっているわけである。

ここでも、日本の明治維新以降の地方税制の歩みを振り返って見ると、当初税目、税率はバラバラであり、したがって所得・資産・純益などに対する負担率も地域ごとにバラバラな状態であった。これが長い期間を通じて、しだいに統一され、均一化されてくる過程を辿るのである。たとえば当時、地方団体とりわけ地方圏市町村の主要な税源であり格差の大きかった戸数割の場合、一九二一（大正一〇）年に戸数割規則が制定されて課税標準に一定の基準が定められ、資力の弱小な地方団体に厚く配分された義務教育費の国庫負担の一部は、戸数割などの減税に充当する政策がとられた。一九三六年以降の地方財政調整制度の本格的な確立過程に当たっても、過重負担とされる地方団体の戸数割の減税が主要な目標となった。

こうした経緯の背景にあるのは、経済力に大きな地域格差が存在するということである。一方で、ナショナル・ミニマムという均質の行政水準を充実させ、他方で地方税負担の水準を均一化していこうとすれば、当然財政力の弱い自治体に傾斜的に財源を配分する地方財政調整制度を拡充することが必然化する。こうした連関のもとに日本的システムが形成されてきたのである。

要するに、日本では税率を操作しうる「自己決定権」よりも、どの地域に住んでいても国税と同様に地方税の税率も同じだというシステムが形成されてきた。それは、ナショナル・ミニマムと一体となった要素として位置づけられてきたといってよい。国民は、そうしたシステムを選択してきたのである。こうした国税と地方税にまたがった税率の地域的な平等志向——これを変更すべきか否かが問われているのである。

結びにかえて

本論で正面から取り上げられなかった論点として、都市的地方と農村的地方の対立の問題がある。すでに述べたように、大都市自治体では、消費税や所得税の自主財源化などを含めて、積極的な「自主財源主義」が主張されている。他方、この間農村的地方自治体は、ますます地方交付税に依存するようになっており、地方税と地方交付税この両者の充実を要求する「一般財源主義」の立場をとることになる。大都市自治体が声高に「地方分権」を叫ぶと、農村的自治体の側は、地方分権の結果、多少地方税が増えても、地方交付税や国庫支出金が大幅に削減され、財政危機に陥るのではないかと危惧さえしているのが現状である。

ここで留意すべき点は、地方交付税の存在意義を自然環境保護、森林保全、水源の涵養、治山治水などの観点から見直すことである。言い換えれば、ナショナル・ミニマムとそれを支える地方財政調整制度を「持続可能な発展」という概念とリンクさせて理解すべきだというものである。この理解は、都市が「一般財源主義」に歩み寄る条件となり、そうして位置づけ直された地方財政調整制度を都市と地方が自治体として支えていく共同の関係を作り出すことが重要である。

本稿では、地方分権論が国政の争点になり、今日も争点になり続けている日本的文脈として「中央政府の主導性」を強調した。しかし、この間地方分権論の多様性という事実認識も浸透しつつあるように思える。そこでは住民参加や権限・財源の地方委譲なしの地方分権はありえないという理解も広がっているように思われる。

とすれば、「中央政府の主導性」という特徴だけでなく、中央と地方が正面から対抗するという構図が重なり合ってきていると評価することができる。そうした対抗の結果、地方自治の強化の方向で具体的な改革が実を結ぶためには、上で述べた都市と農村の共同関係を確立することが不可欠の条件となるのではなかろうか。

そして、次のステップとして、ある程度の「融合」型システムのもとで、自治体・住民サイドの「自己決定権」を尊重しうるシステムをどのように構想するのかが問われることになろう。(20)

注

（1） 地方分権推進委員会事務局『分権型社会の創造　地方分権推進委員会中間報告』ぎょうせい、一九九六年による。以下、煩雑となるので引用頁は省略する。

（2） 特に重要な時期だけでも、自由民権期、大正デモクラシー期、戦後改革期、革新自治体増大期を挙げることができる。大正デモクラシー期の地方分権論については、金澤史男「田中義一政友会内閣期における『地方分権論』の歴史的性格」（『社会科学研究』第三六巻第五号、一九八五年二月）（編者注―金澤史男『近代日本地方財政史研究』日本経済評論社、二〇一〇年、第二章）が参考になろう。

（3） 本稿は、一九九六年一一月一〇～一二日に韓国・光州で開催された漢陽大学主催の第九回国際地方自治セミナーにおける報告（"Recent Decentralization Experience in Japan"）をベースとし、大幅に加筆・修正して成稿としたものである。Chang-hyun Cho and Ronald Meinardus, eds., *Local Autonomy and Local finance*, Seoul, Center for Local Autonomy, Hanyang University, 1996 に所収。

（4） 吉田震太郎氏は近著で、最近の地方分権の動きを「新地方分権論」と呼び、その背景として、①中央政府が「対外的な業務に忙殺」され地方に対する後見役として、こまかい指示指導を行う余裕がなくなっていること、②地方レベルではナショナル・ミニマムがかなりの程度充足され「地方住民の所得水準が高まるにつれて、それよりも高度の、しばしば中間層の欲求であるような、選択的行政への欲求が高まっている」こと、③「企画力を具えた地方団体が大都市を中心に次第に成長してきている」ことを挙げている（同『現代財政入門』同文館、一九九六年、一二八頁）。そこではナショナル・ミニマムが社会民主主義政党の活動を通して低所得者層からしだいに中間層を対象としたものとなっていく傾向の指摘など興味深い論点が提示されている。そのほか本稿では内容的なコメントをしている余裕がないが、地方分権論の背景については、沼田良『地方分権改革』公人社、一九九四年、鳴海正泰『地方分権の思想』学陽書房、一九九四年、重森暁『地方分権』丸善ライブラリー、一九九六年などが参考になる。

（5） 中国、インドについて、金子勝「市場経済改革と地方分権化――インドと中国の政府間財政関係の国際制度比較」（日本地方財政学会編『現代地方財政の構造転換』勁草書房、一九九六年）、中国について神野直彦「市場経済化と租税制度」（『甲南

経済学論集』第三四巻第四号、一九九四年）を参照。
（6）台湾、韓国について、川瀬光義『台湾・韓国の地方財政』日本経済評論社、一九九六年を参照。
（7）一九八〇年代以降の国庫補助金の削減の動向とその意義については、金澤史男「補助金の再編と政府間財政関係」（『会計検査研究』第一〇号、一九九四年九月）をみよ。
（8）松下圭一氏、新藤宗幸氏らの一連の研究を参照。それらの理論史的な整理については、さしあたり、前掲、鳴海『地方分権の思想』をみよ。
（9）たとえば、昭和初期の地方分権論にも同様の意味内容が強く込められていた（前掲、金澤「田中義一政友会内閣期における『地方分権論』の歴史的性格」を参照されたい）。
（10）第一七回地方の時代シンポジウム（神奈川県などの主催）、税財源に関する事前研究会の第四回研究会（一九九四年一一月二八日）における筆者の報告の資料として配付したものと同一である。
（11）これを「日本型転位効果」として分析したものとして、金澤史男「財政・金融政策の構造と機能」（柴垣和夫・大内秀明編『講座今日の日本資本主義　4日本資本主義の支配構造』大月書店、一九八二年）がある。
（12）この点詳しくは、金澤史男「日本における政府間事務配分の動向――『膨張期』と『調整期』」（林健久・加藤栄一編『福祉国家財政の国際比較』東京大学出版会、一九九二年）（編者注―本書第七章）をみよ。
（13）同上書、表11-5（二七九頁）と同じ趣旨の表であるが、前表では地方分として保建衛生対策費が欠落していたため不十分なものとなっていた。今回これを補って再計算し、さらに一九九四年の数値を追加した。
（14）同上書、二七五～二七七頁。
（15）Karel van Wolferen, “The False Realities of a Political Society”（邦訳版『人間を幸福にしない日本というシステム』毎日新聞社、一九九四年）。
（16）比較的最近の国際比較分析を手際よくまとめたものとして、今井勝人『現代日本の政府間財政関係』東京大学出版会、一九九三年がある。具体的な数値は、同書の序章をみよ。
（17）〈集権―分権〉〈融合―分離〉概念については、その研究動向と合わせて、天川晃「変革の構想――道州制論の文脈」（大森彌・佐藤誠三郎編『日本の地方政府』東京大学出版会、一九八六年）に依拠している。
（18）ナショナル・ミニマムと地方税の均一性の歴史的経緯とその意義については、金澤史男「『平等志向型』国家の租税構造」（『歴史学研究』第六五二号、一九九三年一一月）をみよ。
（19）この点に関連して吉田氏は「自治的な決定」を重視する方向を「地方財政責任制」（local accountability）や住民自治との

関係で評価しつつ、他方でこれらの議論が「とくに八〇年代の新保守主義と行政改革の時代に燃え上がったものであること」を鋭く指摘している（前掲、吉田『現代財政入門』一三〇頁）。筆者も念頭に置いている論点であり、本稿ではそうした問題状況を筆者なりに整理した。

（20） この点、やや具体的な提言をしているが、金澤史男「地方の『自己決定権』と税財政制度」（『都市問題』一九九七年五月号）である。

第七章　日本における政府間事務配分の動向
――「膨張期」と「調整期」

一　はじめに

一九八〇年代における日本の行政改革は、臨時行政調査会（一九八一年三月設置）、旧行革審（一九八三年六月設置）、新行革審（一九八七年四月設置）によって推進された。一般に臨調路線と呼ばれるこうした政策基調は、新自由主義を理念とし、レーガノミクスやサッチャリズムの展開と軌を一にしながら、財政支出削減、民営化、規制緩和を始めとする民活導入などが実施されていった。

同時に一九七〇年代後半に提起された「日本型福祉社会」構想は、臨調路線に継承され、医療、年金、福祉サービス全般の見直しが行われ、「活力ある福祉社会の実現」が推進されていった。このように行政改革は、「福祉国家型財政」の「中枢部分」[1]をも聖域視せず、むしろその再編こそ主眼とするものであった。

したがって、その過程は、国と地方の財政関係の再編を伴わざるをえない。なぜならば、日本の「福祉国家型財政」は、高水準の財源再配分に支えられた高度の「中央集中型システム」をなし、国と地方は不可分の関係にあって、一方の再編は必ず他方へと、他国に増して直接に影響を及ぼすからである。

本章の課題は、こうした一九八〇年代における日本の「福祉国家型財政」の再編過程が、国と地方の財政関係に対して与えた影響を、次の二点に着目しつつ、主として事務配分の視点から明らかにすることである。第一は、国と地方の事務配分の日本的特徴を踏まえ、それがどう変化したかを検討すること、第二は、一九七〇年代と八〇年代の動向を対比しながら、とりわけ後者の特徴を明らかにすることである。言い換えれば、事務配分の国際比較を念頭におきながら、一九七〇年代から八〇年代にかけての時系列的変化を検証することが課題となる。

もっとも、ここで使用する「事務配分」の概念は限定される。すなわち、行政事務を経費支出主体別にみた国と地方の機能配分、加えてそこにおける国と地方の負担区分を問題とする。後者をも対象とするのは、国庫補助金など国から地方への財源再配分が発達し、事務処理の責任と経費負担の責任が錯綜したシステムの場合、その負担の程度は、各級政府の当該事務に対する責任の度合いを、多かれ少なかれ反映していると考えられるからである。直接事務権限にかかわる問題は、社会福祉行政について若干のケースを例示し、一九八〇年代から九〇年代にかけての特徴的な傾向を示すこととしたい。

二　事務配分の日本的特質

事務配分の日本的特質は、一般に「縦割型」といわれる。各行政事務は、各級政府のいずれか一つに責任を持たせるようにする「横割型」に対して、「縦割型」の日本では防衛費など一部をのぞいて、ほとんどの内政分野の行政事務を国と地方が分担し、「共同」で担当している。

こうした構造と対比して言及されるのが、シャウプ勧告と神戸勧告である。周知の通り、シャウプ勧告では事務配分について、①行政責任明確化の原則、②能率の原則、③地方団体優先及び市町村優先の原則を掲げ、これを受けて発足した地方行政調査委員会議の「神戸勧告」は、シャウプ勧告の示した原則の具体化の方向を提言した。しかし、これらの勧告は採用されず、いわば「縦割型」から「横割型」への転換は実現されなかった。その後、高度成長の過程では、「縦割型」を支える機関委任事務の整理・縮小などが地方制度調査会や地方自治体によって主張されてきたが、(2)結局、この時期の改革の試みは、総体として膨張する行政事務をある程度効率化・合理化する範囲に留めるものであり、現実には「縦割型」の構造を定着させていった。

こうした枠組みは、地方自治を阻害するものとしてよく指摘されるが、行論の関心は、むしろ国家介入の程度、負担区分のあり方、財源再配分の規模などの特徴と組み合わさった事務配分の日本的システムの構造を検討することにある。

その点での手がかりは、国際比較による地方財政のタイプ論(3)である。いま、地方収入に占める地方税比率をx軸、全政府支出に占める地方支出の比率をy軸にとると、右上に「北欧型」、左下に「南欧型」がプロットされ、その中間に「中欧型」がくる。日本の場合、x座標は「北欧型」と「中欧型」の中間だが、y軸は「北欧型」よりも上にくる。上の二基準からみる限り、日本は、単一制国家のなかで「北欧型」に最も近似している。しかし、事務配分にかかわる諸要素の総体をシステムとしてみると、両者は対極的といってよい側面をもっている。

第一に、国と地方を含めた国家介入の程度に大きな開きがある。全政府支出の対GDP比を一九七四年でみると、「北欧型」の平均は四四・五%となるが、日本は二四・五%であり、八四年は前者五三・五%と後者三三・一%で二〇ポイント差は縮まっていない。地方財政支出の対GDP比を一九八四年でみると、日本は一六・一%で「中欧型」の一六・七%とほぼ同水準であり、「南欧型」七・一%よりかなり高いが、「北欧型」の二三・〇%よりは低い。要するに、「中欧型」並みの地方支出水準に対して、国による公的介入の総体的な小ささが、機能配分における地方支出比率を高めているといえる。

第二に、すでに指摘したように、日本は「縦割型」事務配分であるのに対し、「北欧型」では「横割型」としての性格が強い。たとえばスウェーデンでは、それぞれの行政事務は、国、県、コミューンのいずれかによってほぼ一元的に所轄され、各級政府は並列的関係にたつ典型的な「横割型」の事務配分となっている(4)。

第三に、地方収入に占める地方税の比率の差がもつ意味である。「北欧型」では五〇〜六〇%が所得課税を主軸とする地方税で賄われているが、日本は三〇%台から比重の高まった八〇年代でも四〇%強の水準である。この差は、地方財政調整制度による財源再配分の規模に規定されている。たとえばスウェーデンでは、一九八四年のコミューン収入のうち国庫補助金二二%、平衡交付金四%、県収入のうち国庫補助金一〇%、平衡交付金六%となっている。日本の場合、地方交付税の比率は二〇%弱となっているから、スウェーデンの平衡交付金との差が大きく影響していることがわかる。日本の地方交付税収入の高水準は、端的にいって地域間財政力格差の大きさを反映しているものと位置づけられる。

以上の検討により、事務配分からみた「北欧型」と「日本型」は、むしろ次のように対照的に特徴づけることができる。まず「北欧型」は、福祉目的を主眼とする国家の広範な介入の一環を地方自治体が担当し、およそ過半を占める自主財源に支えられながら、一元的に責任をもつ事務領域を自律的に受け持っている。一方「日本型」は、低水準の国家介入のもとで、大規模な財源再配分が行われ、機関委任事務や監督指導を通じた強い紐帯のもとで国と地方の「共同」が確保され、地方支出割合の高水準が維持されている。

さらに地方支出の内訳に示される担当事務内容に着目すると、スウェーデンでは、コミューンが生活保護、老人ケア、障害者福祉、県が保健医療サービスなどの福祉行政を担当して、その構成比は四〇%に達する。これを一九八四年で性質別にみるとスウェーデンは、消費支出の構成比が七六・二%と高い。これはコミューンで四七%、県で五七%を占める人件費の高水準がその要因となっており、福祉行政のなかでも所得保障にかかわる分野は主として国と保険庁が担当し、地方は人手を必要とする対人サービスを担当しているといえる(5)。

これに対して日本では、社会福祉関係支出の構成比は、二〇%弱であり、性質別にみると資本支出の割合が高い。後者について一九八四年で構成比を比較すると「北欧型」一一・五％に対して、日本は三四・二％となり、対GDP比率でも日本が上回る。地域福祉にかかわる対人サービスを中心とする事務が、もっぱら地方へ配分されているスウェーデンに対して、日本は地方が相対的に高水準の公共投資を担当し、高い財政調整の水準と組み合わさって、地域間の所得再配分に力点が置かれたシステムとなっているといえる。

以上を前提として、一九七〇～八〇年代の日本財政の具体的分析へと進む。

三　「膨張」から「調整」へ——一九七〇～八〇年代

(1)　機能配分の動向

一九七〇年代から八〇年代に至る事務配分の動向を検討するにあたって、一九七〇年代を「膨張期」、一九八〇年代を「調整期」とし、両者を対比しつつ特徴づけていく。当該期の財政規模を示した表7-1によれば、一九七〇年代初頭を起点として国と地方双方の支出の対国民所得比率が増大する。高度成長期には主要国と比較して財政規模の小さな点が、日本財政の際立った特徴であるが、この時期に、一定の時間をかけながら財政支出の新たな水準への「転位」が生じた。

一九七〇年代から八〇年代にかけて、財政支出の対国民所得比率は一九・一％から二九・五％に増大したのに対して、租税負担率は一八・八％から二二・二％に増大したにすぎなかった。いうまでもなく、この収支ギャップは、大量の国債発行および補完的に地方債発行によって埋められていた。

一方「調整期」には、財政支出の対国民所得比では国が一九八三年、地方が八一年をピークに頭打ちとなり、むしろ漸減傾向へと転じた。収支ギャップを急増・継続させた一九七〇年代型財政構造に対する「調整」の作用

表 7-1　財政規模（対国民所得比）の推移

（単位：%）

			1965	1970	1975	1980	1985	1990
財政支出（純計）		国	6.0	6.2	8.0	11.0	10.8	10.3
		地方	12.8	12.9	16.7	18.5	17.3	15.2
国民負担率	租税負担	国税	12.4	12.7	11.7	14.2	15.4	18.6
		地方税	5.9	6.1	6.6	8.0	9.2	9.7
	社会保障負担		4.4	5.4	7.5	9.1	10.7	12.1
	計		22.7	24.3	25.8	31.3	35.2	40.4

資料：『地方財政要覧』1991 年 12 月版.

は、まず歳出の削減として具体化された。また租税負担率の動向をみると、歳出規模は抑止されながら、国税、地方税、社会保障はいずれも負担率を増大させた。七〇年代初頭に開始した租税負担率の拡大傾向は、歳出「膨張」に歯止めのかかった八〇年代においても継続し、結局一九七〇年の二四・三%から一九九〇年の四〇・四%まで増大した。要するに、広義の租税負担水準が歳出水準にキャッチ・アップしていく過程がここに示されている。

次に機能配分の動向を表7-2でみると、地方支出の割合は一貫して六〇%台を推移し、地方支出の大きい日本的特質を維持している。しかし、詳細にみれば「膨張期」と「調整期」で異なる動きを示している。まず「膨張期」をみると、一方で一般行政費、司法警察費の変化に主導されて機関費における地方比率の増大がみられる。他方、一九七〇年代を通じた社会保障費および七〇年から八〇年にかけての公債費において、地方比率の減少がみられる。社会保障費の場合、七〇年七二・八%から八〇年六〇・九%まで一二ポイント弱の減少、公債費は七〇年五六・〇%から八〇年三七・二%まで一八ポイント強の減少となっている。こうした傾向が全体の動向を規定し、地方支出比率は七〇年六八・二%から七五年六七・三%、八〇年六二・八%へと続落した。

これに対し「調整期」には、七五年から八〇年にかけて急テンポで進んだ地方比率の縮小傾向は弱まり、八〇年から九〇年にかけて地方支出比率は増大に転じた。公債費の国支出比率の増大が継続しているものの、国土開発費、産業経済費、教育費の地方支出比率が八〇年以降増大し、社会保障費も八五年以降増大に転じた結果、そうした総体的傾向がもたらされたといってよい。

要するに、まず「膨張期」には、国民所得比の上昇にみられる総体的な支出水準の増大のなかで、とりわけ国の社会保障費、公債費の増大が地方支出比率を押し下げた。これに対し「調整期」には、支出水準が抑制されるなかで、国の公債費の比率上昇にもかかわらず、一般的な内政分野で地方比率が上昇し、全体として地方支出比率は上昇へと反転したのである。

表 7-2 地方支出比率の推移（国・地方の純計）

（単位：%）

	1970	1975	1980	1985	1990
機関費	75.5	76.5	78.2	78.3	77.3
一般行政費	86.2	85.3	88.4	88.9	92.4
司法警察費	72.2	75.8	77.2	78.0	79.7
外交費	0.0	0.0	0.0	0.0	0.0
徴税費	57.5	59.4	57.5	56.6	62.7
地方財政費	0.0	0.0	0.0	0.0	0.0
防衛費	0.0	0.0	0.0	0.0	0.0
国土開発費	78.0	78.3	77.0	77.6	80.6
国土保全費	72.3	72.5	71.8	74.0	74.4
国土開発費	79.0	79.4	78.1	78.3	82.2
災害復旧費	88.7	87.4	88.2	86.3	77.2
その他	0.0	0.0	0.0	0.0	0.0
産業経済費	45.1	44.5	46.6	53.9	57.3
農林水産費	32.4	30.2	33.9	38.6	54.2
商工費	66.7	69.5	67.1	70.8	58.9
教育費	86.7	88.1	87.1	88.1	88.7
学校教育費	86.7	87.7	85.1	86.5	87.2
社会教育費	88.3	90.9	93.3	94.9	94.2
その他	85.9	90.1	98.5	95.9	94.2
社会保障費	72.8	66.7	60.9	58.6	60.9
民生費	55.8	53.9	49.4	47.8	49.9
衛生費	91.2	93.2	91.8	91.6	92.5
住宅費	98.5	91.2	76.6	70.3	76.4
その他	99.0	63.8	62.9	61.2	48.9
恩給費	14.4	14.1	10.8	9.4	8.5
公債費	56.0	50.3	37.2	36.1	31.3
計	68.2	67.3	62.8	61.6	62.4

注：繰上充当金，その他は省略．
資料：『地方財政白書』各年版．

(2) 負担区分による分析

「膨張期」と「調整期」の特徴的な動きを掘り下げるために、以下の三つの負担区分の視点からさらに検討してみる。第一は、国の財政支出のうち国の負担によるもの（国自体の支出）、第二は、地方支出のうち国庫が負担するもの（国から地方への支出）、第三は、地方支出のうち地方負担の分（地方負担の支出）である。(6) 要するに、最終的には地方の支出であっても、国庫負担と地方負担では性格が異なる点に着目するわけである。前者には、地方の行政水準を維持、拡充するために国がどの程度責任を持とうとしているかという政策判断が反映されている。また後者には、国の負担が増減するなかで、地方側が行政水準を維持、拡大するために、どの程度の負担を行わねばならないか、また他事務との関係でどの事務を重視しているかが結果として反映されている。

表7‐3に増加率と増加寄与率、表7‐4に実数と構成比を掲げた。まず表7‐3で「膨張期」をみると、「国自体の支出」では、増加率、増加寄与率ともに社会保障費、公債費の数値が突出している。これに対し、「地方負担の支出」のなかでは、増加率で社会保障費、教育費、増加寄与率では教育費、機関費が大きいが、総計の増加率四〇八・五％を超える費目はなく、相対的に低い増大テンポとなっている。

一方「国から地方への支出」は、地方財政費と国土開発費を除いて、総計の伸び以上の増加率を示し、また増加寄与率では地方財政費の一一・五％が最大の費目である。そして「国から地方への支出」全体では、増加寄与率二六・一％を占める。結局、増加寄与率の大きい順に並べると、国の地方財政費一一・五％、国の社会保障費九・四％、国の公債費九・〇％、地方の教育費八・七％、地方の国土開発費七・四％となる。要するに、「膨張期」には「地方負担の支出」の増大を上回るテンポで地方への財政トランスファーが国から行われたにもかかわらず、「国自体の支出」が社会保障費、公債費を基軸として著増したため、地方支出比率が縮小したのである。

次に「調整期」をみると、「国自体の支出」では、「膨張期」に財政支出水準の「転位」を支えた公債費が引き続き著増して、増加寄与率一七・一％に達した反面、同じく「転位」を支えた社会保障費は、総計の平均以下の

表 7-3　行政事務別支出の変動（増加率，増加寄与率）

（単位：%）

	1980/1970						1990/1980					
	国自体の支出		国から地方への支出		地方負担の支出		国自体の支出		国から地方への支出		地方負担の支出	
	増加率	増加寄与率	増加率	増加寄与率	増加率	増加寄与率	増加率	増加寄与率	増加率	増加寄与率	増加率	増加寄与率
機関費	278.8	2.5	631.7	0.3	339.4	6.9	130.1	4.9	−17.2	−0.1	123.2	12.3
地方財政費	3,897.7	1.5	349.4	11.5			84.2	1.4	86.5	14.3		
防衛費	280.8	2.9	580.0	0.0			89.1	3.9	10.1	0.0		
国土開発費	342.4	3.7	357.1	4.8	291.3	7.4	23.1	1.2	23.0	1.6	103.7	11.5
産業経済費	288.5	4.5	430.8	0.8	293.3	2.4	6.8	0.5	−23.4	−0.3	86.8	3.1
教育費	356.1	2.3	419.4	4.1	362.9	8.7	24.8	0.8	11.9	0.7	56.3	7.0
社会保障費	768.5	9.4	437.0	4.5	390.6	6.6	56.8	6.7	1.3	0.1	86.4	8.0
恩給費	455.1	2.3				0.2	10.8	0.3			−15.1	−0.0
公債費	1,852.9	9.0				3.8	160.7	17.1			101.9	4.8
小計	502.6	38.0	378.3	26.1	358.3	35.9	72.1	36.8	44.3	16.4	90.9	46.8
合計(増加率)	408.5						71.7					

注：表 7-2 と同資料より作成.

増加率に留まった。また、産業経済費、国土開発費の抑制傾向も目につく。

この時期、「国から地方への支出」は、地方財政費とそれ以外の費目で対照的な動きを示した。「地方財政費」の中身である地方交付税は、基準財政需要額を保障する必要額と国税三税の三二％の原資の間に、七五年以降大きなギャップが生じた。その結果、以後これを埋める地方財政対策がとられてきたが、とりわけ七五年から八三年までは交付税及び譲与税配付金特別会計の借入金による補塡がなされ、相対的に高い水準が維持された。しかし、八四年からはその借入も原則として停止され、八〇年代後半には地方財政対策による嵩上げも縮小に向かった。ところが八〇年代後半には、好景気のもとで国税三税の税収が増大するとともに、消費税の導入に伴って一九八九年度より消費税収の一定割合が地方交付税の原資に組み入れられ、さらに消費譲与税制度が創設された。地方財政対策の縮小という政策効果よりも、後者の経済的、制度的要因が強く作用して「地方財政費」は増加率八六・五％、増加寄与率一四・三％を記録したのである。

これと対照的に、その他の「国から地方への支出」は強く抑制されたまま推移した。とくに産業経済費と機関費は実額でも減少し、地方財政費を除く費目の増加寄与率は二・一%に留まった。結局、「国から地方への支出」の増加率は、平均を下回る四四・三%、増加寄与率は一六・四%という低水準になった。

一方「地方負担の支出」は、全体として九〇・九%と負担区分のなかでは最も高い増加率となった。増加率では機関費、国土開発費、公債費が高く、増加寄与率では、前二者に社会保障費、教育費が続く。

以上のように、負担区分の検討によると、「膨張期」に地方支出を支えた国からの地方への財政トランスファーのうち、特定補助金が「調整期」に大きく削減されていることが確認できる。したがって「調整期」における地方支出比率の増大傾向への反転は、財源再配分が増大した効果としてではなく、むしろその削減傾向にもかかわらず、「地方負担の支出」の増大がそれを上回る規模で増大した結果もたらされたものなのである。

各費目の変動の結果として、負担区分と事務別分類による構成比の推移は、表7-4のようになる。この動向を以下の四つのパターンに分類してみる（負担区分を国、国→地方、地方と表記）。すなわち(a)増大型：公債費(国)、公債費（地方）、(b)逆V字型：社会保障費（国）、教育費（国→地方）、社会保障費（国→地方）、(c)V字型：機関費（国）、防衛費（国）、地方財政費（国→地方）、国土開発費（地方）、機関費（地方）、産業経済費

（単位：億円，%）

	1990		
地方負担の支出	国自体の支出	国から地方への支出	地方負担の支出
51,836(7.2)	45,197(3.6)	1,720(0.1)	115,719(9.3)
	16,203(1.3)	160,033(12.9)	
−180(−)	42,507(3.4)	262(0.0)	−199(−)
57,582(8.0)	33,763(2.7)	44,190(3.6)	117,301(9.5)
18,679(2.6)	37,548(3.0)	4,553(0.4)	34,895(2.8)
64,179(8.9)	21,060(1.7)	33,059(2.7)	100,340(8.1)
48,119(6.7)	96,164(7.8)	32,179(2.6)	89,686(7.2)
1,514(0.2)	18,315(1.5)		1,286(0.1)
24,591(3.4)	143,142(11.6)		49,641(4.0)
266,486(36.9)	454,592(36.7)	275,996(22.3)	508,736(41.0)
	1,239,324(100.0)		

表 7-4　行政事務別支出の動向

	1970			1980	
	国自体の支出	国から地方への支出	地方負担の支出	国自体の支出	国から地方への支出
機関費	5,186(3.7)	284(0.2)	11,797(8.3)	19,645(2.7)	2,078(0.3)
地方財政費	220(0.2)	19,093(13.4)		8,795(1.2)	85,803(11.9)
防衛費	5,904(4.2)	35(0.0)	−26(−)	22,482(3.1)	238(0.0)
国土開発費	6,201(4.4)	7,861(5.5)	14,715(10.4)	27,431(3.8)	35,935(5.0)
産業経済費	9,048(6.4)	1,119(0.8)	4,749(3.3)	35,155(4.9)	5,940(0.8)
教育費	3,700(2.6)	5,690(4.0)	13,865(9.8)	16,877(2.3)	29,553(4.1)
社会保障費	7,061(5.0)	5,917(4.2)	9,808(6.9)	61,325(8.5)	31,775(4.4)
恩給費	2,978(2.1)		376(0.3)	16,531(2.5)	
公債費	2,812(2.0)		2,798(2.0)	54,916(7.6)	
計	43,832(30.9)	39,999(28.2)	58,150(41.0)	264,142(36.6)	191,322(26.5)
合計	141,981(100.0)			721,950(100.0)	

注：1)　(　)内は支出合計額に対する構成比.
　　2)　計，合計欄にその他若干を含む.
資料：『地方財政白書』各年版.

（地方）、社会保障費（地方）、(d)低下型：産業経済費（国）、国土開発費（国）、教育費（国）、国土開発費（国↓地方）、教育費（地方）である。

一貫して増大する「増大型」の公債費は、「膨張」を主導しつつ、「調整」を強制する規定的要因をなす。七〇年代に増大し、八〇年代に減少する「逆V字型」の費目は、「膨張」の主要な要因をなすが、八〇年代にドラスティックな再編を被ったことを反映している。「V字型」は、七〇年代には、公債費（国、地方）や社会保障費（国、国↓地方）、教育費（国↓地方）の「膨張」の煽りを受けていったんは減少するが、八〇年代には相対的に抑制の程度が低かったものである。一貫して低下する「低下型」は、七〇年代の「膨張」の煽りを受けて比重を低下させ、さらに八〇年代の再編過程で強く抑制され続けた費目といえる。

いま、具体的な行政サービスを国と地方で分担し「共同」している社会保障費、教育費、国土開発費、産業経済費に着目すると、第一に、社会保障費は、七〇年代に国、国↓地方が膨張し、八〇年代に減少するが、八〇年代には地方負担の支出がそれらの減少を下支えしている。

第二に、国土開発費、産業経済費は、国、国↓地方が一貫して低下しているが、八〇年代に入ってこれも地方が下支えしている。第三に、教育費は国、地方でいずれも一貫して低下しており、七〇年代に国↓地方が若干の増大をみせて、「膨張」の一環を担っていた。

以上のように、「調整期」において、最も強い抑制傾向が現れたのは、国と地方が実際に「共同」で事務分担している費目における「国から地方への支出」と、同様の性格の事務における「国自体の支出」であった。七〇年代にいったん比重を減らすが、八〇年代に復位する「国自体の支出」は、機関費、防衛費、地方財政費などであって、相対的に国家の論理で動きやすい制度的領域が増大していることを物語っている。反面、国土開発費、産業経済費、社会保障費など、従来、国と「共同」で担当してきた内政の主要部分において、地方負担による地方支出のウェイトが高まっていることを確認できる。以上の動向を政策意図に即して位置づけることが次の課題である。

四　「調整期」の政策展開

(1)　国と地方の関係の再編政策

「膨張期」における財政膨張の要因は、第一に、戦後改革以後拡充されてきた社会保障制度がしだいに成熟化しつつある歴史的条件のもとで、フローの所得増大=福祉とされた高度成長期の考え方を脱却して、本格的な所得再配分が要求されるようになったことである。そして、一九七三年における「福祉元年」の宣言に象徴されるように、国家介入の増大を前提とした本格的な福祉国家の実現が、ともかくいったんは国家目標の中軸にすえられ、「福祉国家型財政」の「中枢部分」およびその近接部分が顕著な増大をみせたのである。第二は、七〇年代初頭以降の日本機関車論による「外圧」や石油危機以降の不況脱出のための「内圧」の両側面から、国債大量発行によるフィスカル・ポリシーが実施されたことである。

第三に、こうした過程を国と地方の関係からみると、この時期増大した国から地方への財政トランスファーは、農業、中小企業などを抱える後進地域に厚く配分されていた[7]。一九六〇年代後半から七〇年代中葉にかけて大都市＝「革新」、後進地＝「保守」という政治勢力配置が顕著となる「社会的緊張期」において、国民統合の重要な政策手段としても財政トランスファーが活用されたといえる[8]。

一九七〇年代を通じた「膨張」に対し、臨調路線は二つの基本方向から「調整」を迫った。すなわち、行政の二大目標を「活力ある福祉社会の建設」と「国際社会に対する積極的貢献」としたうえで、第一に、「官から民へ」、第二に「国から地方へ」というスローガンを「合理的機能分担」の基本方向とした[9]。

第一の点について、臨調は国家介入の程度にガイドラインを設けようとし、一九八二年七月の第三次答申では一般政府総支出を対GNP比で三五％の現状維持とした。その後、八三年三月の最終答申では若干修正され現状よりは上昇することを認めつつも、ヨーロッパ諸国の水準（五〇％前後）よりは「かなり低位にとどめることが必要」とした。いずれにせよ、新自由主義に基づく公私分担論を基本としながら、七〇年代に続いた国家介入の増大傾向に歯止めをかけようと企図されたのである。以後、「民活路線」、公社・特殊法人の民営化・合理化、地方自治体での「地方行革」などが次々に実施されていったのは周知の通りである。

さらに第一の点にかかわって看過できないのは、地方交付税の対象となる行政水準に関して新しい概念を導入しようとした点である。「国と地方の機能分担等の在り方について」と題された臨調第三部会報告（一九八二年五月二四日）では、「標準的な施設を維持し、標準的な規模において行う行政」を「基準行政」とし、地方公共団体がそれ以外の行政を行う場合は、まず留保財源、節約財源により、さらに不足する場合は、受益者負担、超過課税、法定外普通税等によるべきとした。基本答申で、こうした考え方は「『選択と負担』の仕組み」と位置づけられ、「標準レベルを超えた地域の独自性に基づく行政サービスについては、地域住民の選択と負担によって行われる限り、地方公共団体間にある程度の格差があるのは当然」とされている。[10]

要するに、「基準財政需要額」に反映されるナショナル・ミニマムの水準の上昇を抑制し、それを超える部分は地方の負担とすることによって、財源保障すべき国家介入の範囲を限定しようとするのが政策意図である。

一方、第二の点に関しては、臨調第三部会報告で次のように述べられている。すなわち、国と地方の機能分担の基本的視点として、①地域性、②効率性、③総合性を挙げ、「地方自治が最も実現されやすい基礎的自治体である市町村にできるだけ事務が配分されるべきである」と述べる。また機関委任事務についても、「地方自治体の事務として既に同化、定着しており、地方公共団体の自主的な判断のみによって処理することとしても支障を生じることがないと認められる事務は、地方公共団体の事務とする」とされている。

ここにみられる「事務の地方委譲論」をとりあえず特徴づければ、事務委譲に伴う財源の再配分という視点が欠落していることである。むしろ、地方自治体への事務委譲が提唱されながら、逆に国から地方への支出の政策的な抑制、縮小が推進されている。後者について第一の手段は、上述の「選択と負担」が強調されながら、地方交付税の不足分を補塡していた地方財政対策が一九八〇年代の中葉以降全般的に縮小されていったことである。

第二の手段として、国庫補助金が削減される。[11] すでに臨調「行政改革に関する第一次答申」（一九八一年七月一〇日）では、①社会的経済的実情に合わなくなったもの、②補助効果が乏しいもの、③受益者負担、融資などの措置が可能なもの、④既に地方公共団体の事務として同化、定着又は定型化しているもの、⑤零細補助金、以上の五つが整理合理化の対象とされ、各省庁ごとに「総枠」を設定した一律削減が提言されていた。

実際、一九八五年から八八年にかけて、国庫補助金の一律削減が実行され、当初臨時的なものとされたこの措置は、八九年以降も若干の調整がされたうえで多くは恒久化された。とくに生活保護費、措置費、義務教育費、公共事業費などで影響が大きかった。八五年五、八〇〇億円の削減額は、毎年増加し、八八年には一兆六、五六九億円となり、これは八八年実際に給付された国庫支出金の一六・九％に達した。

国から地方への財政トランスファーの削減にあたっては、国側から「地方財政余裕論」が展開された。大蔵省の財政制度審議会は、一九八四年一月一八日「中期的財政運営に関する諸問題についての中間報告」において、①財政規模はほぼ同じであるのに、公債発行額及び公債依存度は国が地方の約三倍近く、公債費及び公債費比率では国が約二倍近くなっている、②地方は赤字公債を発行していない。③ストック面でも国は地方の約三倍の公債残高となっている、④地方団体のなかで赤字団体が極めて少なくなっており、経営収支比率や実質収支比率の改善がみられる、⑤年度間の財源調整や地方債の償還財源確保のための積立金保有が相当程度に達していることを挙げ、「国の地方に対する補助金、負担金等の在り方について積極的に見直しを進める必要」が強調された。

以上のように「調整期」には「地方財政余裕論」が援用されつつ、財源保障の縮小とセットになった地方への事務委譲論が、国と地方の関係再編の基調の一つとなる。これは、内政分野における事務配分のいわばなし崩し的な地方への重点移行といえる。しかも、留意しておきたいのは、かかる過程は、以下にみるように、一定の政策意図に誘導された再編とみることができる点である。

一九八四年一二月一八日、財政制度審議会の「補助金等の整理合理化の考え方及び方策について」では、補助金等の整理合理化は、単なる財政支出の削減ではなく、国と地方の「機能分担、費用負担の見直しの一環としても重要な意味」を持つと指摘された。さらに、新行革審の「国と地方の関係等に関する小委員会」が一九八九年一二月四日に発表した「国と地方の関係等に関する報告」では、「補助金等の制度・運用の改革」の項で次のように述べている。すなわち「地域の主体性を高めるためには、国と地方の機能分担を見直し、可能な限り地方公共団体への事務権限の委譲等を進めることに併せ、その費用負担についても、事務の主体が費用を負担するという原則を尊重していかなければならない。この見地からは、補助金等について、地方公共団体の自主性に委ねるべきものにあっては、その廃止や一般財源化等が進められなければならない」とされている。

したがって、事務再配分のあり方が検討されたのち、それに見合う財源再配分が課題とされるのではなく、まず国から地方への財源保障の抑制・徹退があり、その結果としての地方負担の増大が事務委譲を問題とせざるをえないという、ある意味で転倒したかたちでの政策方向が提起されているのである。

かかる政策再編の結果生じた事態について、若干の事例をあげつつ、国と地方の関係を軸に小括してみよう。第一に、日本財政の「車の両輪」である国と地方、双方の国家介入「膨張」のトレンドに歯止めがかけられたことである。とりわけ、「ナショナル・ミニマム」水準の抑制が打ち出されたことは、地方交付税総額の抑制、地方団体間財政調整の強化の強調へと政策的に展開していく。

第二に、「膨張期」「調整期」を通じて新たに生じてくる財政需要について、対外政策的性格の弱いものは、地域性などの観点が強調されながら、おしなべて地方の担当事務に振り分けられていった。一例のみを挙げれば、文教予算における社会教育費の場合、生涯教育の重要性など財政需要の増大が見込まれる分野である。これについて、財政制度審議会の前掲「財政における国と地方の関係についての報告」では、「社会教育は一般的には地域に定着した活動であり、地方公共団体の事務としてふさわしい」と述べ、地方で財政需要を受け止める方向を明示している。実際、社会教育事務における「国から地方への支出」は、「膨張期」には増大したが、「調整期」に入ると八〇年から八五年にかけて一九・〇%の減少、さらに九〇年にかけて一八・七%の減少と際立った縮小をみせている。

第三は、「膨張期」にはナショナルな位置づけを与えられたものも、「調整期」にはローカルな位置づけへと転換されたものが少なからず存在することである。これも例示的に述べれば、公共事業の費用負担の見直しがある。上掲の「報告」では「地域性が高く、便益の及ぶ範囲が狭い公共事業については、費用負担のあり方を見直すとともに、受益者負担についても一層の活用を図るべきである」とされ、実際の補助率の引下げが行われ、公共事業における地方単独事業が増大しつつある。「膨張期」にあっては、国土の隅々でフィスカル・ポリシーを実施することや、後進地域の所得水準を保障するなど、国民統合上の要請を含めてナショナルなレベルで合理化されていた国の支出が、地域性という論点を強調することによって縮減されているのである。

同様の傾向は、産業経済費のうちの農林水産費にも現れつつある。農林水産行政は上の「報告」の時点では、「国全体の立場から一定の政策方向や一定の行政水準を確保することが重要」とされていたが、その後「外圧」に促迫されながら、政策基調は大きく転換した。一九九〇年新行革審の「行財政改革推進委員会報告」では、「構造政策を推進し、規制の緩和等による競争原理の導入を進め、農業の生産性の向上と内外価格差の縮小に努め」ることが強調された。ここでは「構造調整政策」の方向に沿うものが、ナショナルな利益に合致するとされる。従来、内政上必要とされてきた施策も、「構造調整政策」から外れれば削減の対象となり、なお必要とあればローカルな利益に基づくものとして地方の負担により継続すべしというわけである。実際農林水産費は、「膨張期」には産業構造に占める農林水産業の比重低下にもかかわらず、「国自体の支出」「国から地方への支出」とともに他の費目とほぼ歩調を合わせて増大していたが、「調整期」には、両者とも八〇年から八五年、さらに九〇年にかけて一〇%台の減少を記録しているのである。

そして第四には、上述のような諸傾向の結果として、地方へのなし崩し的な事務委譲が進展していることである。これは、負担区分における「国から地方への支出」の減少が起点となり、結果として地方への機能配分が進行し、事務権限の委譲がこれに遅行している点に特徴がある。こうした傾向が顕著に現れているのは、従来、国と地方が「共同」して担当してきた国土開発費、農林水産費、社会保障費など内政分野が中心となっていることを確認できる。

(2) 社会保障関係費の事務配分

事務配分をめぐる上述の動向が、「福祉国家型財政」の「中枢部分」をなす社会保障関係費にどのように現れ

表 7-5　社会保障関係費の推移

（単位：億円）

			1982	1984	1986	1988	1990
国	生活保護費		10,457	11,395	11,101	10,897	11,087
	社会福祉費		17,200	19,992	19,002	20,827	24,056
	社会保険費 ①		55,169	53,479	59,640	63,450	71,947
	保健衛生対策費		4,254	4,670	4,961	5,071	5,587
	失業対策費		3,769	3,675	3,642	3,600	3,471
	合計 ②		90,849	93,211	98,346	103,845	116,148
	②－①＝③		35,680	39,732	38,706	40,395	44,201
地方	生活保護費		14,617	16,016	16,244	15,392	14,844
	社会福祉費		11,796	12,647	14,900	18,129	21,722
	老人福祉費		13,134	11,657	13,872	16,625	20,473
	児童福祉費		17,771	18,671	20,348	21,894	25,135
	災害救助費		135	61	85	53	106
	合計 ④		57,453	59,051	65,448	72,093	82,281
	④/③		1.61	1.49	1.69	1.78	1.86
	財源内訳	国庫支出金	25,259	23,574	20,156	20,884	22,966
		構成比（%）	(44.0)	(39.9)	(30.8)	(29.0)	(27.9)
		一般財源等	26,090	29,221	38,442	43,686	50,200
		構成比（%）	(45.4)	(49.5)	(58.7)	(60.6)	(61.0)

注：国は狭義の社会保障関係費，地方は民生費.
資料：『国の予算』，『地方財政白書』各年度版.

ているか、一般政府支出に限定して素描しておきたい。表7-5によれば、国家予算のうち狭義の社会保障関係費で最大なのは社会保険費である。表出していないが、同費が国の社会保障費に占める比率は、一九七〇年五一・五％から八〇年六一・二％まで上昇した。これに対し、基礎年金制度の導入（一九八六年）、共済年金の制度改革（一九八四、八六年）、医療保険制度のサラリーマン本人一割負担導入等（一九八四年）、老人保健制度の本人一部負担等（一九八二、八六年）、国民健康保険制度の改革（一九八八年）など臨調路線に沿った医療、年金制度の改革が次々と実施された。その結果、国家財政の社会保障関係費に占める社会保険費の比率は、八〇年代を通じて六〇％強に維持、固定されることになった。

一九八五年からは、すでにみたように生活保護費、措置費などを中心に国庫補助率の削減が開始された。地方支出の民生費の財源内訳をみると、一九八二年国庫支出金の比率四四・〇％は、八六年三〇・八％に減少、八八年以降は三〇％を割る水準となった。これに反比例して一般財源等の割合が上昇し、八二年四五・四％の水準は、八八年以降六〇％を突破するに至った。

その際、財政制度審議会第一特別部会「補助金等の整理合理化の考え方及び方策について」（一九八四年一二月一八日）は、社会保障関係補助金の見直しの観点として、「原則として専ら国の利害に関係のある事務として統一的に実施されている医療、年金と異なり、各種の福祉施策、保健衛生対策等の分野では、地方公共団体において、より地域に密着した形で実施されているものが多い」と述べ、医療、年金以外の分野は地方へ委ねていく方向を示唆していた。さらに、一九八九年三月三〇日福祉関係三審議会合同企画分科会最終答申「これからの社会福祉のあり方について（意見具申）」では、福祉行政の実施体制については、「住民に身近な行政は、可能な限り住民に身近な地方公共団体が実施する」ことを「基本的な考え方」とすることが明記された。以上のように、医療、年金以外の福祉行政事務サービスにおいては、しだいに「国から地方へ」という方向性が明確になってくる。

他方、「官から民へ」というもう一つの基本方向が、福祉行政分野にも並行して浸透してくる。「活力ある福祉社会の実現」という提起を受けて、そうした動きが本格化したのは、医療、年金の改革が一段落した八〇年代中葉以降のことである。

たとえば一九八六年四月八日「高齢者対策企画推進本部報告」では、保健、医療、福祉サービスの保障について、「福祉、保健、医療の提携を図り、市町村に一元化する体制を確立するとともに、多様なニードに対応するため民間活力の導入、活用を図る」ことが提唱された。さらに、一九八七年一二月七日福祉関係三審議会合同企画分科会「今後のシルバーサービスの在り方について（意見具申）」では、サービス提供者として公的部門、民間部門を二本柱とし、前者は、対象者が低所得者であるなど切実なニードでありながら民間による提供が期待できないもの、市場機構を通じた民間サービスの提供が十分でないものとされた。また、それらも「民間部門における創造性、効率性を考慮し、支障のない限り適正な管理の下に民間部門に委託すること」を強調した。

福祉行政分野において「官から民へ」を促進する政策メカニズムは、次のように整理できる。第一に、国庫補助率の削減、「地方行革」の推進は、事業主体である地方自治体の財政を圧迫し、利用料負担の増大が必然化する。そして「入所施設における費用徴収制度は、限られた資源の効率的、合理的な配分を図るという目的を有するとともに、在宅の者との負担の均衡、さらには入所者の自立意識を醸成するための方途」[12]として高く評価され、追認されていく。こうして公的部門に市場原理を少しでも導入すれば、民間部門の競争力を支援する効果が生ずる。

第二に、社会福祉施設、サービスに対する各種規制の強化回避、その緩和がもたらす効果である。実際、八七年福祉施設最低基準の緩和、切下げが実施されたが、こうした措置は民間部門の社会的信用を高める効果をもつ一方、参入障壁を低くし、サービス・コストの切下げやサービス水準の弾力的な操作を可能にする。

第三に、公的資金による支援体制の整備であり、八八年には公的融資制度の拡充が図られた。かくて、一九八七年度「厚生白書」のいう「公民ミックス論」に基づく「供給主体の多元化」が具体化されていくのである。

ところで、方向性の提起された「国から地方へ」の事務権限委譲については、まず負担区分における地方への重点移動が先行し、これに遅れていくつかの制度上の措置が実施された。その傾向は、社会福祉行政のなかでも老人福祉サービスについて顕著である。一九八六年福祉施設への入所措置権限が機関委任事務から団体委任事務化し、さらに九〇年福祉六法が改正され、高齢者の保健福祉の推進のため、在宅福祉サービスの位置づけの明確化、特別養護老人ホーム等及び身体障害者更生援護施設への入所決定等の事務を市町村に委譲することにより、住民に最も身近な市町村において、在宅福祉サービスと施設福祉サービスが一元的に提供される体制を整備することとされた。

かくて、社会保障関係費をめぐる再編過程は、「調整期」の典型をなしているといえよう。「膨張」する経費は、主として国が担当する年金および医療保健制度、主として地方が担当する福祉、保健、医療のサービス分野に区分される。そのうえで前者は、受益者負担の強化を基本とする財政支出水準の抑制が図られ、後者は、国から地方への支出削減によって地方負担への重点移行を既成事実化しつつ、一定程度の事務委譲が具体化されつつある。さらに、こうした傾向は福祉サービス分野を総じて公民並存するグレーゾーン化していくという、「官から民へ」の基本方向とセットになって進展している。それは、地方への事務委譲といっても、市場メカニズムによって供給される分野を開拓する方策と常に結びつけ、地方の担当分野についても公的介入の程度を一定限度に抑制しようとする効果を企図しているのである。

五　「日本型システム」のゆくえ——一九九〇年代の展望

「膨張期」から「調整期」を経て、「日本型財政システム」の特質は変容したのか、今後どう展開しようとしているのか、にふれて小括とする(13)。

第一に、国と地方を通じた国家介入の程度の低さという特徴は基本的に維持された。しかし、それは高度成長期における公債費、軍事費、社会保障費の低位という戦後的条件に強く規定されたものではなく、部分的にその要因を継承しつつ、基本的には新たな成熟社会へ到達したうえでの特徴となっている。七〇年代の「転位」を経て、「調整期」における「官から民へ」の政策展開とその継続が、成熟社会における日本的な公私分担の水準を定着させたといえる。

第二に、事務配分のあり方については、新しい動きが検出された。国から地方への財政トランスファーの縮小は、従来、国と地方が「共同」していた行政分野で地方負担へのシフトが進行し、遅れて事務委譲が部分的に具体化しつつある。このことは、「縦割型」事務配分のあり方に一定の変更を迫っている。従来の「共同」事務は、ナショナルな位置づけを基準とする選別が進み、ローカルな位置づけの行政事務が増大している。

たしかに、高度な福祉国家の発達をみた「北欧型」でも、地域に密着した福祉サービスは地方が担当しているように、こうした方向は一定の普遍性をもっていると考えられる。しかし、日本の場合、そのための地方自主財源の拡充がまったく議論されておらず、またナショナル・ミニマムの限定が強調されるなど一般財源の拡充方策が欠落している点に特徴がある。しかも「選択と負担」といっても、地方自治体は課税自主権が制限されており、その手段は留保財源、超過課税などに限定されている。結局、たとえ地方主体の事務とされても限られた財源枠のなかで優先順位をどうつけるのかという問題に還元されてしまう可能性が強い。「横割型」への展開は、権限面だけでなく、財源面でも強い制約を受けているといえよう。

第三に、大規模な財源再配分の機構については、地方交付税の抑制政策によって一定の減退をみたが、八〇年代後半に新たな展開をみせた。「調整期」の地域格差の問題は、「東京一極集中問題」として国民統合にかかわる課題となりつつあるからである。一九八九年消費税導入に伴う地方交付税原資の増加、消費譲与税制度の創設は、地方財政調整機能の強化がいぜんとして無視できない課題であることを証明している。

さて、「官から民へ」「国から地方へ」の政策が継続すれば、地方負担による地方支出の増大傾向が続き、結果として機能配分における地方支出の比率の増大傾向が持続していくことになろう。しかし、事態はそう単純ではない。もともと臨調路線は、当初「国際社会に対する積極的貢献」を掲げたが、現実には国の財政再建が最優先された。一九九〇年当初予算においてようやく赤字公債が計上されなくなった後をうけて、国家財政における当初の目的が装いも新たに登場している。一九九一年七月四日第三次行革審の「国際化対応・国民生活重視の行政改革に関する第一次答申」は、「在るべき国際社会の実現を目指して国際的責務を果たすため、対外政策を積極的に推進すべき」であり、「国の行政においては対外政策により大きく重点を移し、むしろ国内的問題はできる限り国民に身近な地方で処理できるようにしていくことが望ましい」とする。国＝対外政策、地方＝対内政策というまったく新しい事務配分の原則が主張されている。

むろん、こうした理念が直ちに実現するものではないが、「日本的システム」の今後を展望する上で看過できない。もともと内政事務分野からの国の徹退傾向は、大局的にみれば、七〇年代から八〇年代にかけて急速に進展した日本経済社会の「国際化」を反映するものと位置づけることができる。いずれにせよ軍事費、ＯＤＡ、外交費を始めとする対外政策経費の伸びと、内政事務分野における地方への重点移動という両者のテンポの如何によって、国と地方の機能配分の比率の動向は大きく左右されてくるといえよう。

注

（1） 林健久「福祉国家の財政構造―戦後日本の場合―」東京大学社会科学研究所編『福祉国家』第五巻、東京大学出版会、一九八五年。むろんそれは、日本財政の「福祉国家型」そのものからの離脱ではありえない。ここでは再編による「日本型」の特質如何が問題とされる。

（2） 機関委任事務については、藤田武夫『現代日本地方財政史』（下巻）日本評論社、一九八四年を参照。

（3） 以下主として、高橋誠『現代イギリス地方行財政論』有斐閣、一九七八年、宮本憲一編『地方財政の国際比較』勁草書房、一九八六年による。数値は、OECD, The control and management of government expenditure, OECD, 1987；OECD, *National Accounts 1974–86*, 1988による。なお、高橋誠「財政ストレス下の政府間関係と地方財政」大島通義・宮本憲一・林健久編『政府間財政関係論』有斐閣、一九八九年も参照。

（4） 渡辺芳樹「地方制度」社会保障研究所編『スウェーデンの社会保障』東京大学出版会、一九八七年。以下、補助金収入についても同様。スウェーデンの財政システムについては、さしあたり、P. Flora, *Growth to Limits*, vol. 1, 1986を参照。最近の動きについては、R. Erikson, *et al.*, *Welfare Trends in the Scandinavian Countries*, 1991，藤岡純一『現代の税制政策―世界的展開とスウェーデン・アメリカ―』法律文化社、一九九二年、などがある。

（5） 戸原四郎「スウェーデン経済と福祉国家の現状」東京大学社会科学研究所編『転換期の福祉国家』上、東京大学出版会、一九八八年。

(6) 地方財政の一般財源となる地方交付税の扱いは、「国から地方への支出」では「地方財政費」に分類し、「地方負担の支出」を算出する際には、地方の行政事務別支出額の構成比で「地方財政費」を按分して、国庫負担分とする処理をした。すなわち、[行政事務別地方支出額]－[特定補助金]－[「地方財政費」を地方支出構成比で按分した額]＝[地方負担の支出]となる。

(7) この点は、たとえば安東誠一『地方の経済学』日本経済新聞社、一九八六年をみよ。

(8) この点、補助金と租税特別措置の使途に即して検証した金澤史男「財政・金融政策の構造と機能」柴垣和夫・大内秀明編『講座今日の日本資本主義』4、日本資本主義の支配構造、大月書店、一九八二年、参照。

(9) 臨時行政調査会「行政改革に関する第五次答申―最終答申―」一九八三年三月一四日。本章の審議会の答申類は『ニューポリシー』各月版による。

(10) 「基準行政」については、さしあたり岩元和秋『日本地方財政論』同文舘、一九八六年をみよ。

(11) 補助金制度の動向については、右田紀久志・里見賢治・平野隆之・山本隆『福祉財政論』ミネルヴァ書房、一九八九年、成瀬龍夫他『福祉改革と福祉補助金』ミネルヴァ書房、一九八九年、宮本憲一編『補助金の政治経済学』朝日新聞社、一九九〇年を参照。

(12) 福祉関係三審議会合同企画分科会「社会福祉施設（入所施設）における費用徴収基準の当面のあり方について（意見具申）」（一九八七年一二月七日）。

(13) この間の財政システム再編動向については、金澤史男「日本における財政組織編成の現局面」『財政学研究』第一四号、一九八九年一〇月、静岡大学税制研究チーム『消費税の研究』青木書店、一九九〇年、第一四章などを参照されたい。

第八章　市町村合併促進と住民サービスのあり方
――合併推進論の再検討

はじめに

市町村合併をめぐる動きや議論が活発化しつつある。そうした動向のきっかけの一つとなったのが、一九九五年四月の市町村合併の特例に関する法律（以下、特例法）の改正[1]である。そこでは、合併に伴う「足かせ」を取り除くという立場を転換し、財政支援策を含む積極的な促進策が盛り込まれた。その後も、次々と合併支援策が追加されつつある。

小論に与えられた課題は、そうした積極的な合併促進方策について、望ましい住民サービスのあり方を探る視点から評価を加えることである。もっとも、目的と切り離して手段を評価することはできないのであって、いきおい市町村合併自体の妥当性を吟味することにも及ばざるを得ない。

以下、まず、特例法改正を中心とする支援策の内容をかいつまんで紹介した後、市町村合併が、そうした積極的な支援策に値するのかどうか、値するとすればどのような内容であるべきか、広域行政施策との代替関係に留意しながら論点を整理してみたい。

一　合併促進の支援措置

一九六五年三月に制定された特例法は、当初一〇年間の時限法とされたが、以後一九七五年、八五年と延長され九五年に三度目の延長を行うか否かが問われた。これに備え、自治省は、省内に「市町村の自主的合併の推進方策等に関する調査研究委員会」を設置し、一九九四年三月に「市町村の自主的合併の推進方策等に関する調査研究報告書」（以下「調査研究報告書」）を取りまとめた。そこでは、「基礎的地方公共団体たる市町村が、その規模能力を拡大していくことは、今後も不断に続いていく」との認識に立ち、広域行政や地方分権の推進のために、「市町村の行財政能力を充実強化していくことが必要」とした。

そのうえで、従来の特例措置は不十分であったとの見地から「市町村の自主的合併の推進方策」を提言する。従来は合併の円滑化を図るため、議会の議員や農業委員等の各種委員の定数・任期の保障などの「障害除去」が中心であって、財政的支援措置も限定されていた。これを転換し、主なものとして①財政上の特例措置の拡充整備、②住民の発議制度の創設、③市町村規模の適正化に対する都道府県の積極的な援助を提言した。

第二四次地方制度調査会答申も、ほぼ「調査研究報告書」の線でまとめられ、上記の内容が一九九五年の特例法改正に盛り込まれた。そこでは、趣旨規定の改正、市町村建設計画の内容充実、議員の定数・在任特例の拡充のほか、以下の三点が新機軸をなしている。

第一に、住民発議制度の創設である。すなわち、有権者が、その総数の五〇分の一以上の署名を要件に、合併協議会設置の請求を市町村長にできる制度が創設された。

第二に、国と都道府県の役割が明示された。とくに都道府県について、市町村の求めに応じて市町村相互間の必要な調整を行うこととされた。

第三に、財政支援措置が拡充されたことであり、具体的内容をやや詳しく見ておこう。一つ目は、地方交付税の特例措置の拡充である。これは、地方交付税の算定に際して、「合併算定替え」の期間が合併年度プラス五年から合併年度プラス一〇年に延長されたものである。ただし六年目以降は段階的に縮減される。「合併算定替え」とは、合併後の普通交付税が合併前のそれの合計額を下回らないようにする措置である。さらに、地方交付税については、合併により臨時に増加する経費の需要を基礎として測定単位を補正する「合併補正」制度が新たに導入された。

二つ目は、過疎債の特例措置の創設である。従来過疎地域活性化特別措置法の規定する過疎市町村が、合併で適用外となり過疎債が発行できなくなる事態を回避するため、過疎法一二条の規定を準用し、二〇〇〇年三月末までの過疎債の発行が認められるとされた。過疎債の発行が認められると、その元利償還の相当部分が基準財政需要額に組み入れられる「交付税措置」がとられるため、過疎市町村にとって財政的なメリットが大きいのである。

三つ目は、地方債についての配慮である。これは、一九八五年の特例法改正ですでに導入されていたが、「適切な配慮」から「特別の配慮」へと配慮の程度が高められた。また、市町村建設計画への都道府県事業の位置づけが明確化されたことと関連して、都道府県実施の事業が新たに対象に加えられた。

そのほか、市町村建設計画に基づいて実施される合併市町村のまちづくりを目的とする地方単独事業に対し、地域総合整備債の充当と充当率の引き上げ、その元利償還金の「交付税措置」などの特別の支援策がとられている。

そもそも「市町村の自主的合併の推進方策」といった時、「自主」と「推進」は、多分にアンビバレントな関係にある。これを二つながら実現する手段として、これらの支援策は位置づけられている。すなわち、まず既得権の保障によって財政面での不安を除去しつつ、直接目に見える財政的な支援措置を拡充してインセンティブを与え、住民発議制度の導入によって首長、議員以外の導水路を用意して守旧的になりがちな彼らを牽制し、国ではなく都道府県を前面に立てて指導を強化し、自治体を強力に誘導していこうという狙いである。

こうした措置は、国の財政状況が厳しいなかで、既存の地域振興政策などと比べても、かなり手厚い財政措置と言える。また、直接民主制に慎重な政府が、限定されているとはいえ、住民発議制度を導入したことはある意味で画期的である。その背景には、今次の市町村合併が地方分権推進政策の一環として高く位置づけられたという事情がある。市町村合併に関する前記「調査研究報告書」や第二四次地方制度調査会答申に至る過程は、同時に「地方分権の推進に関する大綱方針」（一九九四年一二月閣議決定）から地方分権推進法制定（一九九五年五月）への過程と重なり合っていた。この過程において、市町村の強化充実が地方分権の「受け皿」の準備として着目され、具体的には市町村合併が分権推進プログラムのアジェンダに組み入れられることになったのである。

事実、地方分権推進委員会の第二次勧告（一九九七年七月）では、地方分権の推進に伴い「地方公共団体自らが、行財政能力のいっそうの向上と行政体制の積極的な整備・確立を図ることが求められる」とし、そのために「今まで以上に積極的に自主的な市町村合併を推進する」と明記された。

ところが、その後、市町村合併の動きが期待されたほどには活発化してこないという判断からであろう、政府は財政的インセンティブを与える措置をさらに拡充しようとしている。たとえば、第二五次地方制度調査会の「市町村の合併に関する答申」（一九九八年四月）では、住民発議制度の充実や都道府県の役割の拡充などのほか、財政支援措置のいっそうの拡充を提言している。その具体的内容は以下の通りである。

すなわち、①普通交付税の算定における合併算定替えの拡充、②新市町村振興のための計画に基づく事業、その他旧市町村の振興に係る財政措置の拡充、③行政の一体化に必要となる経費や住民の一体感の醸成等に要する経費への財政措置、④合併前の市町村の公債費負担格差の縮減等の財政健全化に係る経費への財政措置、⑤住民の意向調査、合併協議会の運営等の合併準備に係る経費への財政措置、⑥都道府県の情報提供・助言や合併後の市町村に対する財政支援等に要する経費への財政措置、の六点である。

こうした提言が直ちに実現するとは考えられないが、かりに実現したとすれば、そうでなくともすでに手厚い支援措置が、さらに至れり尽くせりの状況となる。財政支援措置ではないが、一九九八年一二月の特例法改正によって、市となるべき人口要件を従来の五万人から四万人に引き下げ、町村合併による市制施行を容易とする特例措置が追加された。さらに、こうした国の動きと呼応して都道府県でもさまざまな支援措置が整備されつつある。(2)

元来、地方自治体の合併は、それ自体、実施のための協議・調整、組織・施設の再編などに多大の労力、時間、費用を要する。さらに地方交付税などの既得権を五～一〇年ほどにわたって保障するのであるから、合併の費用削減効果として強調される地方交付税の削減も短中期的にはほとんど見込めない。加えて、促進のための経費を用意しなくてはならない。こうした莫大なコストを払う意義が、あらゆる市町村合併にあるのか、改めて市町村合併の目的、目的に対する手段の選び方の妥当性を吟味する必要があろう。

二　最適規模論と住民サービス

市町村合併に関する議論が活発化するにつれて、自治体の最適規模をめぐっても多岐にわたって議論されるようになってきた。歓迎すべき傾向である。

その際、最もオーソドックスな議論は以下のようなものであろう。(3) すなわち、人口をX軸に、一人当たり歳出額をY軸にとり、全自治体の数値の分布を見ると、やや上の開いたU字型をなす。もう少し正確に言うとU字の右側は短くてJ字を裏返しにし左に傾けたような形になる。いずれにせよ、この形状に着目し、中間のある地点に位置する、一人当たり歳出額が最小となる自治体を最適規模と見る方法である。こうした分析は、地方自治体の現時点での存在形態を示すものとして有益な情報を提供してくれる。

しかし、あらゆる自治体が周辺市町村との合併によって、当初の統計的検証で最適規模とされる人口水準になれば、それで最も効率的な規模となるという、分析者の意図を外した機械的な理解が世上に流布するとすれば問題である。

すでに古くは、藤谷謙二氏が一九四四年に出版された『地方財政論』(4)において都市経費と都市人口および市政の実績との相関関係を分析した内外の研究を批判的に検討している。藤谷氏は、M・L・ウォーカーの研究に注目し、経費一人当たりの額の増加は、人口、富力、市政の実績の増大に相関するという結論を紹介し、経費の大きいほど「不経済なる都市」との議論への有力な反証と評価している。この文脈は、時系列的変化を問題としているわけだが、今後、地方税や地方債の運用に関する財政自主権が強化され、サービス水準に多様性が生じてくるとすれば、重要な視点となる。また、後に触れるように、一人当たり歳出額の国際比較を行う際にも、踏まえるべき評価の視点を提供している。

ともあれ、これまでの先行研究によれば、市町村において一人当たり歳出額が最小となるのは、現在の日本では人口約一五〜二〇万人の都市と考えられる。このことの意味は、一般に人口の少ない市町村は、中山間地域や農村的地域が多く、人口密度が低く、集落も散在し自然条件によって行政サービスや土木・建築事業の実施が制約を受け、その結果として行政コストが高くつくと考えられる。一方、人口が多くなる大都市地域は、人口分布が稠密となって行政サービスのスケールメリットが見込めるものが少なくない反面、集積の不利益への対処や大都市特有の行政需要の出現によって、むしろコストが上昇する場合もあると説明できよう。

したがって、U字型カーブ(あるいは逆J字カーブ)の検証に基づく政策的含意は、たとえば次のようなケースになろう。人口一〇〜二〇万程度のモノセンター的な構造の地方都市があり、急速な成長を遂げスプロール化しつつあったとする。この場合は、無秩序なスプロール化を抑制した方がコスト上昇を回避できる可能性が高い。あるいは、二つの都市がそれぞれ人口一〇万弱で隣接していたが、成長の結果、市街地が連担し一体的な都市圏が形成されつつあったとする。このケースは、合併して二〇万都市を形成することが効率的な都市への選択肢となりうる。

かりに、ほとんど連担した市街地ももたず、ある中心地を中核とする都市圏も形成されていないような地域で、数市町村が合併して一五〜二〇万の自治体を創設しても、U字型カーブの最小値をなすという意味での最適規模に再編されるという保障はまったくない。むしろ、このようなケースでは、一人当たり歳出額という指標でみても効率性が悪化するという恐れすらあろう。

要するに、上述のような最適規模とは、都市、自治体の自然的地理的条件を含めた都市空間的態様に規定されるのであって、それを無視した数字合わせによっては、最適規模が達成される必然性はないのである。

現時点において、広い意味での最適規模論として重視すべきなのは、むしろ以下の点だと思われる。第一は、今後、分権化の流れのなかで基礎的自治体として中核となる行政サービスを運営していくうえで、必要最小限の人口規模はどの程度か、という視点である。かつて、地方行政調査委員会議による「行政事務再配分に関する勧告」(一九五〇年一二月、通称神戸勧告)が六・三制施行に伴う新制中学校の効率的な維持・管理を基準として人口七、〇〇〇〜八、〇〇〇人を標準としたことはよく知られている。比較的最近では、スウェーデンが大規模なコミューン合併を国策として実施したが、その際の基準は、教育と社会福祉サービスの事業主体としての整備であって、最低限度の標準を八、〇〇〇人とした(5)。その発想および提示された具体的数値が、神戸勧告の場合とよく似ている点は興味深い。

現在の日本では、中学校の運営は九、七〇〇人、特別養護老人ホームの設置・運営は二万人が必要人口とされている。こうした数値を踏まえると、およそ一〜二万人程度の規模をめざすような市町村合併が、まず模索されねばならないことになる。この場合、必要最小限の規模は、費用最小という意味での最適規模ではないが、何らかの方法による規模の確保が優先されてよい。

第二は、地方自治の活力ある運営という視点である。まず、あまりに規模が小さいと首長はもとより地方議会の議員ですら無投票当選が常態化し、政治勢力の競い合いが消滅する恐れがある。ちなみに、人口五万人以下の市町村議員の約三分の一は無投票当選と言われる(6)。また、専門的行政能力ある人材を確保することが著しく困難となる。他方、あまりに大きすぎると議員や行政担当者との距離が開きすぎて、住民の意志・意見が施策に反映しにくくなる。結局この場合も、少なからぬ論者がすでに指摘しているように、多寡の両極端は望ましくないのである。

地方自治の活力の問題と関連して、合併による経費削減効果について言及しておこう。複数の自治体を合併すれば、議員数、自治体職員数、公的施設数などが必ず減少するから、その分は確実に効率化できるという議論がある。一般に合併のメリットとして強調される点の一つである。

しかし、自治省は、「一般的に、合併の際、福祉サービスなどの水準は高い水準に、負担は低い水準に調整」されるよう指導している。これ自体は、住民の要求に沿うものであるが、ここでの関心は、そうした対応によって、もともと合併の目的とされる削減効果は著しく減殺されるであろうということである。むしろ、支所や支部の維持・管理や新たな交通網の必要性などが生じるのであって、都市空間的態様を無視した合併が新たな非効率を生み出す可能性すらある。

また、議員定数にしても、よくアメリカの議員定数との比較で、日本の定数の多さが強調され、行政改革の対象となりがちである。しかし、アメリカの場合、直接民主主義の伝統があり、イニシヤティブ、レファレンダム、リコールなど各種の住民参加の方策が用意されている。そのうえで、市民団体、NGO、NPOなどが発達し、有力な団体は専門的職員を雇用し、政治参加、住民参加の継続的運動を展開している(7)。議員をチャンネルとする代議制、多様な直接民主制、それらを支える行動力ある市民団体という総体としての住民自治システムが日本のそれと比較されねばならない。後二者の未発達を放置したまま議員定数だけを減らしては、地方自治体がますます住民から遠ざかっていこう。

さらに言えば、日本の場合、公務員の総数は人口比で見て、先進諸国のなかですでに際だって少ないのである。人口一、〇〇〇人当たりの公務員総数（国家公務員、地方公務員、政府企業職員を含む）は、フランス一〇四人を筆頭にイギリス八三人、アメリカ八〇人、ドイツ六八人であり、これと比較して、日本は四〇人ときわめて少ない。(8) それをさらに減らすことがアプリオリに目標となるべきなのか、再吟味の必要があろう。

三　広域行政論と住民サービス

地方分権推進委員会の第二次勧告は、すでに見た通り、第六章で分権化の「受け皿」として「地方公共団体の行政体制の整備・確立」の必要性を強調し、市町村合併と並列して広域行政の推進を掲げている。これと比べると前出の「調査研究報告書」はややニュアンスが異なっており、それが以後の政策基調を規定しているように思える。

すなわち、そこでは、従来「全国的な市町村行政の広域化の要請に対しては、主として広域行政圏施策の展開により対処されてきた」が、「その体制上の脆弱性などの問題点が多い」とし、「当面は広域行政体制の整備充実を図りつつ、あわせて、市町村合併による市町村の規模の適正化も必要であることが繰り返し指摘されてきた」としている。体制上の問題点としては、「市町村の間における規模能力の格差の存在、住民の日常社会生活圏と市町村の行政区域とのかい離など市町村の規模能力についての問題点」である。要するに、従来の広域行政圏施策の可能性については、かなり悲観的であり、事実上広域行政への対応策の基軸に市町村合併を位置づけようとする志向を読み取ることができる。(9)

市町村合併で広域行政に対応しようとする方向性に沿って、現実に広大な市域をもつ単一の広域自治体が生み出されつつある。以下、香川県の面積に対する比率で、その広大さを表現してみると、すでに一九六六年の合併で広域化したいわき市は、香川県面積の六五%を占める。現在合併の話が持ち上がっている静岡市と清水市は合計すると七三%に達する。山口県の徳山、下松、新南陽の三市もそれぞれはそれほど大きくないが、合計すると二六%になる。(10)

こうした状況のもとで、広域行政の必要性から市町村合併を位置づけ、さらにその「自主的推進」という観点から財政的インセンティブを駆使していくならば、あらゆる人口規模で合併の動きが促進されることになる。それに拍車をかけるのが、基礎的自治体のヒエラルキー構造である。(11) すなわち、市町村は、人口規模によって、政令指定都市、中核市、市、町村と区分され、規模が大きいほど多くの権限を移譲されるという階層序列をなしている。そこでは、基礎的自治体として中核となる行政サービスは何か、各自治体の態様を踏まえた最適規模は何か、という議論は後景に退きがちである。そうした視点ではなく、広域行政への対応を錦の御旗として、ともかく周辺市町村と合併して人口を増大させれば、階層序列の一段上にステップアップできる――これが、合併の大きな動機となっていく。その結果は、一方で、基礎的自治体としての適正規模を超過する都市群を生み出して、必ずしも効率的と言えない相対的な大都市が増加し、他方、そうした中核・中心都市に隣接しない弱小市町村は取り残されがちとなって、行財政能力の格差構造が再生産されていくことになる。

基礎的自治体を広域行政の担い手として位置づけつつ、都市空間的態様を軽視した合併が進んでいくことは、近年強調されている財政責任の明確化や受益と負担の関係の透明化という原則に照らしてみても問題がある。

まず第一に、広域行政の必要性と市町村規模の増大は、効率性の観点からしても直結しない。確かに、社会経済情勢や交通手段の発達、生活圏の拡大などによって広域行政の必要性が増大している。しかし、それは市町村の規模を、いきなり広域行政の規模に合わせねばならぬ、ということにはならない。もともと市町村は、多様な行政サービスを担っているのであって、それぞれのサービスごとに適正規模があり、それ自体も地勢的な特徴によって一元的には決まってこない。いわば狭域行政とも言うべき行政分野が数多くあり、むしろその方が基礎的自治体の本来的な担当事務をなしている。広域行政の必要性のみに着目して、それに器の大きさを合わせようとする発想は、狭域行政の効率性を犠牲にする危険とメダルの表裏をなしているのである。

第二に、広域行政を含めて市町村の行政能力の向上の必要性を強調する論調にあっては、市町村を自己完結的な行政能力をもつ自治体に作り上げていこうとする志向が強いように思われる。衆議院の選挙区に合わせて全自治体を人口約三〇万の三〇〇市に再編成しようとする構想や、二一世紀の関西を考える会の試案[12]などがその事例であろう。そこでは、内政に関しては、当該の基礎的自治体が包括的に担当し、しかも全国的にその人口、行財政能力はできる限り均質でなければならないという発想が強いように思われる。

しかし、住民に必要な行政サービスは、基礎的自治体だけが自己完結的に担当しなければ効率的でない、という根拠はない。もしそうだとすれば、多様な自治体・特別区が多層的に展開しているアメリカの行政システムは、恐ろしく非効率なものということになってしまう。市町村が担当できない部分は、さまざまな工夫をこらしつつ、自治体連合や都道府県が担当していけばよいのである。この点、それぞれの地域特性に応じて、どちらが効率的かという情報が強く求められる。

第三に、基礎的自治体が地方自治の担い手として重視されるのは、そこに地域的アイデンティティが存在し、それに基づく共同性が形成される可能性があるからだという点である。地域的アイデンティティの中身について、榛村純一掛川市長は、衆院静岡三区での合併を模索する議論の中で、①歴史的文化的な同一性、②経済的つながり、③日常生活圏としての確立の三つを要件に挙げている[13]。これの欠けた自治体は、基礎的自治体として十分に機能を発揮することができないとする見方に賛成する。

やや理論的に言えば、地域的アイデンティティの内容に規定され、それを反映した多様な公共財の選択の可能性が想定できるからこそ、財政自主権の付与に意味がでてくる。また、あまりに巨大化した基礎的自治体では、地域的特性に対応した行政の多様性の確保は、行政機構内部の調整に委ねざるをえず、結果として、ティブーのいう「足による投票」の肯定的側面を期待することができない。それは、むしろ肥大化しない自治体規模で可能となろう。そうした実態がある程度観察できるアメリカにおいて、一般に自治体（カウンティ、市、特別区など）規模が比較的小さいのは、偶然ではない。受益と負担の見えやすい行財政構造という側面からも、自治体の広域化、巨大化には慎重に対処すべきである。

前出の「調査研究報告書」では、広域行政圏施策の評価は否定的であり、自治省サイドも広域行政施策の代替的手段として市町村合併を位置づけていることを認めている。それでも他方で、一九九四年六月の地方自治法改正によって、広域連合が特別地方公共団体の一つに位置づけられた。従来の一部事務組合と異なるのは、①国、都道府県からの権限移譲を受けることが可能な組織とされたこと、②広域計画の実施に支障のおそれがある場合、必要な措置を構成団体に勧告できるようになったこと、③住民が条例制定・改廃、リコールなどの直接請求権をもつことなどである。要するに、住民や上位団体に対して、ある程度行政責任をもちうるような地方自治体としての性格を強めたのである。

この改正を引き金にして広域連合の設立が活発化してきた。具体的には、①「広域計画」により地域総合整備債を活用した基盤整備事業、②保険リスクを共同で負おうとする介護保険制度への準備、③緊急を要するダイオキシン対策、などが動機となって全国的な広がりを見せているのである。当該の都道府県にあっても、そうした試みを財政的措置を含めて積極的に支援する仕組みが整備されつつある。[14] こうした動きは、市町村合併のがれの手段として否定的に評価する向きもあるが、すぐ後に述べるような位置づけを明確にしていけば、肯定的に評価すべきものであろう。

四　小括

以上議論を踏まえ、以下の三点を提言して結びに代えたい。

第一は、二一世紀へ向けて基礎的自治体としての中核的な行政サービスは何か、を軸に問題を立て直し、それを支える制度設計を行うことである。端的に言って、現在焦眉の課題は、人口一万人以下の町村が、社会の成熟化に伴って質的に高度化しつつある義務教育、社会福祉サービス、廃棄物処理を中心とする環境サービスなどの民生サービスを支えうるかどうかである。現在の多くの過疎地の状況を見ると、これに関する危機感は自治省などと共有することができる。

しかし、これを広域行政の必要性として位置づけると、問題はむしろ混乱する。本来狭域行政で行うべき義務教育、福祉・環境サービスの成立が危ぶまれている、これにどう対処するか、と課題を設定し直さねばならない。そうした町村の多くは、過疎地指定を受け、また地勢的にも広い面積に人口は少なく、合併で人口だけをそろえても経費削減効果は期待できず、また地域的アイデンティティの融合も容易ではないという条件のもとにある。

こうしたいわば条件不利地域においては、町村は、中軸とする行政サービスを義務教育と再設定し、役場・議会、公民館、小中学校を中核施設（組織）としてコミュニティ機能の維持発展に努めることとするのが現実的と思われる。介護保険や廃棄物処理を含む福祉・環境サービスは、「広域連合」が担当し、市並みの権限をもって行政を担当することにする。要するに条件不利地域については、町村と「広域連合」をセットにして通常地域の市が果たす基礎的自治体としての機能を担うシステムとし、これを一つのモデルとするのである。

その際、重要なのは、この場合、基礎的自治体の事務配分にしたがって権限付与にできるだけ格差をつけないシステムを構想できることである。違いは、みずからが単独で対応するか、連合組織をもって共同で対処するかだけで、規模に関わらず原則として権限が平等に付与される状況を作り出すことができる。これは、分権に意欲をみせる自治体が、それを発揮しようとすれば、地勢的条件や効率性を無視して規模拡大に走らざるをえないというジレンマを解消する条件ともなる。また、条件不利地域に対する国や都道府県の諸施策も、市町村を単位として展開できる。

この点に関連して、財政力ある自治体との合併によって財政削減効果が強調される場合があるが、筆者の見方は異なる。当該地域には今後ますますナショナルな視点から援助が必要であるし、市町村単位で政策を展開した方が、むしろどの程度コストがかかっているか国民全体に明示され、負担の明確化の観点からも望ましいと考えるからである。

むろん、若干のケースをすでに挙げたように、現状でも市町村合併が総合的に見て有益なケースがあるだろうし、広域連合の積極的活動が新たな地域アイデンティティを生み出して合併へと展開していくケースもあろう。上述の議論はこれらを排除するものでないことは当然である。

第二は、本来の広域行政を充実させるために、その担い手として都道府県の位置づけを鮮明にすることである。現行の「融合型」、「縦割り型」という事務配分では、都道府県が広域行政に専念することができない。広域行政の手段として、無理な市町村合併に依拠すべきではないという小論の立場からすると、本来の広域行政の担当組織をはっきりさせるために、事務配分の「縦割り型」から「横割り型」への転換が不可欠となる。この点は、行政責任明確化の原則に則って「横割り型」をめざす事務再配分を、町村合併と平行して進めようとした神戸勧告の発想に学ぶべき点が多い。

また、市町村と都道府県の中間に位置する行政分野が生じた場合は、自治体連合を組織して対応することが有力な選択肢となる。新たな行政需要への対応ということが、はっきりしている場合、そのための財源をどう捻出するか検討しなければならないし、受益と負担の関係が明確化された対応をとることができる。

第三は、国や都道府県は、基礎的自治体としての基軸となる住民サービスとそれを超える本来の広域行政をきちんと峻別したうえで、市町村合併と広域連合とどちらが適切か、という点についてできる限りの調査研究とそれに基づく情報を提供すべきだという点である。(15) すでに第二五次地方制度調査会が同様の指摘をしているが、現実には、財政的措置を中心とする支援策のみが拡充されており、必要性に関する知的へゲモニーが十分に発揮されていないきらいがある。この側面での国、都道府県の取り組みの強化を期待したい。

また、市町村合併が適切なのか、広域連合が適切なのか、慎重に吟味することが求められるのであるから、少なくとも国は、広域連合に対して市町村合併と同等の支援策を準備して、自治体の選択にバイアスがかからないようにすべきであろう。

以上の点が等閑に付されるならば、最低限度以下の規模をなす町村が数多く残されたまま、脚光を浴びる大都市化への合併のみが進展し、格差構造が再生産されるだけに終わる可能性を否定できないのである。

注

(1) 市町村合併特例法および「市町村の自主的合併の推進方策等に関する調査研究報告書」については、市町村合併研究会編『逐条解説　市町村合併特例法』ぎょうせい、一九九七年参照。審議会の答申類は、自治省のホームページ参照。

(2) たとえば、坂田期雄「広域行政——最近の新しい展開と今後への期待」(『都市問題研究』第五〇巻第六号、一九九八年六月)に事例が紹介されている。

(3) たとえば、横道清孝・沖野浩之「財政的効率性からみた市町村合併」(『自治研究』第七二巻第一一号、一九九六年一一月)参照。その他、数多くの先行研究があるが、ここでは省略する。同論文の注を参照されたい。

(4) 藤谷謙二『地方財政論』竜吟社、一九四四年、第二章都市経費論。

(5) スウェーデンのコミューン合併をモデルとして市町村合併論を展開しているのは、神野直彦氏である(『日本経済新聞』一九九八年七月一二日、参照）。

(6) 佐々木信夫「地方分権と広域行政」（前掲『都市問題研究』所収）参照。

(7) 横田清『アメリカにおける自治・分権・参加の発展』敬文堂、一九九七年参照。

(8) 館龍一郎監修『図表解説財政データブック　財政の現状と展望』平成八年度版、大蔵財務協会による。

(9) この点、吉崎賢介（自治省行政局行政体制整備室長）「広域行政と市町村合併」（前掲『都市問題研究』所収）は、「広域行政か市町村合併か」という問題設定の存在を明示されており、「調査報告書」に関する筆者の評価と符合する。

(10) 政令指定都市も実質的な広域行政の担当自治体をなす。代表例は、札幌市、広島市、北九州市で、面積でみるとそれぞれ香川県の五九％、三九％、二六％に相当する。小論では紙幅の都合で政令指定都市は十分論じられないが、いずれにせよ、中心的市街地と周辺地域を包含する広域行政圏を形成していると見ることができる。したがって、義務教育、福祉・環境サービスを中心に担当する区の自治体化を進め、市それ自体は大都市圏型広域行政に特化していくべきだと考えられる。

(11) この点、金澤史男「地方の『自己決定権』と税財政制度」（『都市問題』第八八巻第五号、一九九七年五月）で問題提起しておいた通りである。自治省は、さらに人口二〇万人の市を対象に「特別市」の創設を検討中と伝えられる（『毎日新聞』一九九九年一月二四日）。ヒエラルキーはいっそう「精緻化」されつつある。

(12) 二一世紀の関西を考える会『二一世紀の日本のパラダイム——地方分権のための中央・地方行財政制度改革』一九九七年七月。改革案の問題提起自体、意欲的なものと受け止められる。

(13) 『日本経済新聞』一九九八年九月八日など参照。

(14) 『日本経済新聞』一九九八年九月二一日、『毎日新聞』一九九九年一月二一日など参照。

(15) たとえば、横道・沖野、前掲稿は、そうした提言にとって有益な情報、見方を提供している。

第九章　日本型財政システムの形成と地方交付税改革論

はじめに

小論の課題は、日本における地方財政調整制度の形成、展開から今日に至る過程を再確認することを通して、地方交付税制度改革をめぐる昨今の議論について、歴史的視点から評価を加えることにある。

地方交付税をめぐる議論は、二〇〇二年末時点で、新たな段階に入りつつある。財政制度等審議会が、二〇〇二年一一月二〇日に発表した「平成一五年度予算の編成等に関する建議」（以下、「建議」）は、「地方の自立のための改革」を標榜し、「地方の財政運営にモラルハザードをもたらしている地方交付税の財源保障機能を廃止し、税収の偏在に伴う財政格差を是正する機能に限る仕組みとすることにより、地方財政における受益と負担の関係を明確化していくことが必要」[1]とした。このくだりは、「建議」の各論の冒頭を飾っている。報道機関も、たとえば毎日新聞が「地方交付税、財源保障廃止を、自治体歳入の抜本改革求め」の見出しを一面トップで掲げたように[2]、これを大きく報じた。

一般に地方交付税には、「地方団体間の財源の均衡化」と「地方団体が計画的な行政執行をなし得るための財源保障」の二つの機能があるとされる。(3) この二つは、本来不可分なものなのであるが、あえてこれを切り離してその一つを否定することは、地方交付税の担う本質的な機能の否定につながりかねない。財務省サイドを震源とする地方交付税攻撃は、いよいよ、地方交付税の本質的機能を正面から批判するところまでエスカレートしているのである。

われわれは、財政危機の原因のスケープゴートに仕立てられつつある地方交付税制度について、今一度、正確な認識を持たねばならない。そのために何より求められるのは歴史的視点である。そして、財務省サイドが自らのモラルハザードを棚に上げて皮相な地方交付税攻撃を行っているのはなぜかについても、その背景を明らかにしていく必要がある。

一 地方交付税制度成立の経緯

話はいったん戦前期にさかのぼる。一九三〇年代、深刻な昭和恐慌を経て日本経済が回復してくると、商工業の発展が著しい都市部と、長引く農業不況の中で苦しむ農村部との経済格差が顕著となり、農村の過重負担が重大な社会問題となった。すでに一九一八(大正七)年に成立した義務教育費国庫負担制度においては、一定部分を「資力薄弱」な町村に傾斜的に配分する仕組みが備わっており、ある程度の財政調整機能を果たしていた。そして、第一次大戦後ドイツで一九二三年に財政調整法が成立し、イギリスで一九二九年一般国庫交付金制度が導入されると、その影響を受けつつ、本格的な制度化が模索され、一九三二(昭和七)年には、内務省が地方財政調整交付金制度要綱案を発表するに至った。

地域間の財政力格差の拡大傾向が進展し、準戦時体制の形成のもとで国政委任事務が激増するなかで、各政党も法案成立を競うようになった。こうした状況のもとで、一九三六年臨時町村財政補給金制度が成立し、直接国税および道府県税一人当たり平均負担額を標準財政力の基準とした配分や負担軽減の必要性に基づく配分がされることになった。当初、臨時的とされたこの制度は、一九四〇年、地方分与税制度として本格的に確立した。地方分与税は、所得税・法人税の一七・三八％、入場税・遊興飲食税の五〇％の合計が道府県、市町村に分与される配付税を重要部分としており、戦後の地方交付税の原型をなしていた。敗戦後も地方分与税制度は継続し、それは、シャウプ勧告に基づいて、一九五〇年地方財政平衡交付金制度に切り換えられた。シャウプは、「富裕地域と貧困地域で税負担と行政サービス利用可能性が異なるという不公平を減少させる」という配付税の目的を肯定し、その目的をよりよく達成するために、「能力（capacity）と必要性（need）」の差を埋める制度を提唱しているのである。「能力」を計るのが「基準財政収入額」、「必要性」を計るのが「基準財政需要額」であることは言うまでもない。

シャウプの議論で留意すべきなのは、まず、富裕地域の自治体が低い税負担で高い行政水準を享受しながら、他方で貧困地域の自治体が「打撃的な税負担（crushing tax burden）」で低い行政水準をなんとか維持している状態を「不当（unjust）」で「望ましくない（undesirable）」としていることである。

その際、地方財政平衡交付金制度が地方自治に悪影響を及ぼすのではないかという批判を予想して、シャウプは次の点を強調している。平衡交付金は「標準税率」を基準に算定されるが、各地方自治体はそれ以上にも以下にも自由に税率を設定できる。したがって、①法定税に当たる「標準租税」を「標準税率」で課して得られるものと同額の収入をどのような方法であれ調達し、これに平衡交付金を加えて、②「最低限度の行政サービス（a minimum level of service）」を提供しなければならない。逆に言うと、この二つ以外、どのサービスをどの程度行うか、その財源をどのように調達するか、まったく自由に決定できるとシャウプは強調している。要するに、地方財政調整制度は、地方の自己決定権と基本的に両立するものとして位置づけられているのであって、「一般財源主義」の原型をなしていると考えられる。

さて、こうして成立した平衡交付金制度も、一方で政府側が十分な財源を提供せず、他方で地方団体側が財源不足のすべてを要求する傾向があったため、総額の決定をめぐって紛争が絶えず、安定した制度運営が困難となっていった。そこで、基準財政需要額と基準財政収入額の差を埋めるという考え方は引き継ぎながらも、「積上げ方式」を廃止し、原資を国税の一定割合とリンクする方式が、地方交付税制度として一九五四年から発足することになった。

当初、対象となる国税とその繰り入れ率（交付税率）は、所得税一九・八七四％、法人税一九・八七四％、酒税二〇％であった。その後、民生サービス水準の上昇に合わせて、交付税率は引き上げられ、一九六六年に三二％となり、以後長くこの水準に維持された。一九八九年からは、対象税目に消費税とたばこ税が加わった。ただし、これは単純な原資の充実ではない。消費税導入に伴って地方消費課税の多くが廃止、縮小され、また住民税が減税されるなどの大幅な自主財源の縮小となったが、これを補填する措置の一環をなすものであった(4)。

二　日本的特質の形成

先に見た財政制度等審議会の「建議」は、「地方交付税の仕組みは、地方歳出の財源保障を通じ、地方のコスト感覚を弱め、歳出を増加させるとともに、国に財政的に依存する状況を作り出すという問題を生んできた」と述べ、続いて次のように指摘する。すなわち「翻って、主要国に目を向けても、我が国のように地方への財源保障を行っているものは見られない。いずれの国でも、最終的な収支尻を地方団体自身が税によって調整するなど、地方に何らかの自助努力を求め、効率的な行財政運営を促す仕組みとなっている」としている。

ここでは、日本における財源再配分の高い水準が、事実上、地方による国依存の結果として描かれている。日本の政府間財政関係の特質について、これほど皮相な理解は見たことがない。われわれは、地方財政調整制度の成立、展開過程の背景にある事実として少なくとも、以下の三つを認識しておく必要がある。

(1) 国土の地勢的特徴

地方財政調整制度の背景をなすものとして、まず、地域間の経済力格差の問題がある。これは、義務教育費国庫負担制度の場合も、臨時町村財政補給金制度の場合も、都市に対する農村の負担過重問題として表面化している。そして、そうした戦前期の問題状況が、基本的には、戦後から今日まで一貫して継続していることに日本的な特徴がある。

その特徴とは、一方における人口、経済主体などの流動性の高さに対して、国土構造に規定された経済発展のあり方が非常に片寄っているという地勢的な特質のことである。まず、山脈が日本列島を貫くかたちで背骨のように横たわり、これを森林がおおって国土の七割近くを占めている。イギリスでは、森林は国土の二〇%程度であることから見ても、七割近くというのは著しく高い数値と言える。日本では、背骨の中心に行くほど山は険しくなり、中山間地域の生活条件は厳しくなる。他方、沿岸部に貼り付く平野や海運が経済活動を支えることになる。したがって、人と経営資源は、経済が発達すればするほど基本的に中山間地域から臨海部へという方向に移動していくことになる。

これに対して、たとえばアメリカの場合、当初北東部が工業地帯として発達するが、その後、南部、西部にフロンティアが広がっていき、むしろそこが工業の中心となっていく。さらに、ソフト化・サービス化が進展する段階でも、当初の北東部に拠点が固定することはない。ドイツでも、当初、工業化の拠点は北部であったが、バイエルンを中心とする南部にフロンティアが広がり、ハイテク産業はむしろそちらで成長していく。それらが基礎となって金融的なネットワークが作られていく。

たしかに日本でも、工業化が顕著に進展する時期には、工場の地方分散が見られる。しかし、それは、主として沿岸部における臨海工業地帯というかたちをとっており、戦後は、太平洋ベルト地帯に集中する構造となった。明治初年以来のこうした状況が継続した結果、基幹的交通ネットワーク、産業基盤、都市生活基盤などのインフラ整備の面でも都市部と農村部には巨大なストック面での格差が生じている。また、一定の工場地方分散と交叉して高度中枢管理機能の大都市集中、さらには東京一極集中が進展している。地方圏にとって、ソフト化・サービス化の拠点をめざすことは、工場の地方分散よりも、一層困難な課題となっている。

要するに、日本の国土構造は、産業構造の変容、発展のもとで新たな地域的フロンティアが生み出されにくく、大都市と中山間地域を両極とする地域間経済格差を常に拡大させる方向に作用するという地勢的特徴を持っていることを再確認すべきなのである。そして、雇用機会とさまざまな刺激を求める一方通行的な人の移動が構造化し、地方の行政努力が「足による投票」を有効にするほどには作用しないのである。

(2) 政府間事務配分の特徴

次に指摘しておきたいのが、日本の財政システムにおける地方財政支出の比率の高さという特徴である。[5] いま、旧自治省作成資料から、地方歳出の比率（一九九二年）を算出すると、[6] 日本の六五・五％に対して、イギリス二六・九％、フランス二四・三％となる。さらに、州・地方の比率をとったアメリカ、ドイツも、それぞれ五一・三％、五六・三％であり、日本の地方支出の高さは、先進国のなかで突出していることがわかる。

このように財政システムにおいて地方財政支出が高水準であるという特徴は、一朝一夕に出来上がったのではなく、明治以降の歴史過程のなかで形成されてきたものである。その背景には、地方担当部分が大きな比重を占めるという政府間事務配分の日本的特質がある。

明治初年以降、日本が近代国家機構を整える過程で、地方は重要な役割を担った。帝国主義列強と対峙しながら富国強兵を進めるなかで、国家財政は平時でも四割前後を軍事費に割かねばならず、これに加え、日清戦争、日露戦争、第一次世界大戦、シベリア出兵、十五年戦争と戦争を重ね、直接戦費とそれに続く公債費を支弁しなければならなかった。

いきおい、内政については地方が重要な役割を果たさねばならなかった。地租、営業税、所得税などの有力税源が国に優先的に配分されるという状況のもとで、地方は、この課題によく応えたと言うべきであろう。府県は、道路、治水、港湾などのうち府県レベルの公共事業、警察、勧業、師範・中等教育、市町村は初等教育と域内の道路などを担当した。さらに、都市部では都市化の進展とともに水道、公共交通、電気・ガスなどの公共事業や社会事業、都市計画なども重要な課題となった。その結果、これらを含む地方財政支出総額は、第一次大戦後には、国の一般会計支出を上回る規模に達したのである。

もう一つ、地方支出の高水準をもたらした要因として見落とせないのが、事務配分の融合型システムとしての特徴である。「融合型」とは、国が本来行うべき地域レベルでの事務について、国が地方出先機関を作って執行するのではなく、地方団体に委任するかたちで実施させる方式のことを言う。これは、一般に国政委任事務（機関委任事務と団体委任事務）と呼ばれる制度であって、近代国家形成の過程から戦後を通じて地方団体の行うべき事務の相当部分を占めてきたのである。周知のとおり、二〇〇〇年四月に施行された地方分権一括法で機関委任事務は廃止されたが、法定受託事務というかたちで、いぜん担当事務の重要な構成要素となっている。

いずれにせよ、日本の財政システムは地方交付税が大きいから地方がモラルハザードを起こして支出が大きくなるというような単純な構造ではないことを確認すべきなのである。

(3) 日本型ナショナル・ミニマムの形成

ナショナル・ミニマムとは、ベバリッジ報告においては、最低生活費水準の所得保障を意味している。しかし、この概念の最初の提唱者であるウェッブ夫妻によれば、賃金、労働時間、住宅、公衆衛生、教育、環境など広範囲にわたる生活条件にかかわるものであった。その後、高度成長のもとで展開されたわが国の「シビル・ミニマム論」(7)は、ウェッブ夫妻の議論を市民的立場から発展させたものと言えるが、これをも踏まえて、ナショナル・ミニマムの内容を筆者なりに整理すると以下のようになる。

第一は、賃金、労働時間（余暇）、労働環境など労働過程にかかわる条件。第二は、老齢、病気、事故、介護など生涯に必然的に伴うリスクに対して備える仕組み。第三は、住宅、交通通信、上下水道、公園、文化、教育施設などの生活関連社会資本および福祉、教育、公衆衛生、環境保全などの民生的サービスというストック、フロー両面の公共サービスにかかわる条件。

以上の三つについて、憲法二五条で言う「健康で文化的な最低限度の生活を営む権利」を保障する水準で満たされることが、ナショナル・ミニマムを保障することの具体的内容となろう。このうち、第一は、主として国の労働行政や全国レベルの労使関係にかかわる問題であり、第二も、基本的には、全国レベルでリスク・シェアリングを図る年金・保険制度の担当領域となる。これに対して、第三の領域を財政が担当することになる。その際、すでに見たように、政府間事務配分のあり方に規定されて、地方が担当する部分が際立って大きいというのが、日本的特質をなすわけである。

以上のように支出面におけるナショナル・ミニマムが形成されてくるが、日本の場合、それと併行して、いわば「収入面でのナショナル・ミニマム」が形成されてくることにも注目しなければならない。明治初年以降の地方税制の歩みを振り返ってみると、当初、税率はバラバラであり、当然の結果として、所得、資産、純益などに対する負担率も地域によって大きく異なっていた。これを問題視し、均衡化を求める国民的要求は、官僚や政党を通じて政策化され、しだいに統一され均一化される過程をたどるのである。

戦前期、地方団体とりわけ財政力の弱い市町村の主要な財源となっていた戸数割は、当初、大きな格差を生じていたが、一九二一（大正一〇）年に府県税戸数割規則（市町村は付加税）が制定されて課税標準に一定の基準が定められた。また、資力の薄弱な地方団体に厚く配分された義務教育費国庫負担の一部は、戸数割や雑種税などの過重負担を軽減するため、これらの減税に充当するよう政策的指導が強力に行われた。一九三六年以降の地方財政調整制度の本格的な確立過程にあっても、いぜんとして戸数割の過重負担にあえぐ地方団体の減税が主要な目標となった。

戸数割は、戦後改革の過程で、所得を課税標準とする住民税に再編され、シャウプ勧告を経て「標準税率」の考え方が定着し、所得課税としても当初区々だった課税方式は、一九六五年に統一をみた。市町村の主要税目である固定資産税、都道府県の主要税目である事業税も「標準税率」での課税がほとんどを占める状況となった。要するに、日本においては、どの地域に住んでいても国税と同様に地方税の税率も同じだというシステムが形成されてきたのであって、それは、支出面でのナショナル・ミニマムと一体となった要素として位置づけられてきたのである(8)。

以上を小括すれば次のようになる。第一に、片方向性の大きな地域間経済格差が存在している。第二に、ナショナル・ミニマムの重要要素を含む事務のうち地方で担当している比率が非常に大きい。第三に、財政システムの公平性の一環として、地方税負担の均一性が実現してきた。この三つの条件を満たしながら、地方が生活関連社会資本の整備と民生的公共サービスのミニマム水準をすべて国民に保障しようとするならば、財源の水平的な調整を大規模に行わねばならない。それがほかならぬ地方交付税の機能なのであって、その水準が、国際的にみても高い水準となるのは必然的帰結と言ってよいのである。

三　地方交付税攻撃論の問題性と背景

先の「建議」は、以上のような日本財政システムの構造的特質を考慮せず、「多くの分野でナショナル・ミニマムが達成された」今日、地方交付税は、「国に財政的に依存する状況を作り出す」という独断をことさらに強調している。しかし、ナショナル・ミニマムのうち、地方自治体が担っているのは、すでにみたように、主として生活関連社会資本の整備と民生的公共サービスであり、かりに一定の水準に到達したとしても、前者の維持、管理に経費は必要であるし、後者については、毎年少なくとも同水準の支出が必要である。また、経済の発展が実現すれば、国民の享受できる最低限の水準が底上げされてしかるべきであろう。さらに、新たな政策課題への対応というかたちで、ナショナル・ミニマムの充実も求められる。たとえば、「持続可能な発展」を支える環境保全型社会システムの構築という課題一つとっても、自然環境の保全、水循環の回復、廃棄物処理とリサイクル促進、廃棄物に含まれる汚染物資の処理などやるべきことは山ほどあろう。

これに対して、二〇〇二年一〇月三〇日、「建議」と相前後として公表された、地方分権改革推進会議の報告「事務・事業のあり方に関する意見――自主・自立の地域社会をめざして」(9)は、目標値の設定→達成→新たな目標値の設定というサイクルが繰り返された結果、「国の地方への関与は止まず、国と地方の明確な役割分担に基づいた地方の自主性、自立性は育ち得ない」とし、財政制度審議会と同様、すでにナショナル・ミニマムが達成されているとの認識のもので「このような考え方自体を改め、その仕組みを廃止すべきであり、地方が自主的・自立的に最適の形態でそれを実施できるようにすべき」としている。

ここには、国土の地勢的特徴に起因して、大都市部と同じ意味で地域経済の自立を展望しえない中山間地域など条件不利地域の問題が考慮されていない。また、次のことを強調しなければならないだろう。そもそも財政シ

表 9-1　地方交付税等の推移

（単位：億円，（　）内%）

	国税収入(A)	地方税収入	地方交付税等 小計(B)	地方交付税	地方譲与税	地方特例交付金	国庫支出金(C)	地方歳出統計(D)	B/A	B/D =X	C/D =Y	X+Y
1960	18,010	7,442	3,472	3,110	362		4,761	18,973	(19.3)	(18.3)	(25.1)	(43.4)
65	32,785	15,494	7,663	7,162	501		10,884	42,959	(23.4)	(17.8)	(25.3)	(43.1)
70	77,732	37,507	19,184	18,097	1,087		20,808	96,887	(24.7)	(19.8)	(21.5)	(41.3)
75	145,043	81,548	35,993	33,511	2,482		58,209	253,877	(24.8)	(14.2)	(22.9)	(37.1)
80	283,688	158,938	80,210	75,809	4,401		105,052	453,207	(28.3)	(17.7)	(23.2)	(40.9)
85	391,502	233,165	102,808	98,193	4,615		104,181	556,356	(26.3)	(18.5)	(18.7)	(37.2)
90	627,798	334,504	175,938	159,311	16,627		106,292	773,413	(28.0)	(22.7)	(13.7)	(36.4)
95	549,630	336,750	142,423	123,030	19,393		149,626	974,493	(25.9)	(14.6)	(15.4)	(30.0)
2000	527,209	355,464	233,106	217,764	6,202	9,140	143,795	960,697	(44.2)	(24.3)	(15.0)	(39.3)
02	468,160	342,563	210,724	195,449	6,239	9,036	127,213	875,666	(45.0)	(24.1)	(14.5)	(39.6)

注：2000 年までは決算，2002 年は地方財政計画による．
出所：『地方財政要覧』㈶地方財政協会，2000 年 12 月，『地方財政白書』平成 14 年版．

ステムというのは、手段であって目的ではない。地方交付税をナショナル・ミニマム保障の文脈で議論する場合、「地方の自立」や「自立的財政運営」、「受益と負担の関係が明確な仕組み」が目的なのではない。地域経済が自立していようがいまいが、そこに日本国民であることを承認した住民が存在する限り、どのようなナショナル・ミニマムを国として保障していくのか、その質と量が具体的に問題とされなければならない。たとえば「空港、新幹線、高速道路に何分以内でアクセスできる交通権」というように設定し、これを基本的に全国民に保障する水準にあるのかどうか具体的に検討していかねばならない。

さて、最後に、財政制度等審議会や地方分権改革推進会議などが、目的と手段を転倒させつつ、初めに地方交付税削減ありきのスタンスで地方交付税制度攻撃に走っている客観的な背景についてもふれておくべきであろう。

まず、表9-1によって、一般財源となる国からの財源再配分額（地方交付税、地方譲与税、地方特例交付金、以下地方交付税等）がどのように推移しているかみてみよう。この地方交付税等が地方歳出に占める比率は、高度成長期から二〇％を切る水準で推移し、一九九〇年に二〇％以上となるが九五年に急減したあと、二〇〇〇年、〇二年に再び二四％台に急増している。次に国税収入に対する比率でみると一九六五年から九五年まで二三〜二八％台で比較的安定していたものが、二〇〇〇年、〇二年には四四〜四五％台となり、かつてない水準に跳ね上がっている。国際的にみて、高水準の公共事業費をできる限り維持し、国債費の重圧に耐えて予算編成していかねばならない財務省サイドにとって、国税収入の五割近くに跳ね上がった地方交付税等は、何としても大幅に削減しなければならないターゲットとして映じたことが推察される。

もっとも、高度成長期に比べれば、この間国庫支出金を大きく削減してきた実績があり、地方交付税等と国庫支出金の合計が地方歳出に占める比率は、二〇〇〇年と二〇〇二年にやはり四〇％弱に跳ね上がっているものの、一九八〇年水準に戻ったにすぎない。問題は、一九八〇年代以降、この値を一九九五年三〇％と着実に減少させてきたトレンドが、大きく逆転したことへの危機感であろう。

先の「建議」は、「地方の歳出総額と基準財政需要の伸び」のグラフを掲げ、地方財政計画歳出総額と名目GDPに比して、基準財政需要額の伸びが大きいことを問題視している。しかし、この時期に基準財政需要額が増大してきたのは、一人地方がモラルハザードを起こして無駄な事業を行い、その財源補塡のために膨張していった結果ではない。

第一に、一九八五年から本格的に実施された国庫補助金の削減に伴う財源保障措置や福祉関係法改正による対人福祉サービスの地方責任を担保する措置など、ナショナル・ミニマムの事務事業を地方に移譲することに伴う当然の結果として増大してきた。第二に、円高不況の対応、日米構造協議が生み出した公共投資基本計画の消化、平成不況への景気対策として公共事業を地方に担当させるべく、拡充されたいわゆる交付税措置によって、地方債の元利償還金が次々と基準財政需要に算入されていったことである。いわば国政の都合によって、基準財政需要額が膨張させられてきたのであって、もとより事務・事業の移譲による増大は非難されるべきではない。「交付税措置」については、その政策目的の当否を含めて、あらためて見直しがかけられるべきであろう。

表 9-2　租税負担率の国際比較

（単位：%）

	日本			アメリカ			イギリス			ドイツ			フランス		
	国税	地方税	合計	連邦税	州税地方税小計	合計	国税	地方税	合計	連邦税州税小計	地方税	合計	国税	地方税	合計
1960	13.3	5.5	18.9	18.0	8.6	26.6	26.4	3.7	30.0	24.5	4.0	28.5	24.9	3.8	28.7
65	12.2	5.8	18.0	15.8	8.8	24.6	27.6	4.2	31.8	25.8	3.7	29.4	25.4	4.1	29.5
70	12.7	6.1	18.9	17.3	10.4	27.6	36.3	4.6	40.9	25.6	3.5	29.1	24.8	2.7	27.5
75	11.7	6.6	18.3	14.4	10.9	25.3	31.7	4.9	36.6	26.3	4.2	30.5	24.4	3.6	28.0
80	14.2	8.0	22.2	15.4	10.0	25.4	34.0	4.9	39.0	27.9	4.5	32.4	27.4	3.9	31.5
85	15.0	9.0	24.0	13.2	10.3	23.5	36.0	5.1	41.1	27.0	4.4	31.3	29.1	5.3	34.4
90	17.9	9.5	27.4	13.4	10.8	24.1	37.2	2.8	40.0	25.4	4.0	29.4	27.7	5.6	33.3
95	14.5	8.9	23.4	14.2	11.2	25.3	36.8	1.8	38.7	27.4	3.8	31.2	28.9	6.1	35.0
2000	13.9	9.3	23.2	15.7	10.9	26.5	38.0	1.9	40.0	27.0	4.0	31.0	34.2	6.4	40.6

注：2000 年の欄は，アメリカ，イギリス，ドイツ，フランスは 1999 年数値.
出所：総務省編『地方財政白書』平成 14 年版（平成 12 年度決算）286～287 頁.

むしろ、問題にすべきなのは、国家財政のモラルハザードである。地方交付税等が国税の四割以上を占めるという事態は、地方交付税額の増大だけでなく国税収入の大幅な減少という状況も主原因となっている。事実、一九九〇年から二〇〇〇年にかけて国税収入は、約一六%もの減少をみせている。

ところで、租税負担率の推移（表9-2）をみると、一九九〇年から二〇〇〇年にかけて地方税は九%台でほとんど変化していないのに対して、国税は四ポイントも下落している。グローバル化のなかでの租税引き下げ競争が必至だとの俗説が流布しているが、実際は、アメリカも連邦、地方を合わせれば、従来水準が維持され、イギリスもほぼ現状維持であり、ドイツ、フランスはむしろ増加している。日本の中央政府だけが大量の国債を発行しながら、選挙のたびに減税を繰り返しているのである。グローバル化への対応や「活力」を標榜して、高額所得者の税率を下げたり、企業減税を行う一方、税収不足には、課税最低限度の引き上げや発泡酒、たばこ課税の大衆課税で増徴を図ろうとする。自らのモラルハザードを棚に上げて、地方が担当してきたナショナル・ミニマムの削減や大衆課税による増徴に突っ走っていく。政府、財務省サイドは地方交付税制度を攻撃する前に、このことに思いが至らねばならない。

結びにかえて

地方交付税は長い歴史を経て、日本国民の「健康で文化的な生活」を保障する制度として定着してきたものであり、ここ数年の財政危機を理由として安易に改変されるべきものではない。地方交付税批判の背景には、行き過ぎた「自主財源主義」があるが、これは、これまで日本型財政システムが国民のナショナル・ミニマムを保障してきた積極面を乱暴に破壊していく役割を果たす危険がある。また、中山間地域や地方圏が、所得税、法人税の再配分を要求しうる実体的根拠も存在するのであり、この点は別稿[10]を参照していただきたい。

「東京政府」が、「地方の自立」を標榜し、日本国憲法で規定されたナショナル・ミニマムの保障に背を向け続けるのであれば、「地方」住民が日本国民であり続ける根拠はゆらいでいく。まやかしの「自立」ではなく、本当の自立、すなわち独立を考える「地方」が出てきても不思議ではない。

注

（1）財務省ホームページによる。
（2）『毎日新聞』二〇〇二年一一月一三日。
（3）自治省財政局『地方財政のしくみとその運営の実態』㈶地方財務協会、一九九六年、二三六頁。
（4）この点、詳しくは、静岡大学経済学・税法研究者の会『シミュレーション税制改革』青木書店、一九八八年、第六章（金澤史男・瀬川久志執筆）参照。
（5）この点、筆者はすでに「『大きな地方財政』の論理」として論じている（金澤史男「国家独占資本主義における日本地方財

政の論理──地方財政「現代化過程」の分析視角」『法経研究』(静岡大学)三八巻三・四号、一九八九年一〇月)。
(6) 林健久・今井勝人・金澤史男編『日本財政要覧〔第五版〕』東京大学出版会、二〇〇一年、一三二～一三三頁。
(7) この点、松下圭一『シビル・ミニマムの思想』東京大学出版会、一九七一年、一一章をもう一度参照されたい。
(8) この点、詳しくは、金澤史男「『平等志向型』国家の租税構造」(『歴史学研究』六五二号、一九九三年一一月)を参照されたい。
(9) 同報告は、総務省ホームページによる。
(10) 金澤史男「分権改革セカンド・ステージの岐路」(『地方税』二〇〇一年六月号)。また、町田俊彦『地方交付税改革論と問題点』㈶地方自治総合研究所、二〇〇二年も参照されたい。

付論　「自主財源主義」の問題点と地方交付税制度

はじめに

二〇〇三（平成一五）年五月、地方分権改革推進会議の水口弘一小委員長が発表した「水口試案」をめぐる論議は、分権改革の本質を問うものであった。地方交付税原資となる国税五税の法定率分を「地方共同税」とし、それ以外を中央政府の「財政調整交付金」に再編するのが、「水口試案」の骨子である。しかし、これは、現在の法定率分が実際に必要とされる地方交付税原資に対して、著しく不足していること、「財政調整交付金」が段階的に削減されることなどに示されるように、初めに地方交付税削減、国の財政再建ありきの提案と言わざるをえない。

もともと地方分権改革推進会議は、二〇〇二（平成一四）年一〇月に発表した「事務・事業のあり方に関する意見―自主・自立の地域社会をめざして―」において、国から地方への税源移譲は盛り込まず、逆に国庫補助負担金、地方交付税の大幅削減を求める提言を行っていた。地方交付税に関しては、ナショナル・ミニマムの目標値が達成されると次の目標値が繰り返された結果、「国の地方への関与は止まず、国と地方の明確な役割分担に基づいた地方の自主性、自立性は育ち得ない」とし、地方交付税規模の大幅な削減を根拠づけていた。

この「建議」や先の「水口試案」に対しては、少なからぬ委員から異論が出され、地方団体も反発した。地方分権を推進するはずの委員会が、逆に地方分権を国の財政再建の手段としている点が批判されたのである。そして、地方分権の本旨に立ち戻る必要性が訴えられた。地方分権の基本理念は、一九九五（平成七）年五月に公布された地方分権推進法に明言されている。あらためて確認しておこう。同法第一条では、「この法律は、国民がゆとりと豊かさを実感できる社会を実現することの緊要性にかんがみ、地方分権の推進について、基本理念並びに国及び地方公共団体の責務を明らかにする」としている。そして、第二条で、「地方分権の推進は、国と地方公共団体とが共通の目的である国民福祉の増進に向かって相互に協力する関係にあることを踏まえつつ、各般の行政を展開する上で国及び地方公共団体が分担すべき役割を明確にし、地方公共団体の自主性及び自立性を高め、個性豊かで活力に満ちた地域社会の実現を図ることを基本として行なわれるものとする」とされている。

制度改革の根拠を地方分権に求めるのであれば、少なくとも、地方分権推進法の理念に立ち戻る必要がある。地方分権を前進させようとする際、「補完性の原理」、「歳入の自治」などのキーワードが重要な役割を果たしている。しかし、これらの用語が意味するところが地方分権推進の基本理念に基づくものであるか微妙な問題が存在しているように思われる。

小論の課題は、これらの用語をどのように使うべきか、逆に言うとどのように使ってはいけないかを問題提起することである。これらの用語が、無限定に使用されると、初めに国の財政支出削減ありきのスタンスと極めて親和的に共鳴し合う状況が生まれる。以下、かかる含意を説明していこう。

一　「補完性の原理」の問題点

ここで「補完性の原理」と言うのは、二〇〇〇年四月施行された地方分権一括法のなかで改正された地方自治法第一条の二で規定された内容をさす。すなわち、同法第一条の二の第二項では、「国においては国際社会における国家としての存立にかかわる事務、全国的に統一して定めることが望ましい国民の諸活動若しくは地方自治に関する基本的な準則に関する事務又は全国的な規模で若しくは全国的な視点に立って行わなければならない施策及び事業の実施その他の国が本来果たすべき役割を重点的に担い、住民に身近な行政はできる限り地方公共団体にゆだねることを基本として、地方公共団体との間で適切に役割を分担するとともに、地方公共団体に関する制度の策定及び施策の実施に当って、地方公共団体の自主性及び自立性が十分に発揮されるようにしなければならない」とある。「住民に身近な行政はできる限り地方公共団体にゆだねることを基本」とするというくだりがポイントである(1)。

この「原理」に関して留意すべき第一点は、国と地方の事務配分のあり方にかかわる。すでに別稿で指摘したように(2)、日本の財政システムにおける地方財政支出の相対的な比率は国際的に見て極めて高い水準にある。一九九二年と数値はやや古いが、旧自治省作成資料で地方歳出の比率を算出すると、イギリス二六・九%、フランス二四・三%に対して日本は六五・五%となる。州・地方の合計をとったアメリカ、ドイツも、それぞれ五二・三%、五六・三%と日本に及ばず、地方のみの比率を見れば、アメリカ一九・一%、ドイツ二一・二%（一九九三年）でしかない。

アメリカはともかく西欧型福祉国家は、年金、保険や公的補助など主として現金給付によるナショナル・ミニマムの保障の多くは、直接中央政府が担当している。これに対して日本の場合、生活保障を含む「住民に身近な行政」である民生サービスのかなりの部分が地方によって担われている。そして、現在は地方への負担の転嫁を禁じる地方財政法の規定（第二条、第一〇条など）もあって、国の負担義務が課せられているものが多い。

ところが、「補完性の原理」が無限定に使われると、「住民に身近な行政」だからという理由で、中央政府の財政的都合によってその責任を放棄することすら合理化されてしまう。「補完性の原理」の積極的な意味は、住民のニーズにきめ細かく対応することが求められる公共サービスについては、その質的な内容について地方が自己決定権を有すべきことが規定されている、と理解すべきであろう。

日本のように、ナショナル・ミニマムの主要部分を地方に担当させているような事務配分の特質を持つ財政システムにあっては、中央政府は、その標準的水準はどうなるべきか、地方団体間に財政力格差があるなかでその財源をどのように保障すべきかについて他国に増して責任を持っていかねばならないと考えられる。

留意すべき第二点は、都道府県と市町村の関係について、「補完性の原理」が適用された場合の問題である。地方自治法では、都道府県は、市町村間の連絡調整や広域行政、高次機能を担うとされているが、県立高校や県立病院が「住民に身近な行政」でないとは言えない。むしろ、それらは「住民に身近な行政」なのであって、すべての民生サービスは「身近な行政」とも言える。だから、市町村でできる「身近な行政」は、都道府県ではなく、すべて基礎的自治体たる市町村で行うべきだという議論が生じる。実際、政令指定都市は、府県に依存せずかなりの地方行政を担っていることも手伝って、一方で、市町村合併を半ば強制的に実施し[3]、地方行政を自己完結的に行う市町村造成論が出現し、他方で都道府県不要論が台頭する。危機感を持った都道府県は、国から権限を奪ったり、府県合併によって、権力強化を狙う道州制論に傾いていく。

「住民に身近な行政」を「住民に身近な自治体」が実施してこそ、住民のニーズに応えたきめ細かいサービスを実施できるはずである。にもかかわらず、「補完性の原理」が無限定に使用され市町村規模が際限なく拡大することによって、基礎的自治体が、どんどん住民から遠い存在になっていくというパラドクスが生じているのである。

二 「歳入の自治論」の問題点

真の地方分権を実現するためには、「歳出の自治」だけでなく、「歳入の自治」が不可欠だという議論がある。形式上地方に予算の編成権があっても、補助金など国からの財源に依存している限りは、実質的な自治は実現できないというわけである。地域の実態に即した行政を行おうとしても、補助金や必置規制を通じた国の関与・介入によって実行できず、砂をかむような思いをしてきた地方団体側の立場はよく理解できる。

たしかに、地方自治の物質的基礎は、地方税を柱とする自主財源であり、地方税源の充実が不可欠の要件である。一般に「三割自治」からの脚却として語られてきたこの課題は、地方自治強化の古典的命題と言ってよい。地方分権推進委員会の数次にわたる勧告類やそれに基づく地方分権推進計画も、地方がより多く分担している事務配分のあり方と国がより多く取得している税源配分のあり方との間に存在する「基礎的不均衡」を是正することを目標としている。比較的最近では、二〇〇三年四月に片山総務大臣が経済財政諮問会議に提出した「三位一体改革の進め方について」、いわゆる片山プランが、その論点を継承している。(4) すなわち、そこでは、「国庫補助負担金の廃止を受けて、基幹税を、国から地方への税源移譲等により抜本的に拡充することが不可欠」とし、具体的には、「個人住民税の拡充・比例税化や地方消費税の拡充」を実施することなどにより、国税と地方税の比率を一対一にするべきだとしている。

このように「歳入の自治論」が地方自主財源の強化を意味するものとして主張されている限りは、問題の混乱はない。ところが、地方自主財源のみが「歳入の自治」を保障するという立場に立つと、国から交付される地方交付税も攻撃の対象とされることになる。補助金にせよ地方交付税にせよ、国から交付される財源を基本的に排除しようとする考え方を筆者は「自主財源主義」と呼んでいる。「歳入の自治論」は、地方交付税を原理的に否定する先鋭な「自主財源主義」の理論的な根拠となりうるのである。

先鋭な「自主財源主義」は、次のように主張する。すなわち、地方公共サービスは、地方団体ごとに受益と負担を一致すべきであり、住民獲得をめざす地方団体間の競争によって、換言すれば「足による投票」によって最適の公共サービス水準が達成される、と。しかし、基礎的自治体による公共サービスの守備範囲がそれほど広くなく、かつもっぱら財産課税の操作に限定されているアメリカの状況に、上のメカニズムがある程度当てはまるとしても、同じことが日本で現実化するとは限らない。

日本においては、国と地方の財政関係を規定している要素として以下の点が考慮されねばならない。すなわち、まず、国土の地勢的特徴によって片方向性の大きな地域間経済格差が存在している。また、先の国と地方の事務配分の特質は「融合型」と言われ、ナショナル・ミニマムの重要要素を含む公共サービスのうち、地方で担当している比率が非常に大きい。さらに、財政システムの公平性の一環として、地方税負担の均一性が、国民的目標とされ、明治期以来、長い期間をかけて実現されてきた経緯がある。これらの条件を満たしながら、地方が公共サービスのミニマム水準ないしスタンダード水準をすべての国民に保障しようとすれば、財源保障機能と一体となった財源調整機能を持つ地方財政調整制度が不可欠の財政システムとなる。日本における地方財政調整制度、これすなわち、地方交付税制度である。

福祉国家財政として地方交付税制度が不可欠であるならば、地方交付税の機能を認めながら地方交付税を改革していくことが必要である。何よりも地方交付税の補助金化傾向と言われた「交付税措置」の整理が求められる。公共サービスの素材的内容をイメージしながら財政需要を積み上げていく算定方法の良さは維持しつつ、その透明性を高め、地方の実情を反映させるよう努めねばならない。

地方税を柱としながら、使途を特定されない本来の地方交付税によって補完される財政システムを重視する立場を「一般財源主義」と呼ぶ。日本の諸条件に即して、地方自治を発展させるためには、原理的な「歳入の自治論」ないし「自主財源主義」ではなく、「一般財源主義」の立場に立つことが求められる。

三　歴史の教訓は二者択一ではない

地方税源の委譲か、国からの補助金、交付金類の増額かは、歴史上、しばしば財政をめぐる政治過程での重要な争点となった。明治政府の成立・発展期に有力な税源を国が独占したこと、その後内政充実の必要性が高まり、地方団体運営もある程度成熟化する一方、国の財政収入として所得課税が成長してきたことが歴史的な背景となっている。

第一次大戦ブームのもとで、物価とともに賃金水準が高騰すると、さなきだに困窮していた地方財政は、一層の苦境に立たされた。三重県度会郡に端を発した義務教育費国庫負担運動は、野火のように全国に広がり、この運動を直接のきっかけとして一九二一（大正一〇）年全国町村長会が発足する。

同国庫負担の増大による国家財政への悪影響をおそれた原内閣は、資力に応じた教育水準でよしとする「画一打破」を名目としながら教育費の大幅削減を図ろうとした。しかし、この企ては教育擁護、地方自治を掲げる教育界、ジャーナリズム、地方団体の猛反発を受けて挫折した(5)。

一九二二（大正一一）年政府の中心的諮問機関である臨時財政経済調査会が地租・営業税を地方に委譲するという、いわゆる両税委譲論を答申すると、国税の税源委譲の是非が国政の主要な争点となってくる。その後、両税委譲や地租委譲を主張したのは、政友会であり、政友本党、憲政会、民政党はそれに反対し、義務教育費国庫負担増額を代替政策として提起することになる。当時の義務教育費国庫負担金制度は、「資力薄弱」の町村に厚く配分される仕組みを持っており、地方財政調整制度が未形成のもとで、本来同制度が持つべき機能をある程度果たしていた。憲政会、民政党は税源委譲による財政力の格差拡大を批判し、義務教育費国庫負担金増額の優位性が強調された(6)。

しかし、両税委譲か義務教育費国庫負担かの対抗は、既成政党レベルでの政策論争としての政争的性格が濃厚なものであった。実際、当時政党に大きな影響力を行使した全国町村長会は、一九二〇年代において、両税委譲と義務教育費国庫負担増額の双方を要求していた。国が有力税源を独占している状況を両税委譲によって改善し、かつ残る財政力格差には、財政調整機能を備えた義務教育費国庫負担金増額で対応することを求めたのである。

両税委譲案は、田中義一政友会内閣のもとでも結局実現できなかった。それは、財政力格差の問題が致命傷となったからではなく、金解禁を目指して公債整理を行おうとする財政政策が優先された結果であった。両税委譲による地方税拡充は、中央政府の金解禁政策の犠牲となったのである。

昭和恐慌から日本経済が回復してくると、都市部と農村部の財政力格差の問題があらためて浮上してくる。ドイツ・ワイマールやイギリスの制度整備の影響を受けつつ、一九三二(昭和七)年には内務省の地方財政調整制度要綱案が発表され、同制度の具体化が模索される。その後、地方交付税の前身となる地方分与税制度(財政調整機能を持つのは配付税)が一九四〇(昭和一五)年に導入された。他方、両税委譲案以来、懸案となっていた地租、家屋税、営業収益税の地方委譲については、還付税というかたちで実現した。日中戦争以降総力戦体制の強化のもとで、地方財政規模は総体として圧縮されてはいくものの、政策の構図は、地方税源を充実させつつ地方財政調整制度を本格的に整備するものであった。

敗戦後、戦後改革の仕上げとしてシャウプ勧告に基づく税制改革が実施された。シャウプは、まったく新しく地方財政調整制度を考案したのではなく、「富裕地域と貧困地域で税負担と行政サービス利用可能性が異なるという不公平を減少させる」という配付税の目的を継承し、よりよい制度として「能力と必要性」の差を埋める地方財政平衡交付金制度を提唱した。

シャウプの議論で注目すべきなのは、富裕地域の自治体が低い税負担で高い行政水準を享受しながら、他方で貧困地域の自治体が「打撃的な税負担」で低い行政水準をなんとか維持している状態を「不当」で「望ましくない」としていることである。国からの交付金が収入の一定割合を占める同制度が地方自治に悪影響を及ぼさないか、シャウプは注意深い検討を行っている。すなわち、地方財政平衡交付金は「標準税率」を基準に算定されるが、各地方団体はそれ以上にも以下にも自由に税率を設定できる制度としておけばよい。各地方団体は、法定税に当たる「標準租税」に対して「標準税率」で課して得られるのと同額の収入をどのような方法であれ調達し、これに地方財政平衡交付金を加えて、「最低限度の行政サービス」を実施しなければならない。換言すれば、上記以外は、どのサービスをどの程度行うか、その財源をどのように調達するか、まったく自由に決定できるから地方自治は保障されると指摘しているのである。

以上の歴史的経緯が示すところは、日本の地方財政、地方自治の発展過程は、地方税源の充実が図られつつ、そこで生じる財政力格差を調整する機能が合わせて拡充・整備されてくる歴史だったということである。地方税源の充実と地方交付税の整備は二者択一の課題ではないのである。

おわりに

二〇〇四（平成一六）年度予算で三位一体の改革の第一歩が踏み出された。二〇〇六（平成一八）年度までの「改革と展望」の期間において、最大の焦点の一つとなるのは、義務教育費国庫負担金の一般財源化であろう。

この改革が成功裏に実施されるためには、国がすべての責任を放棄してはならない。そうではなく、国と地方が協力して義務教育の標準的水準はどの程度かをしっかりと把握し、その水準を保障するための財源措置に国が最終的に責任を持つシステムを構築することが必要である。

上の課題を実現するためには、標準行政の水準を定量的に把握することを前提として、これを地方財政計画に組み入れ、委譲された地方税と財政調整機能を具備した地方交付税で十全に財源保障するシステムを維持することが不可欠である。まさにナショナル・ミニマムの根幹をなす義務教育を地方の一般財源で基本的に実行する体制を整え、地方の創造性を最大限尊重しながら、同時にその十全な行政水準を全国的に確保していく制度設計の知恵が求められている。国の財源保障責任は、最終的には地方交付税制度を通じて発揮されるべきものであり、したがって、その基本理念は、原理的な「自主財源主義」ではなく「一般財源主義」に基づくべきものと考えられる。

注

(1) 「補完性の原理」の正当性について、ヨーロッパ地方自治憲章が引照される場合があるが、従来の国家が主権の一部を上へ移譲してEUを形成しつつあるEU独自の歴史性を強く帯びたものであり、十分に比較検討する必要がある。

(2) 金澤史男「日本型財政システムの形成と地方交付税改革論」(『都市問題』第九四巻第一号、二〇〇三年一月号)(編者注―本書第九章)。

(3) 市町村合併の問題点については、金澤史男「市町村合併促進と住民サービスのあり方―合併推進論の再検討―」(『都市問題』第九〇巻第三号、一九九九年三月)(編者注―本書第八章)参照。

(4) 三位一体の改革については、金澤史男「地方交付税改革論の問題点と改革の方向性」(『市政』六一〇号、二〇〇三年五月)、同「三位一体の改革と税源委譲・地方交付税のあり方」(『税経通信』第五九巻第三号、二〇〇四三月)参照。

(5) この間の経緯については、金澤史男『平等志向型』国家の租税構造」(『歴史学研究』第六五二号、一九九三年一一月)参照。

(6) 両税委譲論、当時の地方分権論については、金澤史男「両税委譲論展開過程の研究―一九二〇年代における経済政策の特質―」(『社会科学研究』第三六巻第一号、一九八四年七月)(編者注―金澤史男『近代日本地方財政史研究』日本経済評論社、二〇一〇年、第一章)、同「田中義一政友会内閣期における『地方分権論』の歴史的性格」(『社会科学研究』第三六巻第五号、一九八五年二月)(編者注―同書第二章)参照。

第一〇章　地方債許可制度の展開と協議制への転換

はじめに

日本の地方債は、第二次世界大戦前、戦後を通じて、中央政府の許可を要する制度のもとに長く置かれてきた。一般に地方債許可制度と呼ばれるしくみである。この地方債許可制度は、一九九九（平成一一）年七月に成立した地方分権一括法によって協議制に移行することとされ、その骨格が定められた。地方分権一括法自体は二〇〇〇年四月に施行されたが、地方債に関する協議制については、「財政構造改革の推進に関する特別措置法」（一九九七年）の健全化目標年度である二〇〇五（平成一七）年度までの間は従来の制度が維持されることになっていた。二〇〇〇〜二〇〇五年度は過渡期間あるいは準備期間とも位置づけられるが、そうした期間をへて、本年度からいよいよ協議制の運用が開始されつつある。

本稿の課題は、戦前・戦後の地方債許可制度の展開過程を概観し、新地方債制度発足の歴史的位置を確認することが第一である。さらに、第二には、新制度をめぐる主要な論点を整理しつつ、近年の日本財政の抱える課題と歴史的経緯に照らして新制度の持つ基本的性格を検討していきたい。

一　戦前期地方債制度の形成と国策への動員

近代日本の地方自治制は、一八七八（明治一一）年の三新法（府県会規制、郡区町村編制法、地方税規則）で初めて全国にわたる統一的制度が形作られる。これに先立ち、一八七六（明治九）年各区町村金穀公借共有物取扱土木起功規則が公布され、簡単ではあるが、起債に当たる「公借」に関する規定が設けられた。一八七九年、起債には議会の議決を要するとの布告が出される一方、町村については「旧慣」が尊重される建前がとられたこともあって、有力者からの借入れなどのかたちでの起債は比較的日常的に行われていた。

しかし、一八八八（明治二一）年四月に制定された市制町村制、および一八九〇（明治二三）年五月に制定された府県制では、府県、市町村に法人格を与える一方で、財源調達については、地方税への厳しい課税制限となられで、地方債許可制度が規定された。すなわち、起債目的について、旧債元金の償還、天災等のためにやむをえない支出、各団体の永久の利益となるべき支出に充てる場合に限定され、また償還について、据置期間三年以内、償還期間は三〇年以内とすることが定められた。そのうえで、新規起債、既発行債の増額・償還方法変更については、内務大臣および大蔵大臣の許可を要することとされた。軍事的自立を果たし殖産興業を支える財源を国に集中するための制度設計の一環であり、これが戦前期地方債許可制度の原型となる(1)。

その後、一八九九（明治三二）年改正府県制、一九一一（明治四四）年市制町村制全文改正、一九二六年、二九年の地方制度改正などで、起債制限の緩和が図られる。しかし、改正の多くは、内務大臣の許認可権限を府県知事に移管するものにとどまっており、しかも戦前期の府県知事は一貫して官選であった。

国は、地方債許可制度を活用して地方財政総額の統制を図った。日清・日露戦争期には徹底した地方財政緊縮が実行された。また、貿易収支の入超体質を脱却できない条件のもとで、外貨危機の回避が求められた日露戦後期や、金解禁をめざした一九二〇年代には、地方債抑制方針が断続的にとられた。

このように地方債許可制度のもとで、起債抑制方針が頻繁に発せられたのであるが、にもかかわらず、興味深いことに地方債の発行残高は、明治期から日中戦争勃発までの期間、ほぼ一貫して増大していく。一九二〇年代半ばまでの時期について、その原因をみると、第一に、税源が国税に集中するなかで、地方が学校、道路、病院など住民に身近で近代化に不可欠なインフラ整備を担当しており、国も起債による財源調達を認めざるをえなかったこと、第二に、入超体質が継続するなかで、外資導入のために大都市における公営事業（電気軌道、電気供給、上下水道など）の建設や買収による公営化に要する巨額の地方外債発行を後押ししたことを挙げることができる。地方債許可制度は、地方債発行を最少限にとどめる役割を果たしたというよりは、膨張トレンドをかなりの程度容認しつつ、その圧力を国策目的に沿ってコントロールする手段として機能したと言えるだろう(2)。

地方歳出の膨張圧力を背景として、一九二〇年代には地方債市場が成立していた。しかし、激しい資金偏在のもとで、ほとんどすべての地方団体が高金利など不利な条件での資金調達を余儀なくされた。たとえば道府県の場合、国債平均発行利率六分強に対して、民間金融機関引受、市場公募によるものは、その九割近くが利率七分以上であった。限界的財政需要に対応して短期資金を取り入れて高利地方債に運用する神田銀行、藤本ビル・ブローカー銀行のような金融機関も現れた。

全般的な高利債の負担が地方財政を圧迫した。また、第一次大戦後の反動恐慌、震災恐慌、金融恐慌と続くなかで、地方銀行、都市二・三流銀行からの資金調達は不安定性を増していった。さらに、金融恐慌を画期として地方銀行、都市二・三流銀行の多くが破綻すると、国民の零細貯蓄は郵便貯金、財閥系銀行へとシフトしていった。巨額の郵貯を抱えた大蔵省預金部は、地方資金のかたちで資金の地方還元に乗り出していった。預金部が設置されたのは、一九二五（大正一四）年であり、そのもとに資金運用委員会が置かれるなどの改革が行われ、その後の地方資金増大の制度的基盤となった。地方資金の運用先は、地方団体と各種組合に分かれており、これが、戦後の財政投融資計画の原型となるのである。

地方資金の政策目的は、まず高利債の借換から始まった。次に一九二〇年代後半には、金解禁をめざす緊縮政策のもとで、都市失業対策事業への融資が重要施策となった。さらに、一九三〇年代の高橋財政期には、農村不況対策として時局匡救土木事業への融資が全国規模で展開される。こうした地方資金の全国的な撒布によって、資金偏在に基く地方債の高利率体質はしだいに改善されていった。

以上のように、預金部地方資金による政策金融の展開は、地方債の高金利体質の改善と引き換えに、地方財政が国策に動員されていく構造の形成過程でもあった。また、国策の内容に注目すると、浜口内閣期の失業対策事業への融資は、国の一般会計の健全財政主義の裏面で財投・地方財政が借入金で生産基盤を整備していった高度成長期の政策スキームの原型をなすものと言える。さらに、管理通貨制の下で展開された時局匡救土木事業への融資は、石油危機以降、地方財政を動員して本格的に展開されていくフィスカル・ポリシーの原型をなすものと位置づけることができる。

これに対して、公営事業を中心とする大都市地方債は、震災復興事業債の一部を除いて、預金部資金の対象となる割合が低く、別の問題が生じていた。一九二〇年代には大都市地方債についても有力銀行による引受シンジケート団が組織され、金融恐慌以降は、大都市シンジケート団についても財閥系銀行の覇権が確立する。最も財政力のある東京市の場合でも、一九二七年時点で市債収入が約半分を占める市債依存体質のもとで、一九二〇年代半ばには、鈴木武雄の言葉を借りれば、「銀行資本が絶大の威力を振ひ」、「この沈黙の支配に甘んじなければならない」状況になっていた(3)。地方債の手放しの市場化がどこに帰着するか、歴史的経験が示している。

地方債を通じた国策への地方への動員、財閥系銀行の都市自治体支配が強まるなかで、一九三〇年代には、地方の財政自主権の確立をめざす立場から「地方団体中央金庫」構想や「地方債特殊機関」構想が打ち出される。しかし、日中戦争勃発とともに国債が地方債を圧倒し、戦時体制へ突入するとともに、そうした構想も立ち消えとなっていった。

二　地方債許可制度の継続と戦後日本型財政システムの確立

敗戦後、占領期の地方債許可制度については、日本政府の維持論と占領軍司令部の自由化論及びそれを具体化しようとする流れとの対抗を軸に展開する。(4) 地方自治法制定へ向けて一九四六（昭和二一）年一〇月に設置された地方制度調査会の論議では、大蔵大臣の起債許可権限を削除する内務省案とそれに反駁する大蔵省側の対立が見られる。しかし、いずれも地方債許可制度自体を維持しようとする点では一致していた。他方、司令部は、「起債の許可の基準を設け、健全財政の団体には必ず許可すること」という意見を提出していた。

それでも一九四七年四月に公布された当初の地方自治法では、許可制度が本則に定められていた。政府原案では、第二五〇条の本則で「政令の定めるところにより、所轄行政庁の許可を受けなければならない」とし、但し書きで「前項の規定による内務大臣の許可については、内務大臣は、政令の定めるところにより、大蔵大臣に協議するものとする」とされた。しかし、国会審議の過程で、大蔵大臣、内務大臣等の監督権の規定を削除するよう求めた司令部の意向に沿って、但し書き部分が削除されたものの、本則部分は残ることになった。

地方自治法の施行とともに、司令部は同法の問題点を精査し、さらなる改善を求めてきた。その一つが第二五〇条を改正し地方債の起債自由化を明文化することであった。これに対し、日本政府側は、現在の資金計画を遂行するうえで、中央、地方を通じて当分の間、資金の流通を統制する必要があることを強く主張した。結局、第二五〇条に「当分の間」を挿入し、第二二六条に「普通地方公共団体は、地方債を起こすについては、所轄行政庁の許可を必要としない。ただし、第二五〇条の規定の適用はあるものとする」という一項目が加えられるという線で妥協が図られることになった。

一九四九年のシャウプ勧告では、負債利子の水準によって一定のガイドライン（過去三カ年の平均発行予算の一定比率、おそらく一〇ないし一五％）を設け、それ以内であれば原則自由とすべきことが主張された。さらに、神戸委員会と呼ばれた地方行政調査委員会議が一九五〇年一二月に出した「行政事務再配分に関する勧告」では、「地方債の発行は原則として地方公共団体の自由とし、現行の制限はすべて廃止すること」を勧告したうえで、次のような改革方向を提示していた。すなわち、第一に、シャウプ勧告と同様、公債償還費の歳出割合を基準に限度を設定し、それまでは起債自由とすること、第二に、性質上地方債に財源を求めることが不適当なものを限定的に列挙すること、第三に、地方債資金の供給を預金部資金のみに限定せず、広く金融機関、個人等から公募しうる途を開くこと、第四に、財政力の弱い地方自治体のために地方自治体による全国組織としての金庫を創設すること、第五に、地方債に関する統一的法律を設けることである。

しかし、地方自治法の規定をめぐる司令部の圧力、シャウプ勧告、地方行政調査委員会議と連なる地方の起債自由を実効あるものにしようとする方向は、当該期には、ついに実現しなかった(5)。政府の政策的判断のあり様は、地方行政調査委員会議の第二次勧告（一九五一年九月）にも反映されている。この勧告では、理念的には、「地方財政制度のうちで、もっとも中央集権的であり権力的統制の色彩が強いのは、地方債制度であろう」と断じながら、他方で「わが国の経済情勢からして、ここ二、三年のうちに資金の蓄積が著しく豊かになり、地方債の発行が自由になることは予想できない。従って、地方債の発行総額が毎年度ごとに定められるとか、その資金の大部分を預金部資金に仰ぐとかの現在の制約は依然として当分の間存続することとなると思われる」と述べ、さしあたりの改善策という位置づけで審査や許可のあり方について詳細な勧告を行っているのである。

この当面の制度改善のための勧告に基いて策定されたのが一九五一年二月に閣議決定された「地方行政調査委員会議の地方債に関する勧告に対する措置要綱」であった(6)。そこでは、地方債許可方針を定め、当該年度の地方債発行総額を定め、一般公共事業、災害復旧事業、単独事業に区分し、前二者については事業別審査を廃止することなどが決定され、一九五一年度予算から適用されることとなった。この「要綱」は、二〇〇五年度まで地方債に関する措置の根拠となっていたものである。

地方債計画自体は一九四八(昭和二三)年度から策定されていたが、現行の編成方式の直接の原型は、一九五一年度から開始された方式なのである。さらに、一九五一年六月頃から見返資金、資金運用部資金、政府保証債等の原資を糾合し、政策金融として一般会計から切り離して統合的に運用しようとする動きが強まる(7)。それは一九五二年度の過渡的形式をへて一九五三年度に「財政投融資計画」の形成へと至るわけだが、そのなかに地方債計画が組み込まれることになったのである。

占領期に地方自治確立をめざして、一連の地方自治財政制度改革が実施されたにもかかわらず、地方債許可制度が継続した事情は、概略以上のとおりである。それは一面で戦前期に形成された制度の根強さに基づく連続性を示すとともに、他面で、当時の地方自治体が絶対的な資金不足に陥るなかで、形式的な自由よりも政府による後見的な財源保障のしくみを求めた結果でもあった。ここに国と地方の予算編成に当たって、財政投融資計画、地方債計画が構造的に組み込まれるという戦後日本型財政システムの確立を見ることができる。

ところで、一九五〇年代に入ると、戦後復興、福祉国家理念の確立を背景に地方財政需要が激増するなかで、赤字地方団体が続出してきた。政府は行政改革を推進する一方、一九五五年一二月地方財政再建促進特別措置法を制定し、実質赤字を出した地方自治体に対して再建債発行と引き換えに財政運営を直接に統制しうるしくみを作り上げた(8)。さらに六〇年四月の同法改正と七月の同法施行令改正によって、実質赤字が一定水準(実質赤字額を普通交付税額と標準税収入額の合算額で除した数値が府県五％、市町村二〇％）以上の地方自治体は財政再建計画に基づく財政再建を実行しなければ、公営企業債、災害復旧事業債以外の地方債を発行できないこととした。ここに戦後地方債許可制度と連携した財政再建法制が整備されることになった。

三　公共投資偏重型財政システムを支えた地方債許可制度

戦後地方債制度は、戦後日本型財政システムの一環に組み込まれて高度経済成長を支えた。国の一般会計が健全財政主義を基本とするもとでも、地方債が社会資本整備や地域開発を担い資本の強蓄積を財政面から支える役割を果たした。もっとも、地方債の景気調整機能は、政策担当者の視点からも否定されていた(9)。高度成長期に景気調整的機能を担ったのは、不況期に中小企業融資などを増加させて下支えをした財政投融資であった。

戦後日本型財政システムは、高度成長を促進するうえで良いパフォーマンスを示したが、成長至上主義自体を批判して、環境、福祉、教育を重視する志向が強まり、革新自治体の登場を促すことになった。そして一九七〇年代には国策に従属するシステムへの異議を申し立て、財政自主権を求める動きが表面化してくる。保育所に対する補助金制度における超過負担の解消を求めた摂津訴訟がその代表である。地方債に関しては、起債自由化を求める訴訟を準備した美濃部東京都政の動きを、そこに位置づけることができる(10)。

ところが、石油危機を契機とする不況局面への移行によって地方財政問題をめぐる状況は一変することになった。戦後初のマイナス成長を記録するなかで、不況脱出が至上命題となり、一九七五（昭和五〇）年から国債大量発行による不況対策が展開されることになった。補助金増大と財投（預金部地方資金）拡大による地方債増発によって地方が公共事業を担当するという高橋財政期の政策構図が四〇余年後に復活することになった。高橋財政期には国の財政は軍事費の支出に多端であり、時局匡救事業と呼ばれた公共事業はもっぱら地方が担った。そうした歴史的前提のもとで、戦後の国と地方の事務配分では公共事業の約七～八割を地方が担当する構造が定着していたため、石油危機後の不況対策においても、補助金と地方債を供給して地方に公共事業を実施させる方式がとられたのである。

現実に地方財政がフィスカル・ポリシーに動員されるなかで、自治省側の地方債の位置づけも転換する。経済の安定化のために、「調整、誘導の手段として最も有効なものの一つとして公共投資の財源である地方債発行量の調整であり、地方債の許可制度を国の景気政策の一環として運用することは憲法の『地方自治の本旨』に反するものではない[11]」と表明されるに至ったのである。

一九七八年三月の「地方債許可手続き等の改善について」も、地方財政をフィスカル・ポリシーに動員するしくみを迅速に機能させるための改正であった。そこでは、都道府県・指定都市の一般単独事業債のほとんどを一件審査方式から枠配分方式に転換するとともに、一般市町村分の補助裏債の許可手続きの簡素化が図られた。ここで補助裏債とは、市町村が上位団体からの補助金等を受けて行う事業の地方負担の財源として発行する地方債のことである。この時期には、国は、建設国債を財源として地方への補助金を増やし、地方実施の公共事業を拡大させていたが、補助事業の裏負担を地方債で調達させる方式の採用へと誘導していったのである。

かくて、好況・高成長という経済条件下における、成長優先か、環境・教育・福祉重視かという対抗軸のもとで生成してきた後見的財政統制か、財政自主権かという争点は、しだいに希薄化していった。新たな争点は、不況・低成長という経済条件下における、国とのパイプを活用した財政支援と不況対策か、自主的財政再建かという対抗軸に移行していった。そして、大勢は、抽象的な自由・自主よりも、補助金と政府資金融通を享受しうる現実的路線へと傾斜していった。こうして、後見的性格の強い戦後日本型財政システムは、日本経済の抱える課題に応じて政策目的を転換させながらも、基本的スキームを承継していくことになったのである。

財政支出が、その支出目的だけでなく有効需要として意識され、景気対策として動員されるようになることを財政の「二重化」と呼ぶことがある。高橋財政期の歴史的経験をへて、石油危機以降、財政の「二重化」があらためて進行する。さらに、二次の石油危機を減量経営などで乗り切った日本経済は、加工組立型工業製品の集中豪雨的な輸出で世界市場を席巻し、その結果、欧米との貿易摩擦を激化させていった。サミットやG5、G7において、日本は世界経済を牽引する機関車としての役割、あるいは貿易収支の均衡を目標とする内需拡大を強く要請された。大量国債発行と地方債増大に支えられた公共事業の展開は、国内均衡をめざす不況対策としてだけでなく、対外均衡、貿易摩擦の緩和をめざす対外経済政策としても位置づけられることになったのである。これを筆者は、財政の「三重化」と呼んでいる。財政の「二重化」、さらに「三重化」が進むなかで、国の概算要求基準や地方財政計画の投資的経費優遇政策、補助金・地方交付税・地方債を活用した誘導政策などによって、公共投資偏重型財政システムが形成されていった。[12]

財政の「三重化」は、一九八五年プラザ合意以降、いっそう顕著になり、公共事業の高水準を維持する政策が構造化していく。同時に、国は、世上で批判の強い補助金について、一九八五年から高率補助率を引き下げて補助金削減を行い、その補てん財源としての地方債の増発を活用した。他方、公共事業関係補助金については、補助率の引下げの一方、裏負担の財源の起債充当率を高めて公共事業総量の確保に努めた。国は、地方債増発のかたちで地方に負担を転嫁しながら、公共事業総量の確保と財政再建の一石二鳥を狙ったのである。

それだけでなく、バブル景気のもとで都市部を中心に地方税収が顕著な伸びを示すと、単独事業を積極的に奨励し、起債充当率を高める手法で公共事業の増大を誘導した。他方、財政力の弱い過疎地や中山間地域に対しては、過疎債や地域総合整備事業債などの起債を特別に認めて、その元利償還金の過半を地方交付税の基準財政需要額に算入して補てんする交付税措置を多用するようになった。公共投資偏重型財政システムの誘導手段は、当初の補助金中心から地方債、地方交付税中心へと変容していった。

財政の「三重化」の行き着いた先は、日米構造協議に基づいて策定された公共投資基本計画であった。一九九〇年度からの一〇カ年計画であり、当初四三〇兆円、のちに上方修正されて六三〇兆円となった。年間六〇兆円以上という規模が尋常でないことは、毎年国債発行が三〇兆円をガイドラインに決定されていることに照らしてみると想像がつくであろう。財政状況を無視したこの破滅的な規模が、国会の審議もなく、ましてや地方との相談もなく、他国への公約として決まってしまうところに、財政民主主義の基本問題の一つがある。この計画は、今日の地方財政危機の直接の原因をなしているのであるが、地方自治体の財政関係者にも、あまり知られていないのは驚くばかりである。

いずれにせよ、日本の事務配分においては、公共事業の約八割を地方が担っているのであるから、国は公共投資偏重型財政システムをフル動員して地方に公共事業を消化させようと努めた。アメリカは、巨額の公共投資による日本経済の再生を警戒し、生活関連投資の比率増大という仕掛けをすることを忘れなかった。アメリカの脅威にならないという意味での「ムダな公共事業」である下水道、都市公園、産業廃棄物処分場が重点項目とされ、それこそ湯水のように予算化されていった。

プラザ合意以降の民活型成長路線のもとで、民間金融機関は大都市再開発やリゾート開発に投資先を求めた。しかし、ほとんどが失敗に帰し、バブル崩壊後には地域振興策から手を引いてもっぱら国債に運用先を求めた。信用クランチ状態になった地域経済は、公共投資基本計画下の公共事業が下支えするかたちになった。また、地方自治体が主として出資する第三セクターが簇生し観光事業などの地域振興策を牽引したが、採算を度外視した事業も多く、債務を累積させていった。

長期にわたって公共投資偏重型財政システムがフル回転した結果は、国債とならんで地方債の巨額な累積という現実であった。

四　協議制への移行と破綻法則

一九九五（平成七）年の地方分権推進法の制定から本格化する分権化の方向は、福祉国家の成熟、少子・高齢化の進展のもとで世界的潮流の一環をなしていた。加えて日本の場合、一九八〇年代から国の補助金削減と並行して人的福祉サービスをはじめとする事務事業の地方移譲が進むなかで、国の地方に対する関与・介入に対して、従来の保守―革新という政治的対立軸を超えて反発する声が高まりつつあった。

もっとも、分権改革が国政の重要課題になった背景には、国や財界側の意向もあった。国は、大量国債発行を継続した結果、財政再建が常に課題となっていた。一九九〇年代初頭に行革審は、国＝対外政策、地方＝対内政策という事務配分原則を提唱し、対外政策に国が専念できるよう、対内政策に関しては、より「身軽」になることを求めていた。財界側は、この見直しを国の規制緩和の一環と位置づけていた。

実際、橋本内閣のもとでは分権化を国の財政再建を阻害しない範囲にとどめるという枠組みが設定され、小泉内閣下では、分権化を国の財政再建の手段として積極的に活用しようとする意図が見え隠れするようになった。そのことは、三位一体の改革において、税源移譲を目標とする財政的分権の推進勢力と、補助金・地方交付税の削減を優先しようとする勢力との対抗に端的に示された[13]。

注目すべきなのは、公共事業関係費についても財政支出削減の対象になっていることである。すでに一九九〇年代後半からいわゆる時のアセスメントや事前評価制度の導入などの見直しが実施され、三位一体の改革では約二兆円の公共事業関係補助金のスリム化が実行された。公共事業の推進から見直し・削減への転換は、次のような要因によるものであった。一九八〇年代から九〇年代にかけて日本経済が成長しようとする際の最大の障害は、欧米との貿易摩擦であった。これを緩和するために、内需拡大策の大々的展開が求められたのである。しかし、その間、ビッグビジネスは、資本蓄積の基盤を海外に求め、海外現地生産比率を急速に高めていった。国内に生産拠点があることを前提とした「構造調整」を行う必要性は減退し、世界から資金を集めつつ、非貿易財や資金を「官から民へ」と転換させる「構造改革」がより重要となってきたのである[14]。対外公約としての「公共投資基本計画」も二〇〇〇年には終了している。国がしゃにむに公共事業を地方に消化させ、そのために発行する地方債の債務保証をする必要性は弱まったとの判断がされつつある。事実、地方債計画に占める政府資金・公庫資金の比率は、一九九六年度の六〇・五％から、二〇〇四年度以降四〇％台へと急減している。地方債制度の転換を検討するに際しては、こうした国の政策転換が進展していることを確認しておく必要がある。

さて、地方分権推進委員会の勧告に基いて一九九八年五月閣議決定された「地方分権推進計画」は、地方債について、次のように述べている。すなわち「地方債許可制度については、地方公共団体の自主性をより高める観点に立って廃止し、地方債の円滑な発行の確保、地方財源の保障、地方財政の健全性の確保等を図る観点から、地方公共団体は国または都道府県との協議を行うこと」とする、とされている。ここでは地方の自主性を高める分権改革であるという位置づけと同時に、地方財源の確保や地方財政の健全性を確保するために、協議制によって国の関与を維持する立場が表明されている。

二〇〇六年度からの施行に際して、具体化されつつある協議制について、制度上注目されるのは、次の三点であろう[15]。第一は、協議に当たってガイドラインとなる「同意等基準」（質的基準）と地方債計画（量的基準）が法定化されたことである。同意等基準の「基本的事項について」は、従来、先述の「地方行政調査委員会議の地方債に関する勧告に対する措置要綱」（一九五一年二月）に基いて策定されていた「地方債許可方針」に相当する。

第二は、協議の結果、同意、許可を得た地方債は財政融資資金などの公的資金を借り入れることができるとされた点である。逆に言うと、同意を得ない地方債は公的資金の供給を受けることができない。一方、協議に当たっては、地方債計画に計上された額の地方債について、国として資金を確保する責務を有すると認識されていること、国が地方債の協議・同意を行うに当たり、地方債計画（事業別計画額）が運用上の基準となること、地方債の総量に関する年間計画であり、個別の地方公共団体が地方債を発行する上での指針となること、とされている。これを踏まえると、同制度は、事業別計画額を起債充当率で調整しつつ、同意した部分については、従前通り後見的に責任を持とうというのが、総務省の方針と思われる。

第三は、同意による発行と地方財政再建促進特別措置法の定める起債制限の間に、許可を受けるべき段階を設けていることである。この再建法では、起債制限を受ける赤字比率（標準財政規模に対する赤字額）は都道府県五％、市町村二〇％だが、許可団体となる水準をそれぞれ二・五％、一〇％と半分にしてある。さらに実質公債費比率が用いられる。これは、実質的な公債費に費やした一般財源の額が標準財政規模に占める割合のことであり、同比率が一八％以上が許可団体となる。ただし、一八％以上であっても、二五％未満であれば、公債費負担適正化計画の内容が適当なものであることを条件として、原則的に協議団体と同様の基準が適用されるとしている。

以上のように、政府の制度設計は、同意債と非同意債を公的資金の対象か対象外かで実質的にも区別し、これをテコとして、地方債の大部分について国の予算、財投計画、地方債計画で整合性あるものにしてきた戦後日本型財政システムの骨格を維持しようとするものと評価できる。財政破綻への対応についても、再建法との連携によって早期是正のしくみを用意しようとしている。「地方分権推進計画」の言葉を引けば、「地方債全体の信用を維持し、民間引受の地方債のリスク・ウエイトがゼロとされてきた現行の位置づけを維持していくため」の制度設計と言える。

これに対して、ありうべき批判的論点の一つは、同意等基準や地方債許可方針の法定化、実質公債費比率の導入などによって、制度の透明性が強まった側面がある一方、むしろ国の関与の度合いと根拠を強めてしまう危険がないかという点である。新制度では、起債充当率が重要な誘導手段となる可能性がある。起債充当率やそのものとなる地方債計画自体に地方の意見を十分反映させるしくみがこれまで以上に重要となろう。

第二には、地方債計画に基く資金確保を国の責務とした国の後見的制度の維持は、財政力の弱い地方自治体をサポートする視点からしても一概に否定すべきではないが、問題は、公共債市場や公共サービスの供給方式自体に市場原理主義の浸透が進むなかで、現実に財源保障が可能かという点である。これを地方自治体側から見れば、起債で調達した方が適切である財政需要に対して、特に弱小団体にとっては起債が不可能となるおそれが生じよう。財政力の強い地方自治体も、有力金融機関との綱引きが常態化する。

他方、第二の点を投資家の視点から見れば、公共債にも市場原理が浸透するなかで、すべての地方債についてリスク・ウエイトがゼロなどということはありえない以上、むしろ客観的指標に基いて格付けし、選別の基準を明示してもらわねば困るということになる。総務相の私的懇談会「地方分権二一世紀ビジョン懇談会」などを通して浮上している破綻法制の検討も、投資家の視点に関係している。すなわち、少なからぬ地方自治体が、財政再建団体化することを前提として、そこで顕在化する不良債権としての地方債が金融市場全般に悪影響を与えないようにするには、どうすればよいかという問題意識である。[16] デフォルトが生じたら一般金融市場から隔離して、精算してリセットするという民間のルールを地方自治体にも適用できないかというわけである。この点は、地方自治体は民間会社と性格が異なっており、精算手続きの策定に力を注ぐより、実効ある早期是正措置を考案すべきであるとの正論が有力となっている。

結びに代えて

ひたすら地方の自己責任を喧伝して自治体精算を含む破綻法制の必要性を強調したり、早期是正のための権力的介入を求める声も側聞するが、そこに分権改革の精神を感じ取ることはできない。地方自治体の財政破綻を織り込んでいながら、その責任については、もっぱら地方のモラル・ハザードにあるとしているかのごとくである。しかし、与えられた紙幅の多くを歴史的経緯に割いたのは、財政の「三重化」が進むなかで、地方債が国策の遂行に徹底的に利用され、地方財政がフル動員されたこと、それが機能する制度形成という歴史的前提があったことを示すためであった。誤解を恐れずに言えば、地方の頭越しに政府がプラザ合意で約束した、あるいは日米構造協議で約束した、アメリカの思惑に乗った「ムダな公共事業」の消化に地方は全力で協力してきたのである。ことの善し悪しはともかく、それこそが、日本経済社会の対外的対内的危機を乗り切るための「構造調整」と呼称される戦略だったのである。ところが、危機を乗り切ったかに見える状況を迎え、政策の力点をシフトさせたからと言って、いきなり地方のモラル・ハザードとして非難するようなやり方が誠実な態度と言えるだろうか。プラザ合意以降に構造化してしまった公共投資偏重型財政システムをどのように転換していくのか、国と地方が反省と責任を共有しながら、ソフトランディングの方策をともに模索していくべきではないのか。国が、地方の自己責任云々を要求できるのは、政治的減税を繰り返した国税収入の再構築を含めて、そうした自らの責任を果たしてのちのことであろう。

地方債許可制度について言えば、明治地方自治制以来続いてきた制度の変更という点で、歴史的に画期的な変革であることはたしかである。しかし、戦後日本型財政システムの骨格を継承しようとする側面も強く、漸進的性格を持った改革と評価できる。漸進的とする根拠の一つは、地方財政計画を通じた国の財源保障機能が維持されようとしている点だが、財投をはじめ公共部門の新自由主義的改革が進展するなかで、実効性を担保しえるか不透明であることも否定できない。

本稿で検討した歴史的経験に照らしてみれば、金融市場からの資金調達に関して、公的資金依存、有力金融機関依存一辺倒ではなく、自前の地方共同金庫を設立し、たとえ市場化が現在以上に進展したとしても経済的対抗力を保持する手段として、この構想を真剣に検討すべきではないか[17]。また、資金の総量が確保されたとしても、国策に根こそぎ動員されるしくみが温存されては、地方の自己決定権は拡大しない。繰り返しになるが、同意等基準、地方債計画そのものに地方の意見を反映させるしくみが、これまで以上に重要となろう。協議制が分権改革としての内実を備えるためには、これらの条件を満たすことが必要不可欠と考えられる。

注

（1）戦前期の地方債制度については、藤田武夫の一連の業績のほか、池上岳彦「地方債制度の歴史的沿革」（地方債問題研究会・全逓信労働組合『郵貯・簡保資金と地方債』一九八七年）を参照。

（2）戦前期地方債および預金部地方資金に関しては、金澤史男「預金部地方資金と地方財政―一九二〇～三〇年代における国と地方の財政金融関係―」（『社会科学研究』第三七巻第三号、第六号、一九八五年一〇月、八六年三月）（編者注―金澤史男『近代日本地方財政史研究』日本経済評論社、二〇一〇年、第三章）、同「現代政策金融成立期の地方債累積と再論」（『経済学論纂』（中央大学）第三六巻第四号、一九九五年一〇月）（編者注―同書第七章）参照。

（3）鈴木武雄「東京市と市債シンヂケート銀行団―東京市債引受に関する最近の問題に就て―」（『都市問題』第五巻第六号、一九二七年一二月）。

（4）以下の経緯は、大蔵省財政史室編『昭和財政史 終戦から講和まで』第一六巻、地方財政（林健久執筆）四八～六九頁。

（5）一九五四年に制定された地方公営企業法においても「企業債は行政府の許可を必要としない」とされる一方、地方自治法第二五〇条の規定が適用されるとして、「当分の間」許可制度のもとに置かれることになった。

（6）地方資金研究会編『新訂体系地方債』㈶大蔵財務協会、一九七二年、三三～三四頁。

（7）大蔵省財政史室編『昭和財政史 昭和二七―四八年度』第八巻、財政投融資、第一章（金澤史男執筆）参照。

(8) 藤田武夫『現代日本地方財政史(中巻)』日本評論社、一九七八年、第二章、参照。

(9) 山本成美(執筆時、自治省財政局地方債課長)「地方債と民間資金」(『都市問題』第五九巻第二号、一九六八年二月)。なお、これを引用した池上岳彦「起債自由化論争の展開」(同、第八〇巻第八号、一九八九年八月)参照。池上論文は、地方債をフィスカル・ポリシーに活用するという一九七〇年代との対比で同論文を引照している。なお、野呂昭朗「地方債制度と起債の自由化」(『都市問題』第七二巻第三号、一九八一年三月)も参照。

(10) 東京都起債訴訟問題について詳しくは、池上、前掲稿および日比野登『財政戦争の検証』第一書林、一九八七年を参照。

(11) 津田正(執筆時、自治省財政局地方債課長)「地方債許可制度の諸問題」(『地方財政』第一七巻第一号、一九七八年一月)。なお、池上、前掲稿を参照。

(12) この点、詳しくは、金澤史男編『現代の公共事業』日本経済評論社、二〇〇二年、序章、第一章(編者注—本書第三章)、参照。

(13) 三位一体の改革については、金澤史男「三位一体の改革から分権改革のサード・ステージへ」(『地方財政』第四五巻第二号、二〇〇六年二月)(編者注—本書終章)参照。

(14) 「構造調整」から「構造改革」への政策転換については、金澤史男「日本における福祉国家財政の再編—グローバル化と構造改革—」(林健久・加藤榮一・金澤史男・持田信樹編『グローバル化と福祉国家財政の再編』東京大学出版会、二〇〇四年)(編者注—本書第四章)参照。

(15) 制度改正の内容については、佐藤健「地方債協議制度について—地方財政法施行令の改正内容の解説を中心に—」(『地方財政』第四五巻第二号、二〇〇六年二月)、平嶋彰英「地方債協議制度への移行と平成一八年度地方債同意等基準について」(『地方財政』第四五巻第六号、二〇〇六年六月)を参照。論点については、稲生信男「地方債制度の改革動向と今後の対応—自治体は「市場」とどのように向き合うか」(『地方財務』第六二四号、二〇〇六年六月)を参照。

(16) たとえば、足立伸「地方自治体破綻法制の展望—地方自治体債務の再構成のための法制度の必要性—」(財務省財務総合政策研究所ディスカッション・ペーパー No. 06A-03)参照。

(17) 地方行政調査委員会議の「主要専門調査員報告書」として「地方債起債制度の改善について」を寄せた鈴木武雄は、「金融機関としての預金部の立場と起債制度の簡素化および迅速化の要請とを調整するために、地方債の許可主体たる地方財政委員会の管掌下に地方団体中央金庫の如き公法人を新設し、預金部の資金運用計画において地方資金として融資すべき総額がきまった場合、これを一括この金庫に融資する」との構想を提示している(財)神戸都市問題研究所他編『戦後地方行財政資料 第一巻』勁草書房、一九八四年、所収)。

終章　三位一体の改革から分権改革のサード・ステージへ

はじめに

二〇〇四（平成一六）年度から二〇〇六（平成一八）年度を「改革と展望」の時期とする三位一体の改革は、二〇〇五（平成一七）年一一月三〇日の政府・与党合意で国庫補助負担金改革と税源移譲の規模と内容が固まり、二〇〇六年度予算政府原案で地方交付税等総額の抑制水準が決まり、一応の決着をみることになった。

小論の課題の第一は、こうした三位一体の改革を総括し、成果と問題点を明らかにすることである。第二の課題は、第一を踏まえて、分権改革における今後の展望を探ることである。上述の政府・与党合意が「地方分権に向けた改革に終わりはない」としたこともあり、昨今、「三位一体の改革のセカンド・ステージ」とか「第二期三位一体の改革」とかのフレーズによく出くわす[1]。しかし、小論では、そうした表現は使わない。その含意は本論で述べることとしよう。

一　三位一体の改革――着地への経緯

二〇〇四年四月に地方分権一括法が施行された。国と地方を対等関係とし地方でできることは地方でやる原則を明記したこと、機関委任事務を廃止したこと、地方債の許可制度から事前協議制へ移行したことなど、戦後地方自治改革に匹敵する改革が実施された。

ただし、地方税財源の充実に関しては課題として残された。この課題を担うことになったのが三位一体の改革であった。その際、国と地方を通じて長期債務が累積し、とりわけ国の財政赤字は先進国ワーストワンになり、構造改革政策が本格化するという条件のもとで政策形成が進んだため、地方税財源の充実策は独特のかたちをとることになった。

地方分権一括法施行以降、財政制度等審議会、地方分権改革推進会議や財務省サイドからは、「地方の自立論」が提起され、地方交付税など国から地方への財政移転を本格的に削減すべきことが強調された。一方、地方団体や総務省サイドは、国から地方への税源移譲による自主財源の強化こそが改革の柱になるべきだと主張した。地方交付税、国庫補助負担金の削減額の確定が先決だとする財務省サイドと、税源移譲を同時に進めるべきだとする総務省サイドの綱引きの結果として、二〇〇三（平成一五）年六月の「骨太方針」が定まってくる。そこでは、四兆円規模の国庫補助負担金の削減と三兆円の税源移譲および地方交付税について、財源保障機能の縮小などの見直しの三者を一体として推進する政策スキームが決定された。

要するに、三位一体の改革は、地方交付税、国庫補助負担金を削減し国の財政再建に資する改革こそ重要だとするベクトルと、税源配分と事務配分の基礎的不均衡を国から地方への税源移譲によって是正することこそ重要だとするベクトルの合成ベクトルとして誕生したものと言える。したがって、その後の推移においては、両ベクトルの対抗、綱引きのなかで施策の具体的内容が固められてきた。第一に、どの段階で税源移譲を実施するか自体が争点となり、結局、「改革と展望」の期間のなかで実施されることになった。第二に、どの税目を移譲するかについて争点となり、財務省からたばこ税案、地方団体側から所得税の一部移譲と地方消費税充実案などが出されたが、結局たばこ税案が退けられて所得税の一部移譲（住民税の税率一〇％フラット化）に落ち着いた。第三に、税源移譲に結びつく国庫補助負担金の削減については、二〇〇四年秋の二〇〇五年度予算編成時には、政府側が原案を示さず地方側が示して初めて具体化が進み、二〇〇四（平成一六）年一一月二六日の政府・与党合意で次年度への道すじがつけられた(2)。

さらに、二〇〇六年度予算編成に向けた改革具体化の過程での焦点は次のようであった。第一は、義務教育費国庫負担金の削減方法をめぐる争点である。中等教育分の全額削減と一般財源化を求める地方、総務省側と、国の責務を堅持すべきとする文科省、中央教育審議会、自民党関係部会が対立し、結局、小中学校を通じた国庫負担割合を二分の一から三分の一に引き下げ約八、五〇〇億円を削減することになった。

第二に、二〇〇六年度削減総額六、〇〇〇億円の約八割を割当てられた厚生労働省が生活保護の補助率引下げを持ち出し、これに反発した地方団体側と鋭く対立したことである。結局、児童扶養手当（四分の三から三分の一）、児童手当（三分の二から三分の一）の補助率引下げで対応することとされ、生活保護の改変は取り下げられた。しかし、一一・三〇合意において、「地方は生活保護の適正化について真摯に取り組む。その上で、適正化の効果が上がらない場合には、国（政府・与党）と地方は必要な改革について早急に検討し、実施する」とされたことには留意しておかねばならない。

第三に、施設整備費関係の国庫補助負担金について、建設国債を財源とするものは税源移譲の対象外とする財務省と、それはあくまでも国の事情であり、施設整備関係事業こそ一般財源化すべきとする地方団体側が対立した。結局、合意では「地方案にも配慮し」、削減補助金額の半額が財源移譲対象とされることになった。

この結果、第一に、税源移譲は、二〇〇六年度税制改正において所得税から個人住民税への恒久措置として実施されることになった。第二に、国庫補助負担金は、税源移譲に結びつく削減が約三・一兆円、結びつかない削減が約一・三兆円で四兆円以上が削減されることになった。第三に、地方交付税は、当初予算一般会計ベースで二〇〇三年度一六・四兆円から二〇〇六年度一三・七兆円というように縮小された。以上のように、「骨太方針二〇〇三」で提示された政策スキームは、とにもかくにもほぼ実現されることになった。

二　成果と問題点

三位一体の改革の着地点をどう評価するか。まず、指摘されるべき最大の成果は、国から地方への税源移譲が、基幹税である所得税を対象とし、当初予定していた三兆円規模で実現したことである。先の対抗のなかで、地方財政はモラル・ハザードを起こしているとして地方交付税の大幅削減や市町村合併を求めながら、税源移譲は先延ばししようとする動き、基幹税の移譲を回避しようとする動き、税源移譲につながる国庫補助負担金削減案の作成に抵抗する動きなど、次々と障害が立ち現れた。これを一つ一つ克服して税源移譲という目標に到達したことは、高く評価できる。

この成果をもたらした原動力は、分権改革を求める地方団体の運動であり、そこでは次のような積極的要素が認められる。第一に、分権改革の要諦は地方の自己決定権の拡充にあるという基本理念を最後まで握って離さなかったことである。第二は、都道府県、市、町村などが多様なかたちで運動しながらも、正念場では足並みをそろえて統一した要求の実現に取り組んだことである。第三は、国庫補助負担金の削減案を中央省庁が作成しなかった時の対応に象徴されるように、たんなる陳情や反対ではなく、具体案の欠如や理念に反する提案が障害となっている場合には、建設的な対案を提示して、あるべき道を示したことである。

一方、合成ベクトルがもたらした着地点だけに、分権改革の理念に照らして問題とすべき点も指摘しなければならない。第一に、国庫補助負担金の削減において、補助率引き下げの方法が多用されたことである。国庫補助負担金による財源保障から自主財源への切り替えに当たっては、国庫補助負担金の削減が補助事業から自治事務への転換をもたらさねば自己決定権の抜本的拡充にはつながらない。しかるに、補助率の引き下げでは、補助事業という枠組みは残され、移譲された税源はウラ負担に動員されるだけになってしまう。さらに、事務事業の増大が見込まれる場合は、地方への負担転嫁の手段となってしまう。

第二に、公共事業関係の奨励的補助金の削減が推進されるなかで、既存補助金の交付金化が進んだことである。むろん、これは、ふるさとづくりや地域再生など、地方の取り組みに対する財源保障を継続し、かつ地方の裁量を拡大するという改良が加えられているのであるが、補助事業から自治事務への転換による地方の自己決定権の抜本的な拡大とはならない。むしろ、国が地方の公共事業をコントロールする新たな仕組みが形成され、国と地方の財政関係を一層複雑化させる側面を指摘せざるをえない。

第三は、財源保障のトータルバランスが地方にとって非常に厳しいものとなったことである。補助金削減と税源移譲についてのバランスがどうなったか、図が示している。補助金改革は「改革と展望」の時期（二〇〇四～〇六年度）及び先行的に行われた二〇〇三年度の四年間を通して実施された。「骨太方針二〇〇三」は、「廃止する国庫補助負担金の対象事業の中で引き続き地方が主体となって実施する必要のあるものについては、税源移譲する」としており、主として「義務的な事業」で構成される。これが「税源移譲に結びつく補助金改革額」であり、三兆一、一七六億円の削減となる。さらに、これとは別に「税源移譲に結びつかない補助金改革」が二兆一、一一〇億円ある。このうち第二点で言及したように、七、九四三億円が交付金化され、一兆三、一六七億円が「スリム化」された。要するに、四兆四、三四三億円（三兆一、一七六億円＋一兆三、一六七億円）が削減されたこと

図 補助金削減と税源移譲の関係（2005年12月22日時点）

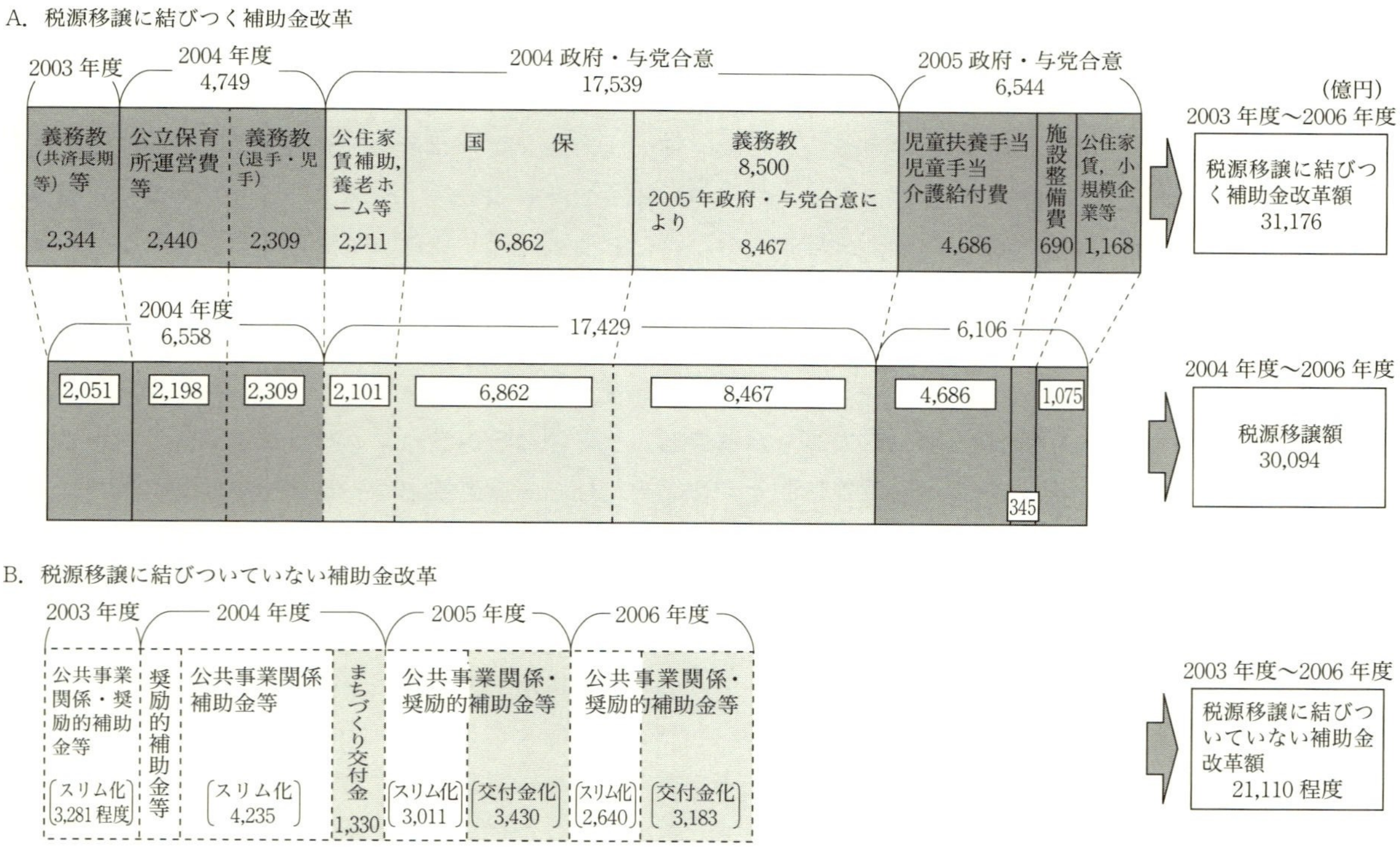
A. 税源移譲に結びつく補助金改革
2003年度
2004年度 4,749
2004政府・与党合意 17,539
2005政府・与党合意 6,544
(億円)
義務教(共済長期等)等 2,344
公立保育所運営費等 2,440
義務教(退手・児手) 2,309
公住家賃補助，養老ホーム等 2,211
国保 6,862
義務教 8,500 2005年政府・与党合意により 8,467
児童扶養手当 児童手当 介護給付費 4,686
施設整備費 690
公住家賃，小規模企業等 1,168
2003年度～2006年度
税源移譲に結びつく補助金改革額 31,176
2004年度 6,558
17,429
6,106
2,051
2,198
2,309
2,101
6,862
8,467
4,686
345
1,075
2004年度～2006年度
税源移譲額 30,094
B. 税源移譲に結びついていない補助金改革
2003年度
2004年度
2005年度
2006年度
公共事業関係・奨励的補助金等
スリム化 3,281程度
奨励的補助金等
公共事業関係補助金等
スリム化 4,235
まちづくり交付金 1,330
公共事業関係・奨励的補助金等
スリム化 3,011
交付金化 3,430
公共事業関係・奨励的補助金等
スリム化 2,640
交付金化 3,183
2003年度～2006年度
税源移譲に結びついていない補助金改革額 21,110程度

出所：全国知事会作成資料.

になる。

それだけではない。さらに地方交付税の縮小が加わる。先述のように、一般会計ベースでは、三年間で約二・七兆円の減少となる。また、臨時財政対策債等を含めると五・一兆円の減額になるという試算もある。

結局、国から地方への財源保障は、国庫補助負担金と地方交付税の縮減で約七・五兆円を減少させて初めて約三兆円の税源移譲が実現したことになる。地方団体にとって、約四・五兆円のマイナスである。これに対しては、地方側からも地方団体が行政効率化に取り組んでいることの証拠として評価する向きもある。また、特定財源が一般財源化することによって、より少ない金額で同じ厚生水準を達成できるとのシミュレーションも提示されたりもしているが、いずれの理屈にせよ、それで合理化するには、度を超していると言うべきであろう。三位一体の改革を国の財政再建に資するものにしようとするベクトルが強く作用したことが如実に反映されている。

三　乗り越えるべき課題は新たなフェーズへ

三位一体の改革の成果を踏まえ、分権改革を一層推進するために、三位一体の改革のセカンド・ステージへの構想が盛んに論じられている。しかし、さらなる税源移譲を求める側と国の財源保障のさらなる削減を求める側とが同床異夢のまま、今回の三位一体の改革と同様のスキームで今後の制度改変を図ろうとすることは、賢明とは言えない。

まず指摘されるべきは、権限の移転を伴う国と地方の事務配分に関する新たな将来像の構築が必要となっていることである。税源移譲を国庫補助負担金の削減と直接対応させた今次の改革スキームは、一つのアイデアであったが、次のような原理的な無理を伴うことになったのも事実である。と言うのは、国庫補助負担金の削減は、すでに一九八〇年代から進展しており、残されたものの大宗は、国庫負担金となっていたことに発する。すなわち、地方財政法第一〇条で「地方公共団体が法令に基づいて実施しなければならない事務であって、国と地方公共団体相互の利害に関係がある事務のうち、その円滑な運営を期するためには、なお、国が進んで経費を負担する必要がある」事務に関する経費が主として削減の対象とされたことである。

こうした国庫負担金の対象となる義務教育費、児童手当、国家的視点からする公共事業などの経費は、地方の行う事務事業のうちで、最もナショナル・ミニマム的な性格が強く、それだけにもともと法令やガイドラインなどによる縛りがきつく、義務的な性格を帯びたものであった。これを兆円規模で削り、かつ分権改革として実を挙げるためには、事の善し悪しはともかく、負担金制度自体を解消し、かつ、当該事務の完全な自治事務化を図ることが条件とならざるをえない。

ところが、こうした事務再配分の方向をめぐる国民の基本的な合意を欠いたまま、三位一体の改革のスキームの実行に突入してしまったわけである。そのため、多くの中央省庁側は、財源が振り替わっただけで、国から地方へのコントロールは従来通りの枠組みを維持しようとするし、逆に地方側は、事務事業自体の自治事務化が図られないのはおかしいとの真っ当な批判を強めることになる。両者の議論が対立するなかで、たとえば義務教育費について、ナショナル・ミニマムなのだから本来国が全額負担すべきだとする説が有力となる一幕もあったほど、議論は揺れが動かざるをえなかった。

いずれにせよ、国庫補助負担金の削減と絡めて分権改革を進めていこうとすれば、事務再配分の新たな将来像を構築することが不可欠となる。これなしに第二期の三位一体の改革を実行すれば、原理的な無理からくる亀裂は繕いようがなくなる恐れがある。

もう一つ考慮すべき要素は、地方団体間の財政力格差の問題である。個人住民税所得割の一〇%フラット化による税源移譲自体は、従来の個人住民税の場合よりも地域的偏在性を緩和する効果を持つ。また、二〇〇五年度税制改正における法人事業税の分割基準の見直しも偏在性を是正することを目的としている。しかし、それでも移譲税源の東京への偏在性は解消されず、さらなる税源移譲を実現すれば、この問題の抜本的な解決策が盛り込まれねばならない。

東京の賛成を得て逆交付税制度が提案できれば良いが、それが無理だとすると他の方策を考え出さねばならない。そこで、市町村税である固定資産税よりも偏在性が小さい地方消費税に着目することから、具体的方策を考案することができる。すなわち、ひとつは、税源移譲の対象税目を、当面、消費税とし地方消費税の拡充を図ることである。ふたつは、地方交付税の原資となっている消費税収入を地方税源とする一方、偏在度の大きい地方の法人課税と入れ替えることである。地方の法人課税としては、住民税の法人割と事業税がある。このうち、事業税については、外形標準課税部分を拡張したうえで、それ以外の部分を法人税に統合する方法が検討されるべきであろう。

新たな視点で考慮すべき要素の第三は、地方交付税の位置づけである。地方自主税源、地方交付税の原資双方の税目選択について、偏在性の緩和に最大限配慮したとしても、地方税全体の偏在性からくる個々の地方団体の財政力格差は残存する。他方、今後、国庫補助負担金の一般財源化がナショナル・ミニマム的な性格の強い事務事業で進展するとすれば、改革に伴って新たに生じる財政力格差は、地方交付税によって個々の自治体の事情に沿ったファイン・チューニングをしていかねばならない。

そうした要請は、ナショナル・ミニマム的な性格の強い事務事業について、国が責任主体となろうが、地方が責任主体となろうが変わりはない。地方交付税について、補助金化傾向を招いてしまった交付税措置を抜本的に整理し、政策的恣意性を排除し、地方交付税制度本来の財政調整機能を発揮できるように改革することが必要である。

四　分権改革のサード・ステージへ向けて

以上のように、財政面で分権改革をもう一段進めようとするならば、ナショナル・ミニマム的事務事業をどのレベルの政府が権限、財政の両面で責任を持つか、財政力格差を縮小させる方向での税源移譲をどう具体化するか、最終的に残る財政力格差に対してどの水準で財源保障するかに関する基本的な合意が必要となる。繰り返しになるが、この点を曖昧にして既存の三位一体の改革の枠組みで具体的な工程に突入すると、本来内包していた原理的な無理が修復不可能な状態に陥る危険がある。

上の三点についての基本的合意に基づいて、新たな目標を設定し工程を確定していく作業が求められる。それは、三位一体の改革のセカンド・ステージという次元で捉えるべきものではなく、分権改革のサード・ステージと表現されるべき歴史的段階と言えよう。

このサード・ステージの歴史的課題について、若干敷衍しておこう。まず、事務配分の新たな将来像についてである。国庫補助負担金の廃止と税源移譲による一般財源化というパターンで分権化を進展させようとするならば、ナショナル・ミニマム的な事務事業と言えども地方が責任主体となるという制度設計を具体化していく必要がある。

その際、そうした事務事業の責任主体となりうる強力な政府をイメージして連邦制や道州制が主張される場合が少なくない。しかし、狭い国土で生産、消費、環境などが密接に関係しながら、大きな地域間経済力格差が存在するという地勢的特徴を持つ日本の場合、ナショナル・ミニマム的事務事業をブロックごとに完結させて供給しようとする志向を強める連邦制や道州制は最適の選択肢とは考えられない。むしろ、単一制国家を維持し、地方がナショナル・ミニマム的事務事業の相当部分を担当する徹底した横割型事務配分を実現し、当該事務事業について、国は口を出さず地域間格差を埋める金だけを出すという制度を構想していくべきではなかろうか。

もう一つ、サード・ステージで問われるのは、地方交付税の財源保障機能であろう。本来、分権改革において、地方交付税の財源保障機能を縮小させると言った場合、自主税源の拡充に伴って受身的に生じるものである。しかし、今次の三位一体の改革では、地方のモラル・ハザードが強調され、地方財政計画に「不適切な支出」が含まれるとのキャンペーンのもとで、予算編成過程での削減が連年続いた。

国庫補助負担金と地方交付税合わせて国の財源保障が三年間で四～六兆円という規模で削減されるなかで、地方の行政合理化、効率化の実態は凄まじいものがある。市町村合併にしても、行政効率化を超えて住民の利便性低下と引き替えに経費節減が図られている側面があることを否定できない。分権改革、「地方の自立と責任」をスローガンとし、国から地方への財源保障を縮小し、国の財政再建に役立てようとする政策は、ほぼ限界にきているとの判断できる。

現在、真の「自立と責任」が求められているのは、国自身であろう。地方側は、もはや、基本的にやるべきことはやったという感がある。ボールは国に投げ返されたのである。三〇％もの国債依存度を継続するという異常事態に対し、国が、どう財政規律を回復していくのか、非常時対策として始まったゼロ金利を含む超低金利政策や量的緩和政策から、どのように脱却していくのか、明確な方向を示すべきであろう。

その際、鍵となるのは、ガリガリにやせ細った国税について、いかに収入の伸縮性、十分性を取り戻すかであろう。実際、国税の租税負担率は、一九九〇年一八・〇％から二〇〇一年一三・六％まで落ち込んでしまった。その間、地方税は、九・六％から九・七％へとむしろわずかだが上昇している。国際比較をしても、OECD諸国のなかで国税の租税負担率は最低水準、地方税は最高水準である。先進諸国のなかで財政支出水準は最も低いグループであるから、財政危機の主因は、国税の度を超した縮小傾向にあると言える。たんに不況と言うだけでなく、高所得者や企業優遇を含む政策的減税を繰り返した政治的制度的要因も大きい。

財政赤字のたれ流しは、日本の国際競争力への評価に悪影響をもたらしている。世界経済フォーラムや経営開発国際研究所の世界ランキングにおいて、日本は、技術力やインフラ整備では高い評価を得ているものの、財政赤字や公的債務の状況で順位を大きく落とす結果となっている(3)。国際競争力の強化にこそ、ラスト・リゾートとしての政府の信用力の再建が不可欠なのである。財政赤字を放置したまま、ひたすら「小さな政府」をめざすのは、世界標準からしても特異な政策方向である。

分権改革のサード・ステージの制度設計は、国が財政規律の回復について自ら責任ある工程を示し、それを前提として、地方の歳入中立性の枠組みのもとで、地域間の財政力格差を極力抑える工夫をしながら自主税源を拡充し、そのテンポに合わせて地方交付税の財源保障水準を引き下げていくことが目指されるべきであろう。

注

(1) たとえば『地方財務』二〇〇五年六月号は特集「三位一体改革の第二ステージに向けて」を組んでいる。また、二〇〇六年五月二七・二八日に開催される日本地方財政学会大会（於 東洋大学）では全体シンポジウム「三位一体改革のネクスト・ステージ」が企画されている。

(2) 以上の経緯については、金澤史男「三位一体の改革と税源委譲・地方交付税のあり方」（『税経通信』二〇〇四年三月号）、同「『新麻生プラン』と三位一体改革」（『地方財務』二〇〇五年七月号）なども参照されたい。

(3) 世界経済フォーラム二〇〇五／〇六年のランキングでは、日本は総合で一二位、経営開発国際研究所では、二〇〇四年二三位である。たとえば、後者の場合、技術力は二位、財政赤字は一一三位、公的債務は一一四位である。

編者あとがき

(1) 経緯

本書『福祉国家と政府間関係』の著者である金澤史男氏（横浜国立大学大学院国際社会科学研究科教授、一九五三年生）は、二〇〇九年六月一六日に、急逝された。豊かで公平な経済社会を模索する中、財政学・地方財政論の重要性はますます高まっている。地方財政の有数の研究者、実践者であり、今後も議論をリードしていくことを期待されていた金澤氏を失ったことは、ご家族はもちろん、学界にとっても大きな損失であり悲しみであった。

著者の金澤氏は、一九八〇年代初頭から現在に至るまで、財政学・経済史・歴史学の学会を通じて多くの方と交わり、日本の地方財政・地方自治の歴史と現状に関する研究を数多く発表してきた。また、神奈川県や総務省などの場で、日本の地方財政と地方自治の発展に尽力した。著者は現状の研究にあたっても歴史研究を手放さず、さらに現在の地方財政改革について真剣な問題提起を重ね、若手研究者・院生との共同研究も続けてきた。

しかし、学界の最先端を形成する多彩な研究をまとめた体系的な書物を編むいとまもなく去っていった。その後、金澤氏の研究は、現在でも十分に生命力をもっており、これらをまとめて世に問うことが今後の地方財政の歴史と現状の研究にとって貴重な財産となるという多くの声が全国津々浦々から寄せられた。

本書は、そうした声にも応えようと、故人の多数の論文の中から福祉国家と政府間関係に関する論文を選び、『福祉国家と政府間関係』として一書にまとめたものである。本書に収録した論文のほかに、故人には日本の地方財政史に関する論文も多数あるが、それらは『近代日本地方財政史研究』として本書と同じ書肆から出版される予定である。本書とあわせて読まれることにより、明治維新以降の日本の地方財政に関して故人がどんなことを考えていたかが鮮明になると思う。

(2) 概要

本書は故人の残した現代日本財政に関する十二本の論文を選び、それらを福祉国家財政に関するもの五本（「第一部　日本の福祉国家財政」）と地方分権改革に関するもの七本（「第二部　地方分権改革の歴史的意義」）に分け、各部とも発表順に配列したものである。以下、各部の概要をごく簡単に紹介する。

第一章は年金制度のような現金給付だけでなく、介護保険のような現物給付も福祉国家にとっては重要な課題であること、第二章は少子化対策が多面的・総合的に構想されなければならないことを、スウェーデンやフランスの例を参考にしながら論じている。第三章は日本の公共投資偏重型財政構造がいつ、どのように形成されてきたのかを論じている。以上の三つの章が故人の日本福祉国家財政論のいわば各論だとすれば、続く二つの章が総論になる。すなわち、第四章はグローバル化とそれへの対応である構造改革路線の中での福祉国家財政の再編を「ゆらぎ」ととらえた論考であり、第五章は福祉国家財政の国際比較と日本の公私分担の再編を検討したうえで、日本の福祉国家システムは弱体化しつつあり、今一度「公共性」を考え直すこと、「公共性の再生」が必要であることを論じている。

地方分権改革に関する論考をまとめた第二部も、第七章から第一〇章までの各論に相当する部分と第六章と終章の総論に相当する部分に分かれる。すなわち、第七章では政府間事務配分の動向が、第八章では平成の市町村合併が住民サービスのあり方という視点から、第九章および付論では地方交付税制度が、第一〇章では地方債発行が許可制から協議制に転換したことの意義が、それぞれ論じられている。総論に相当する第六章では地方分権論登場を理解するためには、中央政府財政の動向、したがって中央・地方間財政関係を無視できないことを示した上で、「制度論的アプローチ」をとらざるをえないことを論じている。終章では「三位一体の改革」後の地方分権のあり方を、その単純な延長とも思われる改革の「セカンド・ステージ」と位置づけるのではなく、新たな視点の下に「分権改革のサード・ステージ」として構想されなければならないことが論じられている。

(3) 意義と特徴

本書に収録した十二本の論文は、一九九〇年代に刊行された第六章から第八章を除くと、いずれも二十一世紀に入ってから発表されたものである。したがって、生前最後の約一〇年、故人は、前述の概要からも明らかなように、日本の現実的課題を解明しようと全力で取り組んでいたといえる。それでは、本書に収録された十二本の論文はわが国における福祉国家研究と政府間関係研究の中でどのような意義を持っているのであろうか。また、故人の研究の特徴はどこにあるのだろうか。以下、私の考えを記したいと思う。

まず福祉国家研究であるが、福祉国家研究には大きく福祉国家継続論と福祉国家解体論（＝支援国家論）とがあるが、福祉国家財政の再編を「ゆらぎ」ととらえ、日本の福祉国家システムは「弱体化」しつつあるという故人の見方は、一見すると福祉国家解体を主張しているかのように見えるが、必ずしもそうではない。それは故人が「公共性の再生」の必要性を論じていることに関係する。すなわち、故人は大衆民主主義の成熟度から「公共性の再生」が可能であり、そこに「二〇世紀型福祉国家と対比される新たな段階の福祉国家」を展望していたと思われるからである。

ところで、本書に収録された論文には一般に市販されている雑誌のために執筆されたものも多い。そこには、自分の研究を学会という狭い範囲の中だけに閉じ込めるのではなく、研究成果を広く一般の人々に公開することが「公共性の再生」のひとつの手段になるという故人の思いが示されているのではないだろうか。

政府間関係研究における故人の研究の意義は次の点にある。今後の日本社会は分権社会を目指すべきであるという点で故人の考えは多くの論者と一致しているが、分権社会の建設といってもナショナル・ミニマムの維持は必要であり、そのためには地方交付税制度が重要な機能を果たすべきだと強く主張している点は他の多くの論者と大きく異なっているように思う。このナショナル・ミニマムという考え方や地方交付税制度の重要性の強調は、今後の社会保障での現物給付を重視する考え方とあいまって、市町村合併に関する故人の批判的な見方につながっているといえる。また、地方分権化を論じるときに「制度論的アプローチ」をとらざるをえないという故人の主張もナショナル・ミニマムという考え方や地方交付税制度の重要性の強調と表裏の関係にある。

以上のような意義に加えて、故人には研究を進めていく上での「視野の広さ」があり、それがまた故人の研究の大きな特徴であった。「視野の広さ」は個々の現実的課題を日本の行財政全体の枠組みの中で解明しようとしている点、それが日本経済全体の動向とどう関係しているのか、世界の動向とどう関係しているのかということにたえず注意を払っている点、外国の事例を参考にしようとしている点や国際比較を重視している点などに表れている。この「視野の広さ」は、故人生来の能力に加えて、『近代日本地方財政史研究』に収められた論文執筆によっても養われたように思われる。

(4) 編集方針

編集方針について記しておく。すこしでも内容にかかわるような統一は避け、基本的には初出のまま収録した。ただし、諸論稿を一書にまとめるにあたり、最小限の表記の統一をはかることが必要であると判断した。明らかな誤植・誤記と判断されたものは、原則として訂正した。また各論文を章立てにして体系立てたうえで、節や項の番号数字を統一した。注も原則として各章末にまとめ、通し番号にし、図表番号にも統一性をもたせた。なお、横組みの論文は縦組みにともなって、洋数字から和数字に変更した。

(5) 関係者への謝辞

金澤裕子夫人は本書の出版を快く認めてくださり、絶えず温かいご支援を惜しまれなかった。出版を計画するにあたり、多数の刊行発起人の方々には、基金へのご芳志をよびかけていただいた。ご親族、大学や行政の関係者、学会関係者、友人、教え子などから予想を超える基金が寄せられた。心からお礼申し上げたい。学界の貴重な共有財産としてその散逸を惜しみ、著者の生きた証を書物として手にしたいという思いをいかに多くの人々が懐いているかを示すものといえよう。

金澤研究室の武山直子さんには、諸論稿の整理・蒐集のみならず、著者の遺稿やメモの入手に際してご尽力いただいた。門野圭司氏には校正と索引の作成でお世話になった。株式会社ぎょうせい、国立社会保障・人口問題研究所、日本経済評論社、東京大学出版会、専修大学経済学部、東京市政調査会、地方財務協会は論稿の転載を快く許可して下さった。

日本経済評論社の栗原哲也社長と清達二さんは、ただちに出版の意義を認めて下さり、発刊を快く引き受けていただいた。出版事情が厳しい折、本書と『近代日本地方財政史研究』という二冊の本格的な研究書が発刊できたのは金澤氏の業績に対するお二人のご理解、学術出版に対する使命感による。また出版社への仲介の労をとっていただいた林健久先生には、心より感謝の言葉を述べたい。

故人の遺稿を刊行するについては大門正克、門野圭司、沼尻晃伸、持田信樹、柳沢遊の各氏と今井が編集委員になったが、本書の編集は今井が責任を負った。

二〇一〇年四月　　在りし日の金澤君を偲びつつ

今井勝人

初出一覧

第一章「福祉国家財政と現金給付・現物給付」
神野直彦編『分権型税財政の運営』ぎょうせい、二〇〇〇年、第二章

第二章「税財政システムからみた少子化対策」
国立社会保障・人口問題研究所編『少子社会の子育て支援』東京大学出版会、二〇〇二年、第五章

第三章「財政危機下における公共投資偏重型財政システム」
金澤史男編『現代の公共事業――国際経験と日本』日本経済評論社、二〇〇二年、第一章

第四章「日本における福祉国家財政の再編――グローバル化と構造改革」
林健久・加藤榮一・金澤史男・持田信樹編『グローバル化と福祉国家財政の再編』東京大学出版会、二〇〇四年、第七章

第五章「現代財政と公私分担の再編」
金澤史男編『公私分担と公共政策』日本経済評論社、二〇〇八年、序章

第六章「地方分権の日本的文脈」
『専修経済学論集』三二巻一号（通巻六七号）、一九九七年

第七章「日本における政府間事務配分の動向」
林健久・加藤榮一編『福祉国家財政の国際比較』東京大学出版会、一九九二年、第一一章

第八章「市町村合併促進と住民サービスのあり方――合併推進論の再検討」
東京市政調査会『都市問題』九〇巻三号、一九九九年

第九章「日本型財政システムの形成と地方交付税改革論」
『都市問題』九四巻一号、二〇〇三年

付論「自主財源主義」の問題点と地方交付税改革」
地方財務協会『地方財政』四三巻二号、二〇〇四年

第一〇章「起債許可制度の展開と協議制への転換」
『都市問題』九七巻九号、二〇〇六年
終章「三位一体の改革から分権改革のサード・ステージへ」
『地方財政』四五巻二号、二〇〇六年

索引

[あ行]

[か行]

［さ行］

［た行］

[ま行]

[や行]

[ら行]

[わ行]

《著者略歴》

金澤史男《かなざわふみお》

1953年7月東京に生れる．

77年3月東京大学経済学部卒業．82年3月東京大学大学院経済学研究科博士課程単位取得退学．日本学術振興会奨励研究員，東京大学社会科学研究所助手，静岡大学人文学部助教授，横浜国立大学経済学部助教授を経て，95年4月横浜国立大学経済学部教授．横浜国立大学評議員，同経済学部長，同大学院国際社会科学研究科長，同地域実践教育研究センター長を歴任．

2009年6月16日歿．

主要業績

『昭和財政史』昭和27-48年，8財政投融資（金子勝・高橋隆昭と共著，東洋経済新報社，2000年）

『日本財政要覧』第5版（林健久・今井勝人と共編，東京大学出版会，2001年）

『現代の公共事業—国際経験と日本—』（編，日本経済評論社，2002年）

『近代日本都市史研究—地方都市からの再構成—』（大石嘉一郎と共編，日本経済評論社，2003年）

『グローバル化と福祉国家財政の再編』（林健久・加藤榮一・持田信樹と共編，東京大学出版会，2004年）

『昭和財政史』昭和49年-63年度，5国債・財政投融資（金子勝・釜江廣志と共著，東洋経済新報社，2004年）

『財政学』（編，有斐閣，2005年）

『現代の経済政策［第3版］』（田代洋一・萩原伸次郎と共編，有斐閣，2006年）

『公私分担と公共政策』（編，日本経済評論社，2008年）

福祉国家と政府間関係

2010年 6月30日　第1刷発行

定価(本体4800円＋税)

著　者　金　澤　史　男
発行者　栗　原　哲　也
発行所　株式会社 日本経済評論社
〒101-0051 東京都千代田区神田神保町3-2
電話 03-3230-1661　FAX 03-3265-2993
E-mail: info8188@nikkeihyo.co.jp
振替 00130-3-157198

装丁＊渡辺美知子　中央印刷／高地製本

落丁本・乱丁本はお取替えいたします　Printed in Japan

ISBN 978-4-8188-2114-9

近代日本地方財政史研究　金澤史男著　本体9800円

公私分担と公共政策　金澤史男編　本体5600円

現代の公共事業　国際経験と日本　金澤史男編　本体4200円

近代日本都市史研究　地方都市からの再構成　大石嘉一郎・金澤史男編　本体12000円

近代日本の行政村　長野県埴科郡五加村の研究　大石嘉一郎・西田美昭編　本体14000円